责任融入　价值共创

国网山东省电力公司
社会责任根植项目案例集

《责任融入　价值共创——国网山东省电力公司社会责任根植项目案例集》编委会　编

企业管理出版社
ENTERPRISE MANAGEMENT PUBLISHING HOUSE

图书在版编目（CIP）数据

责任融入　价值共创：国网山东省电力公司社会责任根植项目案例集/《责任融入　价值共创——国网山东省电力公司社会责任根植项目案例集》编委会编. —北京：企业管理出版社，2024.1

ISBN 978-7-5164-3000-2

Ⅰ.①责… Ⅱ.①责… Ⅲ.①供电－工业企业－企业责任－社会责任－案例－山东 Ⅳ.①F426.61

中国国家版本馆CIP数据核字（2023）第251805号

书　　名：	责任融入　价值共创：国网山东省电力公司社会责任根植项目案例集
书　　号：	ISBN 978-7-5164-3000-2
作　　者：	《责任融入　价值共创——国网山东省电力公司社会责任根植项目案例集》编委会
责任编辑：	陈　戈　田　天
出版发行：	企业管理出版社
经　　销：	新华书店
地　　址：	北京市海淀区紫竹院南路17号　　邮　编：100048
网　　址：	http://www.emph.cn　　电子信箱：emph001@163.com
电　　话：	编辑部（010）68701638　　发行部（010）68701816
印　　刷：	北京亿友创新科技发展有限公司
版　　次：	2024年1月第1版
印　　次：	2024年1月第1次印刷
开　　本：	787mm×1092mm　1/16
印　　张：	18.25
字　　数：	295千字
定　　价：	96.00元

版权所有　翻印必究　·　印装有误　负责调换

编委会

主　编　毕建伟

编　委
王　倩　　王文辉　　郭　栋
侯　婷　　徐　宁　　徐　可
郭轶敏　　项鸿雁　　高玉领
吕显斌　　闫百祥　　孙　衡
张　强　　高　颖　　张剑凌
王　斌　　叶　涵　　王晓龙
付光来　　刘　达　　李　鑫
孙羽中　　刘　虎　　王同同
齐洁莹　　陈兴荣

PREFACE 前言

古人有语："落其实思其树，饮其流怀其源。"现代企业是社会的细胞，社会是孕育企业成长的母体。所以，企业在自身发展的同时，应该当好"企业公民"，饮水思源，回报社会，这是企业不可推卸的社会责任，也是构建和谐社会的重要内容。在新时代高标准履行社会责任，是企业自觉践行以人民为中心的发展思想的必然要求，是企业完整准确全面贯彻落实新发展理念的实际行动，是企业加快建设成为世界一流企业的客观需要。国网山东省电力公司始终践行"人民电业为人民"的企业宗旨，以经济、社会、环境综合价值最大化为目标，持续推进社会责任理念融入运营管理，不断深化与社会各界的沟通交流，携手各利益相关方，为服务山东新时代现代化强省建设做出积极贡献。

国网山东省电力公司围绕优化营商环境、助力"碳达峰、碳中和"、服务乡村振兴、保护生物多样性、电力大数据解决社会问题等专业工作，策划实施了一批社会责任根植项目，并将其中最具代表性的40个根植项目汇编成册，集中展示项目成果，为公司各部门和单位持续开展社会责任工作提供参考借鉴。

党的二十大报告提出"加快构建新发展格局，着力推动高质量发展""加快建设世界一流企业"的重大部署。国家电网有限公司党组书记、董事长辛保安在署名文章《服务构建新发展格局 奋力推动高质量发展 谱写中华民族伟大复兴电力新篇章》中写道：国家电网公司作为关系国家能源安全和国民经济命脉的特大型国有重

点骨干企业，坚决把学习宣传贯彻党的二十大精神作为当前和今后一个时期的首要政治任务，坚持以习近平新时代中国特色社会主义思想为指导，深刻领悟"两个确立"的决定性意义，准确把握新时代新征程国有企业的战略定位，加快建设世界一流企业，谱写中华民族伟大复兴电力新篇章。心中有目标，脚下有方向。站在新的历史起点上，国网山东省电力公司将扎实开展社会责任工作，积极履行政治责任、经济责任、社会责任，做好电力先行官，架起党群连心桥，凝聚更多社会力量，持续为建设具有中国特色国际领先的能源互联网企业做出积极贡献。

CONTENTS 目录

社会责任根植　创新业务运行

1 · "融"易建　破解中央商务区变电站建设难题 ······················· 2

2 · 推进信息共享　解决居配工程临时用电难题 ······················· 11

3 · 因"杆"制宜　合力提升闲置电杆利用率 ··························· 20

4 · "储能＋共享"　构建新能源运营新体系 ····························· 28

5 · 清除"蜘蛛网"　社会责任根植破除"三线"搭挂治理难题 ······· 38

6 · "同进　同心　同频"的"三同"合作机制让变电站建设属地协调不再难 ······ 45

7 · 大数据分析精准管控　主动压降配电网故障率 ··················· 52

8 · 凝聚合力共治末级漏保　上好农村用电"安全锁" ················ 58

9 · 合力共建　推进废旧复合绝缘子循环回收再利用 ················ 66

10 · 建立多方参与的电网防外破预警体系 ······························· 71

二 社会责任根植　打造优质服务

1 · "共享经济"新模式让电动汽车充电无忧 ·· 78
2 · "花开复'柜'"　城区电力设施迁改助力文明城市创建 ······················· 85
3 · 共担共荣　打造助力中小企业发展"电力金融圈" ································· 92
4 · 网格联动　推动电水气暖共享服务落地 ··· 99
5 · "进一家门，办多家事"　社会责任根植"宜商三电"公共服务管理创新 ····· 105
6 · "供油＋供电一体化"　打造综合能源服务"共享经济"新模式 ············· 114
7 · "打破壁垒　共享蓝天"　社会责任根植密织"车桩网" ························ 122
8 · 基于温湿度的台区负荷预测系统，助力营商环境优化 ···························· 130
9 · 做社区"掌灯人"　让广场炫起来 ·· 134
10 · "四化"模式推进"阳光业扩"全流程管控 ·· 139

三

社会责任根植　助力绿色发展

1・"电力+环保"监测系统　让黄河流域生态保护更精准……………146
2・"碳中和"电力工作生态圈　探索市级供电公司"双碳"进程新路径……154
3・能源消纳地图破解分布式光伏消纳难题………………………………162
4・"碳"路未来　打造台儿庄古城全链条降碳建设"零碳景区"新模式……168
5・"零碳合伙人"　共促乡村用能高效转型………………………………175
6・多方共建储能电站　助力"碳达峰、碳中和"…………………………182
7・多方参与　共保黄河三角洲湿地生物多样性…………………………187
8・构建电力大数据服务平台　助力臭氧污染精准防控…………………191
9・"四专"助力减排碳　护佑水城蓝天……………………………………196
10・"源网荷储"多方协调助力"精致城市"绿色发展……………………202

四

社会责任根植　赋能地方发展

1·电力基础设施"共享超市"　服务"新基建"5G 网络建设 …………… 210

2·能源大数据平台　让潍坊能效治理更智慧 …………………………… 220

3·"365 电管家"打造大棚智慧种植新模式 ……………………………… 228

4·"e"路畅通　电力数据跨界共享引导产业可持续发展 ……………… 233

5·"零碳合作社"培育乡村经济发展新业态 …………………………… 240

6·因"屋"施策　社会责任根植整县屋顶光伏开发科学落地 ………… 246

7·多方共建低碳海洋牧场　社会责任根植清洁能源电气化改造 …… 252

8·"电靓田野"工程　让"小农水"用之于民 ……………………………… 257

9·电力"双碳"指数服务政府企业社会民生 …………………………… 262

10·多方合力构筑电气化智慧"西洋参小镇"建设 ……………………… 270

一

社会责任根植
创新业务运行

1 "融"易建 破解中央商务区变电站建设难题

项目实施单位： 国网济南供电公司

项目实施人员： 孙占功 李 建 张晓明 韩春鹏 邵传军 杨 福 董传洋 刘 健 张 臣 王云龙

一、项目概况

近年来，济南市贯彻落实黄河重大国家战略，加快建设新时代社会主义现代化强省会部署，将中央商务区（CBD）打造成为区域性金融中心和经济中心。随着一系列工程陆续建成，该区域用电负荷迅猛增长，2020年最高负荷达到51兆瓦，预测2025年将达到100兆瓦，仅通过公用线路供电使线路负载率过高，对中央商务区的安全、可靠供应形成隐患。

然而，变电站建设资金投入大、对周边环境影响大、工程协调难度大，加之中央商务区用地十分紧张等因素，导致中央商务区变电站面临着严重的落地难问题，无法及时满足中央商务区内用户生产生活的电力需求。

国网济南供电公司创新引入社会责任理念，深入调研利益相关方诉求，识别出商务变电站投资大、选址难、技术难、邻避难的四大难点，从资金、资源、技术、环境4个维度融合破解。促成政府成立"新时代济南坚强智能电网发展协调领导小组"，与片区开发商密切合作，加强站址、管廊空间的共享利用，深化监理等专业化分工协作，从设备选用到建筑外观保障工程与周边环境相和谐，推动商务变电站提前3个月顺利落地。商务变电站的投运可提供电力负荷70兆瓦，助力区域供电可靠性提升，2021年供电量341万千瓦时，带动该区域GDP（国内生产总值）增长 1.1568 亿元，助推电力供应服务构建新发展格局，也为解决核心商务片区变电站落地难题提供了参考范本。

二、思路创新

（一）认同各有所求，找准关键问题

公司积极转变变电站规划建设思维，运用利益相关方管理工具，通过问卷调研、实地走访、会议沟通等方式，面向政府部门、片区开发商、设计单位、施工单位等利益相关方深入开展调研，了解各方对变电站建设的核心诉求，分析变电站落地难的主要影响因素和关键问题。

经过精准深入调研，公司了解到商务变电站落地难主要是变电站建设投入大、技术难度高、对周边环境影响大，以及中央商务区用地紧张等原因，公司着力将相关诉求、核心问题纳入变电站设计施工方案和执行过程中，及时进行信息共享、沟通协调，助力商务变电站工程的顺利落地（见表1-1）。

表1-1　商务变电站规划建设重要利益相关方诉求及资源优势分析

利益相关方	诉求期望	资源优势
政府（规划、土地、环保、交管、城管等部门）	促进区域经济社会发展； 与城市总体规划、水气热走廊规划相协调； 不违规侵占土地，不破坏生态环境、市容市貌，不发生矛盾纠纷等	有政策、平台、公信力和信息优势，以及发挥监督作用
片区开发商	片区可靠供电吸引客户入驻； 变电站不产生"邻避效应"； 变电站安全稳定运行等	具有资金实力、土地储备、土建专业优势，以及片区影响力
片区电力用户	安全可靠供电； 变电站噪声、电磁等环境影响最小化等	具备监督作用，形成舆论力量
设计单位	设计规划方案满足各方需求	具有科研、设计等专业优势
施工单位	按时高质量完成工程建设	具有专业施工技术、能力
供电公司	工程顺利落地，解决电力卡口问题，树立供电服务品牌	具有电气专业技术优势
媒体	挖掘并广泛传播公众关注事件	传播渠道、社会影响力

(二) 坚持各施所长,有效提升工程质效

在了解各个利益相关方的优势资源的基础上,公司聚焦政府、片区开发商等核心利益相关方,加强沟通合作、融合共进,发挥政府领导小组的影响力,加速工程规划、建设过程中相关工作的行政审批进度,并利用片区开发商在资金、土地、专业等方面的优势,以供电公司、片区开发商的联合体模式,高效协同设计单位、施工单位等多方力量,加速推动变电站工程落地(见图1-1)。

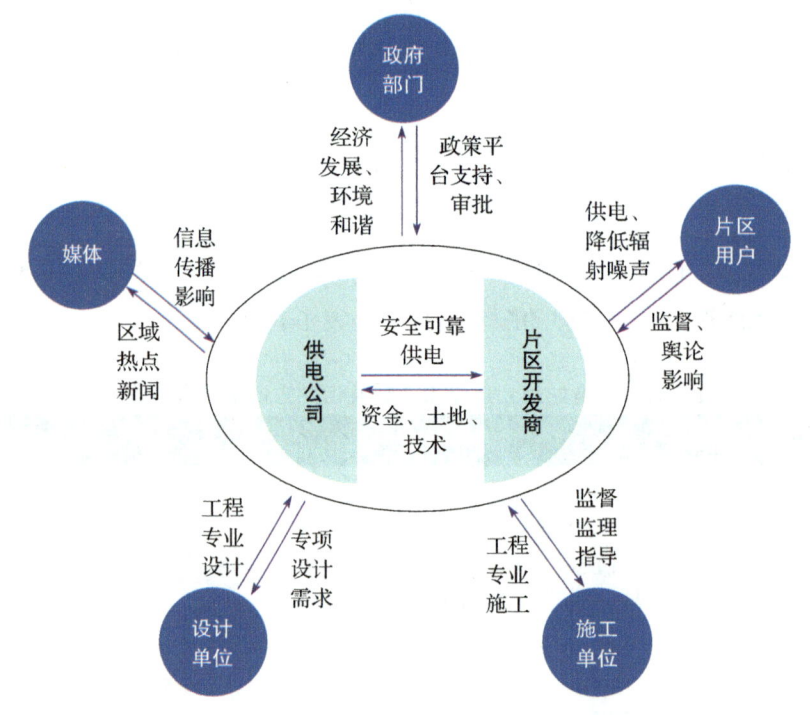

图 1-1 各施所长融合共建商务变电站思路解析

(三) 力争各有所成,创造多元综合价值

通过将商务变电站打造成城市融合型变电站,公司积极为当地政府、片区开发商、片区电力用户等利益相关方平衡和创造多元价值。商务变电站的顺利落地,为中央商务区的发展提供了安全可靠的电力保障,带动了中央商务区经济可持续增长;在片区开发商的支持下,商务变电站顺利落地,助力片区开发商保障片区更多

用户生产生活的用电，提升片区运营服务质量，吸引更多企业入驻；商务变电站与城市区域、道路、水热气走廊规划的协调统一，也与周边商业建筑融为一体，减少对周边环境的干扰，美化了中央商务区景观与城市形象；形成服务山东省重大项目建设的典型经验，助力塑造公司安全可靠供电的责任形象。

三、实施举措

在变电站规划建设过程中，国网济南供电公司引入社会责任理念，通过利益相关方调研等方式了解其诉求，针对变电站投入大、选址难、技术难、邻避难等落地难原因，加强与政府、片区开发商等关键利益相关方的合作，保证工程规划建设获得政府支持，并从资金、资源、技术、环境维度融合，促进各方各施所长，共同解决城市变电站落地难题，打造城市融合型变电站示范工程（见图1-2）。

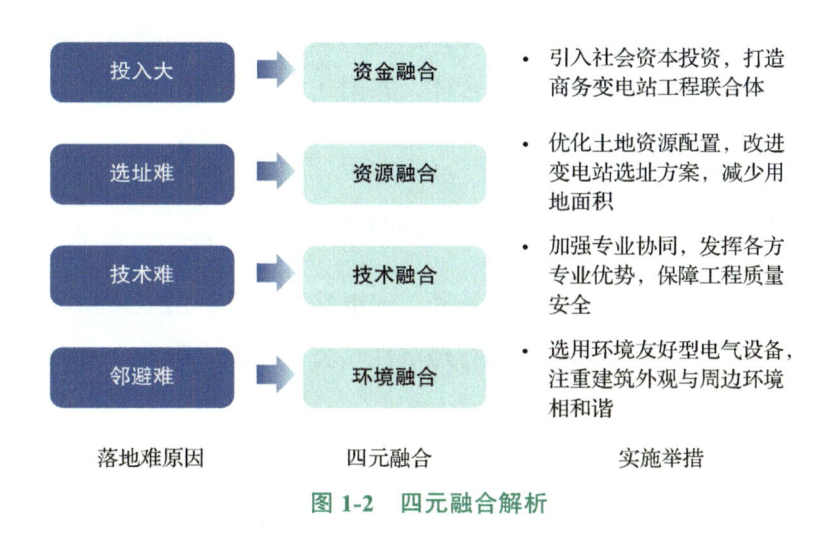

落地难原因	四元融合	实施举措
投入大	资金融合	引入社会资本投资，打造商务变电站工程联合体
选址难	资源融合	优化土地资源配置，改进变电站选址方案，减少用地面积
技术难	技术融合	加强专业协同，发挥各方专业优势，保障工程质量安全
邻避难	环境融合	选用环境友好型电气设备，注重建筑外观与周边环境相和谐

图1-2 四元融合解析

（一）加强政企协同，获得政府部门有力支持

国网济南供电公司重视与济南市政府进行常态化对接，促成国网山东省电力公司与济南市政府签订战略合作框架协议，要加快能源互联网建设，打造济南现代化国际大都市，全面助力"五个济南""五个中心"建设；促成市政府成立"新时代济南坚强智能电网发展协调领导小组"（以下简称领导小组）。领导小组成员涵盖市

发展改革委、城管局、行政审批服务局、自然资源和规划局等政府部门领导，形成济南市电网建设的坚强组织保障。领导小组定期召开协调会议，沟通协商、共同解决济南市电网建设选址难、协调难等问题。

公司结合以往城市变电站规划建设经验，认真分析梳理变电站行政手续办理等流程，发挥领导小组力量，推动政府对工程规划、土地等办理手续的流程进行优化，加速办理了项目核准、环评、规划许可、用地批准等合法建设手续，节约了工程规划、施工前期的时间投入，保障了商务变电站工程建设进度。

（二）资金融合投入，解决变电站投资难题

面对电网建设需求日益增加造成的电网投资压力大的问题，公司在项目规划前期提前分析商务变电站建设带来的影响和价值、主要受益方等，努力为工程建设吸引社会资本投资。公司主动与中央商务区内的多个开发商进行沟通对接，经过多次走访、会议交流，最终与绿地集团就工程投入、职责分工等问题达成共识，顺利签订合作协议，组成商务变电站工程联合体，共同在中央商务区投资建设110千伏商务变电站。

（三）资源融合利用，解决选址用地难题

在人口密集、寸土寸金的中央商务区，变电站选址难、用地紧张等问题更加突出，直接影响片区供电质量和电网运行经济性。公司发挥工程联合体力量，共同解决商务变电站选址用地问题。

达成选址共识。公司和绿地集团与政府部门、设计单位围绕变电站选址问题进行了深入沟通，在满足片区总体规划用地布局要求的基础上，达成变电站选址应该"靠近负荷中心、进出线电缆畅通，周边交通方便，无重要军事、通信设施"等共识，最终将选址确定在绿地山东国际金融中心区域内，并明确了变电站应该与中央商务区建筑群相融合等要求。

共促集约用地。由于中央商务区用地紧张、成本高，公司高度重视商务变电站工程的高效集约用地需求。考虑到片区开发商更加熟悉片区建筑、基础设施等布局、土地成本，公司与绿地集团、设计单位加强沟通，共同研究减少变电站占地面积的

方案。最终，确定了综合利用周边设施的方法，包括变电站消防系统直接接入商务区已有消防管网，变电站消防通道采取C形布置与变电站外道路形成环网等，最大化发挥土地的利用价值，有效减少了商务变电站的用地面积，也降低了变电站用地成本。

共享利用管廊。针对中央商务区选线用地紧张、容易对城市管廊产生干扰等难题，公司和绿地集团加强与领导小组的沟通交流，准确掌握了变电站所在片区周边供水、供热、燃气、通信等城市管廊现状及规划情况，与片区开发商统筹确定商务变电站线路走向。确定了合理利用现有电缆沟2千米，新建电缆沟0.6千米的方案，实现管廊空间的最大化共享利用。同时，公司和绿地集团优化了设计、施工方案与要求，有效减少了城市管廊之间的干扰，避免了变电站施工对其他管廊的破坏，以及由此造成的施工纠纷和进度延迟。

（四）技术融合发挥，筑牢工程技术保障

公司与绿地集团以工程联合体模式进行深入合作，为商务变电站规划建设凝聚了专业力量。双方进行专业化分工，由绿地集团负责土建部分施工，公司负责所有电气设备安装及建成后的运行维护等，并共同与利益相关方进行专业化沟通对接，以保证工程高质高效落地。

在工程规划阶段，公司与绿地集团分别发挥自身在电气、土建方面的专业优势，围绕变电站接线、主变容量、电气平面布置、建筑结构等具体问题，与设计单位就工程规划方案进行高效的沟通，保障工程规划方案满足变电站建设质量、安全等要求。

在工程建设阶段，由于融合型变电站工程参建单位多，增加了项目监理难度。公司创新使用双监理模式，公司与绿地集团同时派驻监理进场，分工合作进行专业化监理。两方监理各自发挥专业强项，相互沟通配合，优势互补，由绿地集团监理积极配合迎接济南市质监站的检查，由公司监理配合迎接电力系统内部质监站的检查。双方监理共同加强安全管控，优化施工工艺，提升施工质量，为商务变电站工程的顺利落地提供专业监理保障。

（五）环境融合协调，获得公众支持认同

针对入驻企业等相关方重视的变电站环境影响问题，工程联合体分工协作，由公司进行变电站环境影响评价、环境友好型设备选用等，由绿地集团打造外观与周边环境相融合的变电站，实现从外观到内在的环境和谐，以减轻公众对变电站工程的抵触心理。

设备选用对周边环境更友好。由公司牵头开展变电站工程环境影响评价，明确工程设计、施工、运营等期间的环境治理措施，并对拟建站址工频电场强度、噪声等进行监测。采用低噪声变压器、智能型低噪声通风机等设备，降低设备噪声强度；根据已投运变电站的实测资料、规程要求，确定变电站的平面布置、支架高度要求，使工频电场强度水平控制在规程范围之内，确保变电站建设对周边环境的影响降至最低。在此基础上，发挥绿地集团根植中央商务区的近邻优势，向周边用户群体共享商务变电站降低噪声、降低电磁辐射的措施、效果、数据等信息，有效避免了"邻避效应"造成的施工纠纷和阻碍，让周边居民和企业更安心、更放心。

建筑外观与周边环境相协调。发挥绿地集团在土建专业方面的优势，由绿地集团结合片区整体风格，对变电站外墙、围墙装饰等进行设计装修。变电站外立面采用装配式纤维水泥复合墙板，形状和颜色与周边商务办公楼保持一致，并加盖幕墙、景观墙进行遮挡；变电站顶部采用人工草皮进行绿化处理，与相邻商业建筑融为一体（见图1-3）；变电站进、出线路均采取地下电缆沟敷设电缆方式，使地上建筑部分与周边建筑风格、景观相协调，有效减轻了公众对变电站工程的抵触心理，获得了周边居民和企业的理解与支持。

（六）加强交流分享，扩大工程影响力

为增进公众对变电站建设的认同、扩大工程的社会影响力，公司重视商务变电站建设经验的交流与传播。通过权威媒体齐鲁晚报网对商务变电站创建"融合型"变电站的具体措施、典型经验进行宣传，并推动腾讯网、山东热搜等媒体积极转载，扩大新闻传播受众，助力公司进一步树立责任形象。此外，公司积极总结、传播商务变电站建设经验，迎接国网山东省电力公司调研检查、系统内供电公司的经

图 1-3 商务变电站外观与商务环境相融合

验交流，共同探索相关经验在其他工程上推广的可行性，努力形成可复制、可推广的"融合型"变电站建设模式。

四、项目成效

（一）有力支撑了中央商务区经济社会发展

2021年6月1日，山东省济南市首座"融合型"变电站——商务变电站顺利建成投运，比工程计划提前3个月。商务变电站为济南国际金融城片区居民与商业聚集区供电，其投产极大地缓解了中央商务区电力供需矛盾，为该区域提供电力负荷70兆瓦，有助于提升区域供电可靠性。商务变电站的投运也为绿地集团等片区开发商解决了入驻企业平稳生产的"电力之忧"，促使片区开发商积极扩大招商引资力度，带动片区开发商、入驻企业的共同发展，为当地经济社会发展提供强大的电网网架支撑，为山东省落实"六稳""六保"促进高质量发展，以及新时代社会主义现代化强省建设贡献供电公司力量。

（二）实现了变电站与中央商务区环境相融合

公司发挥联合体力量，在变电站规划建设过程中重视与城市走廊规划的协调统一、与周边环境的和谐共生，有效减少了工程对周边生态环境、办公环境的影响与干扰，实现与周边商业综合体、花园景观等融为一体、交相辉映，为济南中央商务区增添了一处独特的景观。

（三）提升了供电公司品牌美誉度

以商务变电站规划建设为契机，公司主动性、前置性了解政府部门、开发商、用户等关键利益相关方对核心商务区的诉求，加强沟通交流和价值共创。商务变电站建设提升了中央商务区供电可靠性的同时，有效避免工程建设纠纷和舆情事件，进一步促进了外界对供电公司的信任与认可，提升了公司美誉度，更好地塑造了供电公司的品牌形象。

2 推进信息共享 解决居配工程临时用电难题

项目实施单位：国网烟台供电公司
项目实施人员：韩 琪 王少伟 安兆鹏 孙 宁 刘 杰 车 怡 张 荻 崔 东 周宁宁

一、项目概况

随着现代城市的不断发展和城镇化政策的推行，烟台市住宅小区的规模及数量快速上升，对居配工程[①]的要求也在不断提高。居配工程建设过程中由于开发商未及时缴纳建设费用、配电室建设不标准等原因，都可能导致居配工程建设受阻，进而产生临时用电问题。小区居民方面，临时用电带来的频繁停电、电价高、收费混乱等问题已影响入住居民正常的工作和生活；供电公司方面，部分居民认为临时用电问题是供电公司的责任，导致供电公司被误投诉；社会方面，近年来，烟台市民生平台常有居民就临时用电问题发起问询，引起较大社会关注。据国网烟台供电公司统计，截至 2020 年年底，由房地产开发商委托国网烟台供电公司建设的新建小区居配工程数量达 371 个，其中部分小区居民已入住，但接的是临时用电，并没有分表到户，直接影响居民用电的安全性、可靠性。

为加快解决临时用电问题，国网烟台供电公司创新引入利益相关方协同参与和多方沟通思路，变一事一议为系统化管理；通过分析居配工程建设流程、利益相关方、风险因素，结合临时用电项目实际，精准识别出管理流程有待优化、配电室

---

① 居配工程是指新建的居住区供配电工程，是配电网工程的一部分，工作内容包括对小区内一些供配电设施进行新建、验收、送电及移交等。房地产开发商可委托供电公司建设，也可以自行组织建设。

建设不达标、信息透明度不够、建设资金缺乏四类临时用电产生的原因。"对症下药",采取促进居配工程管理串联变并联,与开发商、施工单位等共同构建配电室"问题库",搭建多元信息沟通平台,加强对居配工程的监督考核等措施,促进临时用电问题解决。截至 2021 年年底,烟台所有临时用电小区全部装表送电,约 5189 户居民用上放心电。

二、思路创新

(一)整合多方力量,实现内外协同合作

由供电公司承建的居配工程涉及诸多利益相关方,外部有房地产开发商、政府部门、新建小区居民、设计施工单位等,内部有运检部、营销部、财务部、市场及大客户中心等各部门。通过融入利益相关方管理理念,整合社会力量,促进政府、开发商、设计施工单位、居民等利益相关方共同参与到居配工程管理过程中。立足多方视角,整合社会资源,发挥各自优势,满足各方诉求,实现多方共赢。

(二)引入责任沟通,促进多方交流互动

在传统的临时用电问题解决过程中,沟通方式多为供电公司主导的单向沟通,一方面,需要开展的沟通次数较多,导致工作周期加长;另一方面,无法开展多方思维碰撞,导致工作思路较为固定。在责任沟通理念引导下,国网烟台供电公司围绕供电公司内部部门、开发商、政府和小区居民等多方的需求,实现内外沟通互动,搭建信息共享平台,畅通多方沟通交流渠道、信息反馈及解决问题的渠道,实现业务流、信息流互通无阻,提升居配工程管理效率(图 1-4)。

(三)责任风险管理,推动系统解决问题

采用一事一议制的管理方法,容易导致项目推进流程长、速度慢、资源浪费大,且成功的工作经验难以形成工作模式进行推广。在社会责任风险管理理论的指导下,国网烟台供电公司精准识别出临时用电产生的"四大"原因,并针对性采取应对策略,形成居配工程临时用电问题解决的原因识别精准化—问题梳理前置化—流程

升级并联化—信息沟通多元化—费用解决社会化—监督考核机制化的"六化"管理机制。

图 1-4 根植项目前后沟通对比

三、实施举措

（一）分析居配工程临时用电产生的原因

为识别临时用电产生的原因，开展项目前期调研。对居配工程管理全流程进行梳理（见表 1-2），总结出基于立项阶段、设计阶段、施工阶段及总结阶段的居配工程管理流程。通过汇报沟通、交流研讨等方式，明确国网烟台供电公司居配工程按期推进涉及关键流程环节、利益相关方及存在的风险因素，为总结提炼居配工程临时用电产生的原因和对应的解决方案打下坚实基础。

表 1-2 影响居配工程按期送电的关键环节、利益相关方、风险因素

关键环节	利益相关方	关注点	风险因素
项目报批审核公示项目立项	开发商、规划局	促进居配工程快速立项	• 规划立项后，开发商向供电公司申请正式用电时间较晚，导致居民用电需求与配套工程建设产生冲突矛盾
建筑主体设计	开发商	避免设计反复	• 开发商未及时推进土建设计 • 进度与质量等信息未实现共享
配套设施设计	中标方设计部门	避免设计反复	• 供电公司未及时推进电气设计 • 进度与质量等信息未实现共享

续表

关键环节	利益相关方	关注点	风险因素
图纸审核定稿	开发商、供电公司（运检部等）、中标方设计部门	设计图纸一次审核定稿	• 设计图纸不能一次通过审核
建筑主体施工	开发商施工单位	土建物料合格，土建施工符合图纸要求	• 开发商未按照进度推进土建施工 • 土建施工过程质量不达标，反复整改 • 土建施工进度与质量等信息未实现共享
配套设施施工	供电公司施工单位	掌握土建施工进度和质量 避免电气施工反复	• 施工单位未按照进度推进电气施工 • 电气施工（配电室）不达标，反复整改 • 电气施工进度与质量等信息未实现共享
项目验收交付	开发商、供电公司（财务部等）	促进开发商尾款缴纳，对资金出现问题的开发商及时向住建部门反馈备案	• 开发商未及时缴纳建设费用，或破产倒闭无法缴纳
	供电公司（营销部、财务部）	确保资料完整，及时收回建设费用，避免损失	

综合影响居配工程按期推进的利益相关方、风险因素，结合临时用电小区的临时用电时长、解决的紧迫性，共梳理出管理流程有待优化、信息透明度不够、建设资金缺乏、配电室建设不达标四大类导致居配工程产生临时用电的原因（见表1-3）。

表1-3　导致居配工程产生临时用电问题的原因、解决策略及居配工程比例

原因类别	原因描述	解决策略	居配工程比例
管理流程有待优化	• 居配工程管理流程多串联，影响居配工程送电进程	串联变并联	30%
信息透明度不够	• 供电公司内部各部门之间，以及供电公司与外部利益相关方之间……关于居配工程建设的信息不畅通，影响居配工程送电进程	畅通内外部信息	30%

续表

原因类别	原因描述	解决策略	居配工程比例
建设资金缺乏	• 开发商不缴纳最后一笔建设费用 • 开发商破产倒闭	引入第三方力量	30%
配电室建设不达标	• 电气施工（配电室）不达标，需重复整改	梳理问题库及解决方案	10%

（二）共同商议解决配电室建设常见问题

面对配电室施工不达标需重复整改问题，开展利益相关方沟通研讨，结合以往居配工程配电室建设过程中实际出现的问题，共同探讨解决方案，并构建居配工程配电室问题库，帮助开发商、施工单位提前辨识，从而有效防控配电室建设过程中可能面临的问题。

（三）成立优化居配工程管理的柔性团队

为加快居配工程送电，国网烟台供电公司将居配工程管理由串联改为并联。2021年7月，烟台市工商企业"获得电力"服务中心挂牌成立，汇聚营销、发展、运检、项目管理中心、供电服务指挥中心和经研所等相关部门工作人员，组成服务团队进行合署集中办公。依托该服务中心，国网烟台供电公司创新采用"柔性团队"的方式，跨专业、跨部门灵活组建居配工程"柔性团队"，由原有的"多专业逐一审批"改为"一站式统一决策"，实现管理的极限扁平化。同时，合署集中办公让工程信息、工作问题及时共享，流程问题依托各专业分工迅速分解形成处理方案，实现内部部门跨专业协同的信息互通、节点提示和服务衔接，最大限度提高内部协同效率，避免因内部流程烦琐导致临时用电现象，打造更加方便、快捷、高效的用电服务新模式。

（四）搭建促进居配工程信息共享的平台

为避免因信息不畅通导致的居配工程送电不及时问题，开展多方多元化沟通，共同打造居配工程信息共享平台，促进居配工程管理过程信息透明。

1. 专项沟通

依托居配工程信息共享平台，实现政企专项沟通。2021年，与烟台市14个区县政府开展"一年两对接"工作，加强政府与公用事业单位之间的沟通协调。基于居配工程较强的社会属性，推动居配工程的协调、对接问题纳入"一年两对接"商讨范围，更好推动了政企间合作，助力烟台市经济社会发展和电力营商环境优化。

2. 例会沟通

以月度例会的形式实现物资供应进展、设计施工进展的公示公开，为开发商、施工单位有效对接提供定期沟通的平台，显著提升居配工程项目进展透明度。2021年，供电公司、开发商、设计施工单位共开展12次线上例会，促进解决内外部工作难题的同时，每月更新并公布项目进展情况，总结工作经验，协商调整制订目标，确保各项目均能顺利推进。

3. 日常沟通

邀请新建小区居民代表参观居配工程施工现场或前往"获得电力"服务中心，沟通工程建设进展，增进新建小区居民对工程进度的了解。

（五）引入外部力量解决建设费用资金难题

面对开发商不缴纳建设费用或破产难题，国网烟台供电公司向烟台市政府、住房城乡建设局、不动产中心多次沟通汇报。在市政府批示下，调动多方资源，创新形成"供电公司、第三方企业、开发商三方共建"模式并推广。

以"柏林春天"小区为例，"柏林春天"小区现有居民1583户，由于开发商资金链断裂，无力缴纳建设费用，在小区居民已入住多年的情况下，小区依然使用施工用电。供电问题对居民日常生活带来诸多不便，导致居民多次在社会平台反映意见，产生不良社会影响。在烟台市政府的牵头下，成立由住房城乡建设局、不动产中心、开发商、供电公司等组成的专项工作小组，由不动产中心办理房屋解押手续，协调开发商办理房屋网签手续，创新性地引入第三方——烟台禹通科技发展有限公司（以下简称禹通科技），开发商、禹通科技、国网烟台供电公司共同签订三方协议。截至2021年年底，该小区已顺利完成一户一表改造，居民终于用上了放心电。这一做法也为其他同类型问题提供了解决思路和较为成熟的工作模式。

（六）强化居配工程管理的监督考核机制

为促进居配工程管理工作规范、透明运行，建立居配工程管理监督考核机制。

1. 加强监督约束

对外，联合开发商、政府部门、设计施工单位开展定期巡检、飞行检查等互相监督约束；与住建部门保持定期联系，专项专人督办，并定期落实临时用电小区挂牌改造施工进度，积极推进小区正式电工程实施；参与政府关于建设项目联合验收相关办法的制定工作，为进一步优化提升工程建设项目审批改革提出专业性意见；向小区居民公开监督渠道，提供投诉电话，开展常态化传播，披露居配工程管理工作情况，借助传统媒体与新媒体合力，增强运营透明度；对拒不配合整改或长期未结清建设费用的开发商，要求各供电中心按照临时电源管理办法，取消其临时电源，加大曝光力度。

对内，着力推进居配工程管理流程和职责规范化、居配工程监督过程化。例如，优化新建住宅小区用电报装的流程，细化小区管理办法，加强市、县公司小区业务监管，协同各部门优化小区资产移交等工作流程。

2. 强化居配工程管理考核

对开发商、设计施工单位等建立履约跟踪信息表，建立"一项目一评价"的履约评价表，公司及时对开发商、设计施工单位等在居配工程管理全流程中的配合情况、设计方案、施工质量、缴费情况等进行评价。此外，对内部参与居配工程管理的部门设置定量考核指标（见表1-4），将利益相关方的需求和期望融入居配工程绩效管理，反映居配工程管理为利益相关方创造的综合价值，实现绩效指标的可感知、可理解。

表 1-4　居配工程管理效率考核指标

序号	考核指标	指标释义	考核主体	考核对象
1	图纸设计一次通过率	设计图纸一次性审核通过	住房城乡建设局	开发商、供电公司

续表

序号	考核指标	指标释义	考核主体	考核对象
2	土建施工质量合格率	年度土建施工质量合格工程数量、年度土建施工工程总数	住房城乡建设局	开发商、施工单位
3	土建竣工及时率	土建施工按期完成个数、居配工程项目总数	住房城乡建设局	开发商、施工单位
4	电气施工质量合格率	年度电气施工质量合格工程数量、年度电气施工工程总数	住房城乡建设局、供电公司	供电公司、施工单位
5	电气竣工及时率	电气施工按期完成个数、居配工程项目总数	供电公司	供电公司、施工单位
6	"获得电力"服务中心有关居配工程的沟通交流次数	年度内依托"获得电力"服务中心柔性团队磋商推进居配工程的次数	市政府	供电公司
7	开发商满意度	开发商对电气施工项目的满意程度	供电公司	供电公司

四、项目成效

（一）解决居配工程临时用电难题，居民用上正式电

通过精准识别临时用电产生的原因，分类逐一破解，保障居配工程项目高质高效完成的同时，加快解决历史遗留的临时用电问题，减少临时用电给居民带来的生活不便问题，提升居民满意度。截至2021年年底，居配工程临时用电项目全部装表送电，约5189户居民用上放心电，全面实现小区供电双保险，极大地提升了居民供电可靠性，提高了居民用电获得感。

（二）解决民生难题，促进社会和谐

在本次根植项目推进过程中，针对因开发商资金链断裂导致的居民使用临时用电问题，国网烟台供电公司总结并提出了"三方共建"模式，解决了这一困扰政府、开发商、国网烟台供电公司及小区居民已久的问题。通过本次根植项目中建立

的工作模式及聚拢的社会资源，助力了烟台市社会和谐。截至 2021 年年底，居配工程相关投诉率降低了 85%。

（三）优化管理模式，实现流程升级

通过调研居配工程按期送电的关键环节、利益相关方、风险因素，分析识别临时用电产生的"四大"原因，优化管理流程，提高业务和服务水平，形成了内外联动、多方参与、监督约束的居配工程临时用电解决的"六化"管理模式。该模式有助于实现多方闭环沟通，使流程更加规范，职责更加明确，沟通协作更加透明，让公司业务水平不断提升。通过快速收回建设费用，帮助公司节约成本，保障公司的基本权益。2021 年，超过 90% 的居配工程在建设费用缴纳后 60 日内如期送上放心电。

3 因"杆"制宜 合力提升闲置电杆利用率

项目实施单位：国网济宁供电公司

项目实施人员：徐晓强　刘运涛　孙　衡　张萌星　金　剑　王　禹　朱　伟　东　海　袁　虎

一、项目概况

随着济宁市经济社会发展步伐日益加快，新建居民小区、异地搬迁、乡村振兴及临时用电等电力工程项目建设较为频繁，但是因农网改造或年久失修，一部分电杆成为闲置电杆，还有一部分电杆，虽然未被淘汰、尚在运，但未得到最大化利用。残留在路边、田间地头或未被得到充分使用的闲置电杆，不仅与周边的环境格格不入，而且遇到恶劣天气很容易发生倒杆，造成事故；部分闲置电杆杆身有裂纹、钢筋裸露，极易引发农业机械车辆误碰等问题，对农业生产和村民生活产生安全隐患。据国网济宁供电公司统计，近年来，公司平均每年收到的因闲置电杆产生的投诉达7起，经济损失7.7万元。

为解决这一现象，2021年起，国网济宁供电公司将闲置电杆的处置作为公司年度重点议题，坚持利益相关方参与和综合价值创造最大化理念，携手政府、公安局（派出所）、通信运营商、村委会、房地产或道路施工企业、种植园农户等利益相关方，合力提升闲置电杆利用率。结合电杆的使用效率与效益，将闲置电杆按照高、中、低利用率进行梳理，推动电杆分类治理、处置，提升闲置电杆利用率，既解决了公司闲置电杆遗留的安全、环境等问题，同时满足了乡村路灯、监控、通信的需求，减少通信运营商重复投资，拓展了闲置电杆在道路施工、天网监控、通信光缆、葡萄、樱桃种植等多场景的应用，实现多方共赢。2021年，累计清理闲置电杆2135基，使用权移交电杆632基，杆塔附挂2315基，为利益相关方共节约成本超43万元。

二、思路创新

（一）引入利益相关方参与

以利益相关方的需求为基础，结合闲置电杆的剩余价值和应用场景，发掘有意愿参与项目的利益相关方，如市政府、公安局（派出所）、村委会、通信运营商（移动、联通、电信、广电）、房地产或道路施工企业、种植园农户和媒体等，充分发挥各方资源优势，提升闲置电杆处置效率。

（二）厘清利益相关方责任边界

结合闲置电杆的剩余价值和应用场景，发掘有意愿参与项目的利益相关方，考虑项目实施与利益相关方诉求的契合点，发挥供电公司的引导作用。在明确利益相关方及产权边界的基础上，对各利益相关方参与处置闲置电杆的参与意愿、可提供的资源、希望实现的诉求三方面进行厘定，并界定各方职责，确保合作顺利进行（见图1-5）。

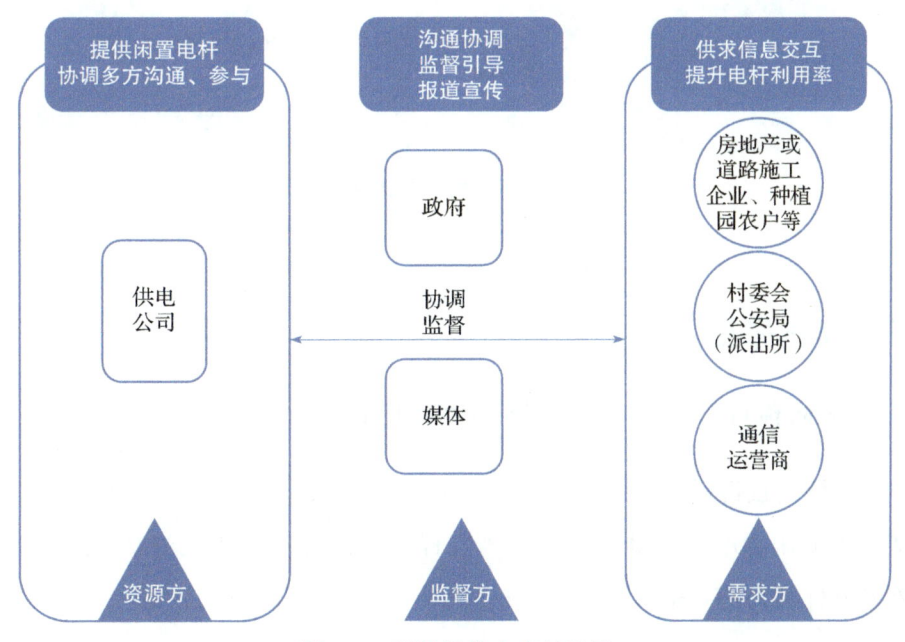

图1-5 利益相关方责任边界

（三）寻求共赢和综合价值最大

关注市政府、公安局（派出所）、村委会、房地产或道路施工企业、种植园农户、通信运营商等各利益相关方诉求，以各利益相关方需求为出发点和落脚点，将闲置电杆分类处置，联合推动闲置电杆供给、需求等相关方共商共赢，保障项目长效运行，实现资源共享，让各利益相关方从项目受益，从而实现经济、社会、环境综合价值最大化（见图1-6）。

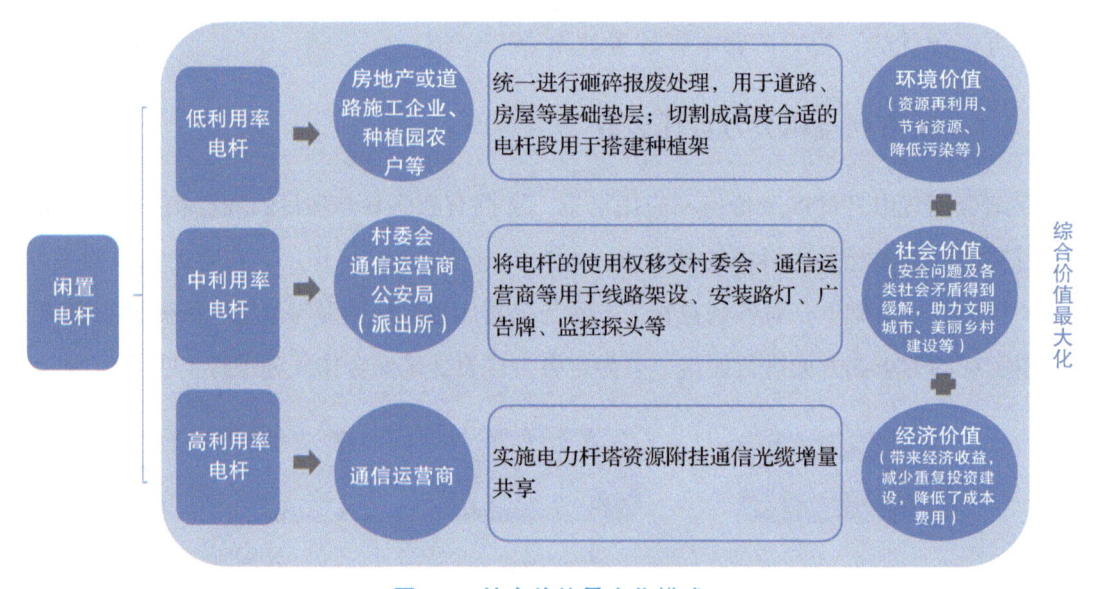

图1-6 综合价值最大化模式

三、实施举措

（一）调研梳理，统计盘查辖区内闲置电杆

摒弃传统的投诉后再处理、有问题再解决的思想，国网济宁供电公司主动调研统计辖区内的闲置电杆数量、位置及闲置程度，提前介入和预防安全隐患的产生，避免闲置电杆带来的安全事故和投诉。

（二）实地走访，开展利益相关方调研

多方配合是闲置电杆协同处置的基础。为更好赢得各方支持，国网济宁供电公司开展政府、公安局（派出所）、村委、通信运营商、房地产或道路施工企业、种植园农户等利益相关方走访调研，了解利益相关方的心声和诉求。基于调研基础信息，了解各方优势和需求，深入分析各方可供资源和可获利益。结合利益相关方合作的意愿与资源优势，寻找可合作的方式，搭建闲置电杆处理平台，为供求双方搭建沟通桥梁。针对不同的需求群体，结合其参与意愿和可供资源，共同对闲置电杆的治理问题进行探讨，推动与利益相关方展开洽谈（见表1-5）。

表1-5 国网济宁供电公司利益相关方诉求与期望分析

利益相关方	可供资源	可获利益（期望）
供电公司	• 闲置电杆 • 协调多方参与、信息沟通	• 减少投诉数量 • 减少安全隐患 • 减少拆除成本 • 减少占地补贴成本
政府	• 相关企业协调 • 区域规划信息	• 人居环境改良 • 促进社会和谐稳定
公安局（派出所）	• 农村视频监控系统	• 促进平安乡村建设
村委会	• 电杆移交管理 • 供求信息交互	• 降低村委支出（路灯安装等） • 保障村民安全生产生活 • 减少耕地面积占用 • 建设美丽乡村
通信运营企业	• 分担电杆运营管理成本	• 降低网络线路搭建成本 • 共享电网基础资源
房地产或道路施工企业、种植园农户等	• 需求信息实时发布与传播	• 获得可直接用于其生产经营的闲置电杆，节省开支
媒体	• 新闻推广 • 吸纳更多有需求的利益相关方参与	• 话题与关注

(三）闲置分类，因"杆"制宜确定处置模式

针对不同种类的闲置电杆，国网济宁供电公司结合不同接收方的具体诉求，将闲置电杆处理方式进行了划分，分为低利用率电杆、中利用率电杆、高利用率电杆，并明确自身责任，确保闲置电杆的综合价值发挥到最大化（见表1-6）。

表 1-6　闲置电杆分类及处置

闲置电杆分类	定义	具体处置方式	供电公司责任	接收方
低利用率电杆	超过使用年限或存在裂纹无法继续使用的电杆	统一进行砸碎报废处理，用于道路、房屋等基础垫层；切割成高度合适的电杆段用于搭建种植架或用于防鸟网罩拉建和固定	携手房地产或道路施工企业、种植园农户等联合处置	房地产或道路施工企业、种植园农户等
中利用率电杆	有使用价值，在原地无须迁移即可重新被利用的电杆	仅拆除线路，将电杆的使用权移交村委会、通信运营商等用于线路架设，明确新的责任主体	在移交过程中与相关公司完成交接工作，对后续的线杆维护工作提供专业建议	村委会 通信运营商 公安局（派出所）
高利用率电杆	未淘汰、正在使用，在原地无须迁移，可以实现"一杆多用"	实施电力杆塔资源附挂通信光缆增量共享	与相关公司签订互利互惠协议，开展电力杆塔资源附挂通信光缆增量共享	通信运营商

（四）移交各方，提升闲置电杆利用率

国网济宁供电公司与各接收方签订相关处理协议，推动闲置电杆分类处置。

1. 针对不能直接利用的低利用率电杆

针对不能直接利用的低利用率电杆，国网济宁供电公司协同房地产或道路施工企业，以及葡萄、樱桃种植园农户对其改造再利用。

（1）用于基础建设。协同房地产或道路施工企业，将低利用率电杆用于城市道路和变电站基础建设。例如，公司下属的国网曲阜市供电公司针对完全没有利用价

值、要报废的电杆，在向物资部提交报废申请单的基础上，协同曲阜市环宇房地产开发有限公司，创新将其粉碎用于城市道路施工垫铺底层，实现资源再利用。截至 2021 年年底，累计向环宇房地产开发有限公司输送废旧电杆 12 基，消纳废料约 18 吨，帮助其节省费用支出约 3800 元。又如，在 35 千伏南泉变升压工程建设中，济宁圣地电业集团有限公司将国网曲阜市供电公司的废旧电杆粉碎，用于变电站内道路基础铺垫，累计使用废旧电杆 25 基，消纳废料约 38 吨，节省费用支出约 7500 元。

（2）助力种植园产业发展。协同村委会和葡萄、樱桃种植园农户，将低利用率电杆用于种植园葡萄架搭建或防鸟网设施。例如，国网曲阜市供电公司联合当地种植园农户，根据葡萄种植需要将废旧电杆切割成高度合适的电杆段，用于搭建葡萄种植架，根据樱桃种植需要将废旧电杆用于防鸟网罩拉建和固定。以曲阜吴村镇高楼村为例，村内种植葡萄园共利用废旧电杆段 36 处，节省支出约 2100 元；村内百亩樱桃园共利用废旧电杆 12 基，节省支出约 3600 元。该举措有效降低了种植园、农户的成本支出，提升了葡萄种植经济效益，美化了"国际慢城"整体环境，对助力农民增收和乡村振兴具有积极推动意义。

2. 针对具有利用价值的中利用率电杆

通过使用权移交的方式使其资源化再利用。一是向村委、公安局（派出所）移交电杆（使用权）。国网曲阜市供电公司与白杨树村、三合村、白杨店村、姜家村、前宣东村 5 个村委及所属派出所签订了《电力旧线杆移交协议》，将公司闲置电杆使用权移交村委作为村内路灯杆使用，解决了公司闲置电杆遗留问题，帮助公司极大地减少了闲置电杆的处置成本；同时解决了在乡村安装路灯、广告牌、监控探头等的需求，共计移交 81 基。二是向通信运营商移交使用权。2021 年，国网曲阜市供电公司与通信运营商协商，按照 1500 元 /（年 / 千米）供电线路的初步价格，将电杆移交通信运营商，拟于 2022 年签订移交合作协议。

3. 针对在运的高利用率电杆

通过与通信运营商、公安局（派出所）共享，实现"一杆多用"。公司下属的国网邹城市供电公司与中国电信集团有限公司济宁分公司达成互利互惠协议，开展电力杆塔资源附挂通信光缆增量共享。实施电力杆塔资源附挂通信光缆增量共享，有利于实现资源复用，提高资源利用效率。本次通信光缆共享，共涉及邹城市石墙、郭里、太平、北宿 4 个乡镇 1697 基电力杆塔资源，安装摄像头 159 个，现已安全运行。此外，国网邹城市供电公司和当地 24 个派出所合作共享，在电杆上装设了 961 个天网监控摄像头，发挥了助力智慧城市建设、维护社会治安等社会效益。

（五）协调有序，建立常态化监督沟通协作机制

在政府主持下，定期与通信运营商、公安局（派出所）、村委会、媒体等开展合力提升闲置电杆利用率沟通会，重点商讨闲置电杆最大化利用过程中遇到的使用权归属、维护责任、运输成本等问题，形成常态监督沟通协作机制。一是通过微信群等互联网沟通方式，政府、通信运营商、公安局（派出所）、村委会、建筑公司、媒体等各方明确具体联络员，组建"合力提升闲置电杆利用率微信群"，进行及时联络沟通；二是定期召开联络员会议，就上阶段工作总结、下阶段工作部署等问题进行当面沟通和协调。

（六）宣传推广，吸纳更多利益相关方参与

为进一步提升项目的影响范围，吸引更多有类似需求的利益相关方参与进来，供电公司充分利用政府、村委及企业、媒体的宣传力量，通过齐鲁晚报新闻报道、现场宣传活动等形式，开展更加广泛深入的传播，扩大闲置电杆分类处置利用的知名度和影响力，吸引更多需求方参与闲置电杆处置，呼吁社会公众关注闲置电杆处理，引入更多资源，共同预防闲置电杆引发的社会问题。

四、项目成效

（一）降低了闲置电杆引起的安全隐患等风险

国网济宁供电公司通过本项目，让各利益相关方发挥各自优势，找到各自位置，共同参与解决实际问题，闲置电杆的分类处置有效消除了安全隐患，由闲置电杆引发的碰撞事故、争执的情况大幅降低，闲置电杆引发的投诉大幅减少。2021 年，供

电公司收到的与闲置电杆相关的投诉降至零起。

（二）助力各方节约成本，经济效益显著

闲置电杆的良好处置，在显著提高供电公司经济效益的同时，通过减少跨行业重复投资建设，也为利益相关方降低了成本费用，实现了多方合作共赢。2021年以来，由各类企业和村委会、农户回收再利用的闲置电杆为利益相关方节约成本超43万元，供电公司处置闲置电杆成本由原来的74万元降低至34万元。

（三）助力建设美丽济宁，环保效益显著

"一杆多能"满足照明、通信、监控等需求，拓展电杆功能用途，改变了闲置电杆以往闲置、填埋、堆积的方式，实现资源化再利用，有利于节约资源、降低污染、提升公众环保意识，对服务降碳减排、形成绿色发展大格局发挥积极作用，是全力建设"更高品质美丽济宁"的积极探索。

（四）助力社会稳定和谐，社会效益显著

项目开展以来，因闲置电杆引发的环保问题及各类社会矛盾得到缓解，促进了文明城市的环境改善；在沟塘渠边，再也看不到七零八落躺着的电杆，助推美丽乡村建设；部分闲置电杆被整齐划一地利用在乡村路灯、天网监控等方面，形成了一道道新的风景线；闲置电杆分类处置工作，省市级广播、电视、报纸、网络新媒体进行了宣传报道，得到了社会广泛认可。

4 "储能+共享" 构建新能源运营新体系

项目实施单位：国网枣庄供电公司
项目实施人员：曹 凯 吕显斌 齐洁莹 李国亮 王 坤 揭一鸣
孙守川 程 快

一、项目概况

随着"双碳"目标提出，构建以新能源为主体的新型电力系统正加速推进。然而，枣庄地区新能源发展与储能设施应用矛盾日益凸显：一是枣庄地区新能源产业持续扩大，对储能建设需求日渐提升，但储能设施配置率较低；二是风、光等可再生能源具有不连续和不稳定性，大规模电网接入困难重重；三是公众对储能的安全性存疑，使新能源储能建设遇到阻力。

为有效破解新能源不稳定，单独储能负担重、利用率低、安全性低等问题，国网枣庄供电公司联合并发挥政府部门、新能源企业、储能电站建设企业等利益相关方的优势，创新提出"储能+共享"，实现多方共商、共建、共享、共同监督。共商达成合作意向，促进政府出台支持储能电站建设的指导意见；与华电滕州新源公司等合作共建储能电站，推动三峡新能源、特变电工、屋顶分布式光伏用户等新能源企业或个人租赁华电滕州新能源公司储能电站，实现储能电站共享；促成政府主导，能源局、应急管理局等部门与新能源企业组成联合特巡小组共同监督储能电站安全性。项目投运后，一次能充200兆瓦时电量，一年可满足约6万户家庭用电需求，增加消纳新能源约1亿千瓦时，相当于减排二氧化碳8.9万吨。储能电站充放电转换效率达 89.5%，为华电新源公司实现营收约 1100 万元，参与合作的新能源企业实现充放电 188 余次。

二、思路创新

项目整体思路见图 1-7。

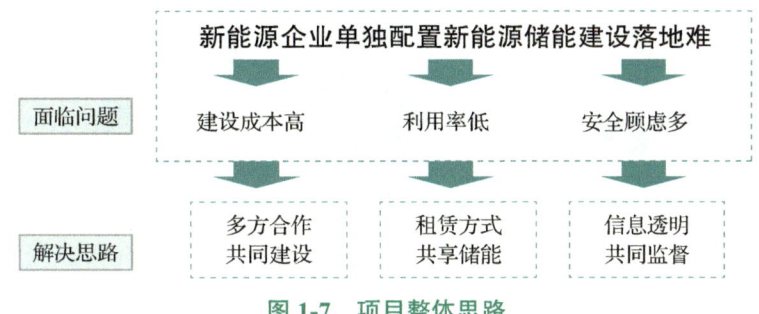

图 1-7 项目整体思路

（一）推动利益相关方参与，整合多方资源优势

新能源储能电站建设涉及政府部门、新能源发电企业、储能电站建设工程企业、供电公司、媒体、公众等多利益相关方，仅凭供电公司一己之力难以推动新能源储能发展。传统方式下，供电公司以自身技术创新和资金投入为主，建设输电通道和配网，而新建电网审批周期长、耗时多，短期难以满足新能源消纳需求。国网枣庄供电公司通过引入利益相关方参与理念，充分考虑项目实施与核心利益相关方诉求的契合点，整合各方资源，发挥各自优势，协力破解新能源储能电站落地难题。

（二）创新提出"共享"模式，推动储能电站高效利用

基于单独配置储能电站建设成本高、建设周期长、利用率低等问题，创新提出"共享"思路（见图 1-8），在储能电站建设运营方面，与政府部门、新能源企业等利益相关方共同建设、共同运营，进一步加快储能电站建设和并网；在储能电站使用方面，推动多家新能源企业在多个新能源项目中通过租赁方式共享循环使用储能电站，节约新建电站成本，提高储能电站和设施利用率。

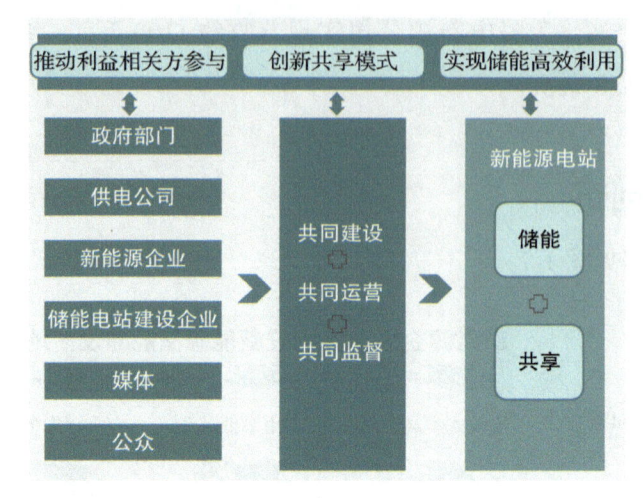

图 1-8 "共享"模式流程

(三)实现信息互联互通,提升全过程管理透明度

针对公众对新能源储能电站安全性的担忧,加强储能电站在选址、设计、建设、运维全过程的信息透明,并邀请枣庄市能源局、应急管理局等权威部门做好关键环节监督,增进与公众沟通互动,切实提升群众信任感(见图1-9)。

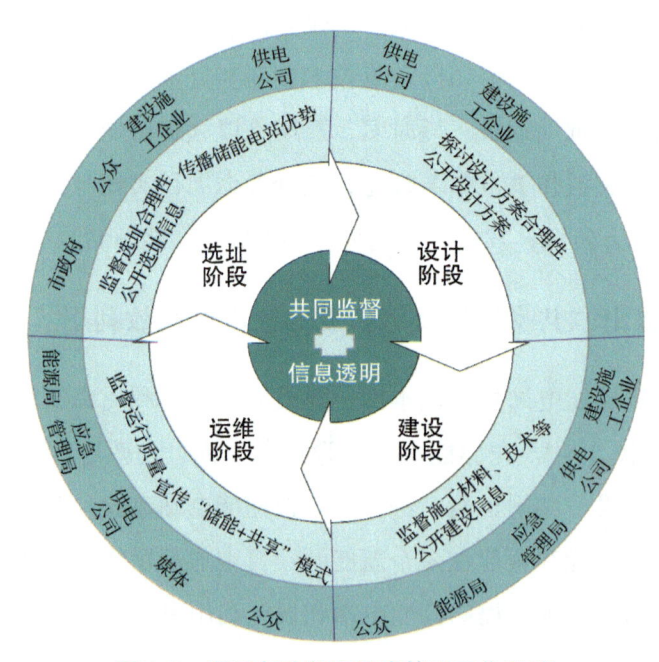

图 1-9 项目各阶段透明度管理工作思路

三、实施举措

针对新能源企业单独配置储能面临的困难,国网枣庄供电公司通过开展走访调研,主动沟通共商,多方参与共建,推进多方共享,促进共同监督,传播安全形象,实现"储能+共享"新模式的发展。

(一)开展走访调研,了解各方诉求和基础信息

主动对接各利益相关方,通过访谈、资料收集分析等方式,深入了解政府部门、新能源企业、储能电站建设工程企业、媒体、公众等利益相关方在新能源储能电站建设上的想法和核心诉求(见表1-7)。

表1-7 国网枣庄供电公司利益相关方需求分析

序号	利益相关方	核心诉求	优势资源
1	政府部门	推动新能源产业发展,降低储能安全隐患	政策支持、法规宣传、监督管理、协调组织能力
2	供电公司	供应绿色电力,减少弃风弃光,提升电力可靠性、安全性,提升企业形象品牌,增加营收	新能源接网、消纳支持
3	储能电站建设企业	提高储能利用率,增加营收,缩短储能电站建设时间,促进储能电站相关新技术使用,积累工程建设经验,增加营收	储能电站和设施设计、建设、运维技术和能力
4	新能源企业	降低储能模块建设运营成本,促进新能源消纳,提高发电变现效率,增加营收	新能源发电专业技术、运维能力
5	媒体	传播社会关心的议题	传播渠道、影响力
6	公众	居住社区安全、电费优惠、用电安全可靠	监督能力

基于调研访谈结果,深入分析政府部门、新能源企业、储能电站建设工程企业、供电公司、媒体、公众等利益相关方的诉求和优势资源,并积极对接政府部门、新能源企业、储能电站建设工程企业、供电公司、媒体、公众等利益相关方,明确储能电站建设的目标、价值,引导各利益相关方共同参与到储能电站建设运行当中,实现改造项目投资、建设和运维等环节的高效运转,推动形成多方共赢的合作局面。

（二）主动沟通共商，达成多方合作共建共享意愿

1. 主动沟通，建立各方协同机制

通过举办每月一次联席会、项目会等形式，联合枣庄市政府、储能电站建设企业、新能源企业等各方，商讨、协调、构建新能源"储能＋共享"运营模式，建立并深化彼此合作意向。加强与政府、储能电站建设企业、新能源企业、媒体、公众等利益相关方的沟通和对接，争取各方的理解，积极整合资源，发挥主导作用，促进利益相关方有效联动，合作共赢。

2. 政企协同，推动出台指导政策

积极联合枣庄市政府、枣庄市能源局等相关部门，加快支持新能源发展的政策出台。结合法律法规，建议并促请能源局出台《关于印发〈山东省可再生能源电力消纳保障机制实施方案〉的通知》《关于印发〈枣庄市分布式光伏建设规范（试行）〉的通知》等相关政策和指导文件，明确各类清洁能源发展相关实施意见。在各区发展改革局、高新区经济发展局、各区供电中心、各发电企业公告发布可再生能源电力消纳责任权重及预期目标等政府文件规定，为新能源储能电站建设提供政策支持和指导。

（三）多方参与共建，促进新能源储能电站的建成

在凝聚多方合作意愿的基础上，国网枣庄供电公司充分考虑并发挥各方的资源和优势，推动多方参与共同建设。在枣庄市能源局牵头下，制定以推动新能源高质量发展为主题，以深化源网荷储一体化建设为主线的基本原则。国网枣庄供电公司积极与建设储能电站的华电滕州新源公司沟通合作，协助开展华电滕州新源公司101兆瓦（202兆瓦时）电化学储能项目可行性研究与前期准备工作，充分结合项目需求和电网规划，超前开展接入系统方案研究，做好项目接网全流程服务。通过发函等方式及时提醒和督促华电滕州新源公司开展"集中储能、全省共享"示范项目建设工作。2021年12月20日，华电滕州新源公司储能项目成功并网试运行，在山东省首批调峰类储能示范项目中首家完成启动送电工作。

（四）推进多方共享，提高新能源储能电站利用率

1. 电源侧共享储能电池模块

通过"储能＋共享"理念将新能源项目配建的储能资源进行整合，开创储能应用新业态和服务新模式。积极与有储能电站共享需求的新能源企业沟通，促使他们采用租赁电池模块的方式，提高新能源的消纳和利用。

2021年，促成三峡新能源、特变电工等企业在其建设的一些新能源项目如冯湖三峡（二期）、峄之光光伏电站中不再单独配建储能设施，转而采用租赁华电滕州新源公司储能电站电池模块的方式配置储能设施，将储能容量租赁给风电、光伏等新能源企业，通过共享储能设施的方式提高了新能源的消纳能力和经济性。

2. 电网侧共享并网消纳服务

充分利用电网现有资源，为采用租赁储能电池模块的新能源企业提供新能源优先接网和消纳服务，降低新能源企业自建配套储能的运维成本，并通过共享服务和技术等方式进一步加快储能电站建设和并网，提高储能电站和设施利用率。

2021年，为三峡新能源、特变电工等新能源企业的冯湖三峡（二期）、峄之光光伏电站等项目提供接网服务，全力做好接网包保服务。

3. 用户侧共享用能情况

储能电站投入运行后，为增强电网、发电企业和储能电站之间的调度能力，营造更好更多元的共同运营环境，国网枣庄供电公司还在用户侧发力促进用能信息共享。

通过牵头引入区块链技术，建立枣庄市用能信息协同调度平台，实现信息共享互信，以及电源侧、电网侧、用户侧多方位信息交流沟通的透明化。

（五）促进共同监督，提升新能源储能电站安全性

联合枣庄市政府、储能电站建设企业、新能源企业等利益相关方，从储能电站的选址、设计、建设、运维到储能设施的运输、新能源消纳等全过程，加强管理监督。

联合市能源局、安监局与储能电站建设企业共同组成联合特巡小组定期巡检，

紧盯工程建设安全质量，定期召开协调会，组织调控、运检等专业开展现场技术监督，确保安全、技术全方位可控、在控，消除安全隐患，确保新能源储能共享的安全性（见图1-10）。

图 1-10 定期开展储能电站现场巡检与走访监督

提前组织公司内部多个部门联合验收专家组，对升压站一、二次设备安装试验进行整体验收，逐台检查储能舱和PCS（储能变流器）舱设备接线，严把入网安全质量关。

（六）联合媒体力量，提升公众对储能电站的认同

联合媒体力量，利用传统媒体与微信、抖音等新媒体相结合的方式，借助枣庄市政府、能源局和华电集团的媒体资源和宣传力量，通过在储能共享电站设立绿色环保形象标识，向2座集中式风电站、20座光伏电站及屋顶分布式光伏开发企业等新能源企业发放"储能＋共享"模式的宣传手册。在网络、电视等媒体上回应政府和社会关注的问题，加大传播力度，宣传绿色安全理念，推广新能源"储能＋共享"模式，全力争取并打造具有创新性、先进性、引领性的"全国样板"储能示范项目，提升全社会对新能源储能共享、接网消纳的认知度，鼓励更多新能源发电企业参与，邀请公众参观，消除公众对储能电站的安全担忧，增强公众对用电可靠性和实现"双碳"目标的信心。

2021年，滕州101兆瓦（202兆瓦时）电化学储能项目作为华电山东首个储能

调峰项目，成功入选山东省首批 5 个调峰储能示范项目，成为枣庄在贯彻落实国家"碳达峰、碳中和"目标中的又一新名片。2021 年 12 月 20 日，滕源华电储能电站成功并网试运行，在山东省首批调峰类储能示范项目中第一个完成启动送电工作，有力推动了枣庄源网荷储一体化融合互动，枣庄电网新能源消纳能力得到进一步增强。

四、项目成效

（一）促进了枣庄新能源储能发展

通过建设新能源储能共享电站，利用储能电站的灵活便捷优势，支撑分布式电力及微网，充分利用电网现有资源，突破传统输电线路对新能源消纳的限制。通过新能源储能电站共享，实现光伏、光热、风力等多类型新能源发电互补，克服新能源间歇性缺陷。将新能源储能共享电站作为调节电源，解决用电峰谷期电力输出不平衡的问题，提高电网稳定性，并对现有的电源、电网的形态进行挖潜、改造、升级，让电力系统尽可能地调动系统内部的调节能力和资源，为新能源储能共享发展服务。初步形成了一个源网荷储融合互动的新型电力系统，对完善和健全新型电力系统建设具有积极有效的指导意义。该项目投运后，每年可实现火电"削峰填谷"电量约 20 万千瓦时、增加消纳风电光伏等新能源电量约 1 亿千瓦时，极大地提升了枣庄市新能源消纳能力，促进了枣庄市新能源的发展。

虎年春节，分布式光伏开放发电，电网无法消纳，滕源华电参与春节调峰，实现每日"一充一放"甚至"两充两放"，最大限度保证电网安全运行。截至 2022 年 2 月底，滕源华电储能电站成功执行调度指令 64 次，在春节、北京冬奥会期间为平抑地区电网负荷波动、稳定电网频率、提高电能质量发挥了重要作用。

2022 年 2 月 27 日上午 11 时，在公司推动下，滕源华电储能电站在山东电力现货交易平台成功提交日前电能量申报数据，标志着该储能电站成为全国首家参与电力现货交易的储能电站。

（二）推动了枣庄碳排放强度降低

通过新能源"储能＋共享"模式，有效提升新能源消纳能力和水平，促进新能源高效利用，推动能源清洁低碳转型，创造较高环境效益。新能源储能共享电站投运后，具有可观的碳排放收益，通过对碳排放进行货币价值化评估，参与碳排放交易，推动碳市场发展，贡献枣庄市"十四五"规划中提出的降低碳排放强度、推动绿色低碳发展。项目总体建设规模为101兆瓦/202兆瓦时，其中包括100兆瓦/200兆瓦时磷酸铁锂电池储能系统，同步建设1兆瓦/2兆瓦时液流电池储能系统。截至2021年年底，该项目一次能充200兆瓦时电量，一年可满足约6万户家庭用电需求，增加消纳风电光伏等新能源电量约1亿千瓦时，压减煤炭消费约3.1万吨，相当于减排二氧化碳约8.9万吨、二氧化硫222吨、粉尘38吨，绿色低碳成效显著。

（三）实现了利益相关方共同发展

通过新能源"储能＋共享"模式，实现政府部门、储能电站建设企业、新能源企业、供电公司、公众等利益相关方合作共赢、共同发展。

对枣庄市政府：促进新能源消纳和经济增长，贯彻落实了中央和山东省决策部署，推动了新能源产业发展，降低储能安全隐患的同时增加地方财税收入，有效拉动了地方经济投资。

对储能电站建设企业：创造了新的增长点，如华电滕州新源公司实现了当年建设、当年投产，整个项目工期比预计缩短3个多月；截至2021年年底，该公司已与三峡新能源等企业以270～300元/千瓦签订了商用租赁协议，充放电转换效率达到了89.5%；参与电力现货交易后，华电滕州新源公司营业收入达到了1100万元，并推动了储能电站相关新技术使用，积累了工程建设经验。

对新能源企业：降低了运营成本，如三峡新能源、特变电工等新能源租赁发电企业节省独立储能电站建设运营成本8600万元，截至2022年4月底，累计充放电188余次，增加营业收入52万元。

对供电公司：促进电网稳定运行，该项目有效提高了电网新能源容量 439 个百分点，可实现电力系统调峰、旋转备用、应急响应、黑启动等多种功能，有效促进电力负荷平衡、稳定电网频率、提高电能输送质量、保证电网安全运转。

对公众：认知和支持提升，当地居民加深了对新能源储能电站的认知度，对储能电站的支持度增强。

5 | 清除"蜘蛛网" 社会责任根植破除"三线"搭挂治理难题

项目实施单位： 国网福山区供电公司

项目实施人员： 高建宏 陈楠 宁俊 祝芳楷 牛家乐 王志鸿 于翠 王凯

一、项目概况

近年来，随着福山区电力、通信和广播电视事业快速发展，部分电力线、通信线、广播电视线（以下简称"三线"）在架设过程中违章跨越搭挂现象严重，同时，在"三线"搭挂广告牌或其他物品的现象普遍存在，威胁到人民生命财产安全和影响美丽乡村建设。**责任主体多：** 在"三线"搭挂治理中，存在多头管理、权责边界不明晰、相互推诿，以往各自为政的工作模式，往往使治理工作陷入僵局。**沟通不充分：** 政府对"三线"搭挂治理工作的认知不到位、判断不精准、政策支持不足，不能合理统筹规划治理工作。**资源须整合：** 供电公司想治理，但缺乏资金来源；政府部门想美化城市，但不了解电杆情况；通信运营商、广播电视组织能力单一，无法紧跟主体的步伐。

为此，政府协调，引入区发展改革局、区乡村振兴局、供电公司、三大通信运营商、广播电视台等，形成"三线"搭挂治理小组，构建资金保障，建立沟通平台，厘清各方责任和资源，共同对管辖的线路和杆塔进行摸查和整改，并联合政府检查验收，形成闭环。截至2022年年底，完成"三线"搭挂治理工程1项，整改电杆11基、新立电杆1基，架设钢绞线1059米，解决"三线"搭挂问题23处，为美丽乡村建设保驾护航。

二、思路创新

（一）搭建"三线"搭挂治理"共同体"

有序完成"三线"搭挂治理工作需要协调组织多方力量共同参与，包括供电公司、乡村振兴局、广播电视台、通信运营商等。电网企业作为电杆产权方，在电杆迁改、治理方面，具备较为充分的人力资源和技术资源。作为一项涉及公共安全的重要议题，政府也会给予电网企业较多的资源支持，包括协调相关部门和借助媒体发布信息等，因此形成由政府主导、企业负责协同的"三线"搭挂治理"共同体"。

（二）促进多方参与"全流程"畅通

运用信息透明理念，建立沟通机制，在前期"三线"搭挂摸清排查阶段、中期清理工作推进及后期成果推广阶段，起到积极聚合、融合的作用，提高治理实效，实现沟通顺畅、资源共享、措施有力、服务提升、多方受益的效果。

三、实施举措

（一）厘清边界，分析"三线"搭挂涉及利益相关方

组织利益相关方座谈会，明确各方对"三线"搭挂整改工作的参与意愿和核心诉求，厘清各方在"三线"搭挂治理各阶段的优势资源和责任边界（见表1-8）。

表1-8 利益相关方分析矩阵

利益相关方	参与意愿	核心诉求	优势资源和责任边界
区乡村振兴局	非常强烈	优化美丽乡村环境，推进乡村振兴工作落到实处	发挥政府职能优势，制定相关政策，出台支撑文件，提供资金支持，统筹推进工作中的重大事项
区发展改革局	强烈	推进"三线"搭挂治理工作，降低因治理带来的一系列社会影响	统筹规划"三线"搭挂治理项目，为治理指引方向

续表

利益相关方	参与意愿	核心诉求	优势资源和责任边界
广播电视台、通信运营商	非常强烈	避免"三线"搭挂引发外力破坏导致的客户使用中断，减少客户投诉率，维护企业形象	配合供电公司一起做好"三线"搭挂治理
供电公司	非常强烈	在政府部门引导下开展"三线"搭挂治理工作，提出创新工作模式，提供安全稳定的电力供应；责任根植，体现价值提升，彰显良好的企业形象	拥有线路路径规划和电力线路迁改技能、出色的作业班组，保证"三线"搭挂治理工作开展和区域内正常供电
居民	非常强烈	及时、高效、优质地完成"三线"搭挂治理工作，给村民一份"美丽乡村"答卷	主动了解并支持政府引导下的"三线"搭挂治理工作，配合相关部门的工作，同时减少对停电断网等现象的不满、投诉等舆情言论
媒体	强烈	增加媒体品牌在公众心目中的认可度、信任度，提升媒体公信力	拥有信息发布平台，加大"三线"搭挂治理工作的宣传力度，降低市民对迁改工作的不满，提高项目影响力

（二）政府主导，解锁治理"共同体"长效"密码"

通过政府协调，拉入区发展改革局、区乡村振兴局、区国资局、供电公司、广播电视台、三大通信运营商等相关方，形成"三线"搭挂治理小组（办公室），制定以机制保障、资金保障、时效保障为一体的服务保障机制，保障清理模式运转顺畅，流程衔接到位（见图1-11）。

1. 机制保障

由政府部门牵头，组织召开"三线"搭挂治理工作协调会，统一规划部署，落实常态对接机制和打通内外畅通的沟通渠道，各类信息及时汇集、共享，各类指令准确传达、落实。三大通信运营商、广播电视台等参与，供电公司全程参与发挥主要作用。

2. 资金保障

由区发展改革局、区乡村振兴局负责出台相关政策、提供资金支持，高瞳镇政府负责统筹规划迁改项目。

图 1-11 项目小组组织机构

3. 时效保障

由政府相关部门统筹协商，相关部门进行配合，对紧急项目开辟绿色通道，简短审批流程与时限，规划审批和管线会签并联办理。

（三）多方协作，摸清"三线"搭挂违章情况

供电公司、广播电视台、三大通信运营商分别对自己管辖的线路和杆塔进行一次普查，摸清"三线"搭挂违章情况，确定整治范围。国网福山区供电公司通过发动基层各供电所力量，对辖区内"三线"搭挂进行实地查勘，结合 PMS 系统（设备资产精益管理系统）建立电力杆线信息管理系统，及时发布待整改的电力杆线基本情况并共享。

（四）规划先行，制订"三线"搭挂整改方案

国网福山区供电公司在征求政府部门、三大通信运营商、广播电视台等利益相关方意见基础上，结合自身专业，先行制订电杆迁改治理项目方案。在新建线路或迁改线路工程中明确杆线的规划定位，并以省级"美丽乡村"示范村高疃镇渡口村为示范点（见图 1-12），率先完成线路迁改，打通线路路径，为跨部门协作，开展"三线"搭挂治理提供可遵循的处置方案（见图 1-13）。

责任融入　价值共创
国网山东省电力公司社会责任根植项目案例集

(a)

(b)

图 1-12 "三线"搭挂治理示范点——高瞳镇渡口村村容村貌

图 1-13 "三线"搭挂治理流程

广播电视台、三大通信运营商建立搭挂治理台账，分类、分层制定整改措施，做好治理计划。

（五）闭环管理，开展"三线"治理和检查验收

项目工程完工后，由广播电视台、三大通信运营商及供电公司对整治完成情况进行初检；初检合格后，上报政府相关部门成立的"三线"搭挂治理检查小组进行备案，再对治理项目进行实地查验。对查验不通过的，限期整改，发现未整改情况，落实责任单位，督导整改直至安全隐患消除（见图1-14）。

图1-14 整改步骤解析

四、项目成效

（一）综合整治"蜘蛛网"，创造多方互利共赢局面

通过对"三线"搭挂的治理，逐步消除电力线杆上无序搭挂网络通信线缆"搭便车"的现象，减少了线路维护、检修的困难，消除了电力安全隐患。2022年，国网福山区供电公司制定"三线"搭挂治理工程设计7项，完成"三线"搭挂治理工程1项，整改电杆11基、新立电杆1基，架设钢绞线1059米，解决"三线"搭挂问题23处，为美丽乡村建设保驾护航。

（二）形成资源共享，探索多元协同解题思路

随着"三线"搭挂治理工作的稳步推进，通过建立"一查二定三清"工作模

式，联合协调机制，供电公司联合各利益相关方，加强信息对接，形成工作合力，在最大程度上提高"三线"搭挂治理的工作效率，减少因沟通不畅或沟通机制不健全造成重复建设，减少资金和时间的浪费，真正实现了多方互利共赢（见图1-15）。

利益相关方	治理效益
区乡村振兴局	优化城镇乡村环境，推动乡村振兴工作落到实处
区发展改革局	统筹规划"三线"搭挂治理项目，为治理指引方向
广播电视台通信运营商	避免"三线"搭挂引发外力破坏导致的客户使用中断，减少客户投诉率，维护企业形象
供电公司	完成了"三线"搭挂治理，提出创新工作模式，提供安全稳定的电力供应
市民	用电可靠，互联网、通信等服务质量稳定，生产生活环境进一步提升

图 1-15 利益相关方治理效益成效

（三）提高客户满意度，实现企业品牌价值升华

通过实施该项目，国网福山区供电公司对杆线"三线"搭挂治理工作的主动作为，得到了公众的广泛认可，减少了"三线"交越、搭挂安全隐患类舆情，增进社会各界对国家电网品牌价值的认同，获得各级媒体的正面评价。

6 | "同进 同心 同频"的"三同"合作机制让变电站建设属地协调不再难

项目实施单位： 国网陵城区供电公司
项目实施人员： 王文才　杨海荣　王培松　吕永喜　张菲菲　费拎恩　刘鑫星　宋伟龙　刘书恺　刘　伟

一、项目概况

随着"提升中心城区首位度""突破陵城"的提出，陵城坚定不移实施"新型工业化强区"战略，加快培育3个百亿级产业集群，配套电网建设项目需求急速增高。

以110千伏邓家（德大）输变电工程（以下简称邓家变电站工程）为例，随着大范围棚户区改造的推进，以及物流产业园、机械产业园等政府重点项目的落成，东郊站区域供电压力与日俱增；由于空间限制，无法实现扩建或增容，急需开展邓家变电站工程建设，满足陵城区南部负荷快速增长的需要。然而变电站工程建设过程中需协调自然资源局、行政审批服务局等7个部门，进场时还需使用其他单位建设的进场道路，利益相关方众多且诉求各异，跨越区域广，属地协调难的问题日益凸显。

国网陵城区供电公司改变以往属地化协调仅关注自身的情况，深入认识到利益相关方对公司日常工作的驱动作用，构建"同进、同心、同频"的"三同"合作机制，充分发挥利益相关方的资源优势与增量价值创造潜力。2022年，电网项目政府审批时长、办理费用分别同比降低50%、20%，电网建设开工率、投产率均为100%，同时未发生一起民事投诉事件。

二、思路创新

（一）加强利益相关方"三同"管理

改变以往属地化协调仅关注自身的导向，深入认识到利益相关方对公司日常工作的驱动作用，通过前期调研识别出属地工程建设中涉及的地方政府、各级行政单位、当地居民及征地拆迁户等主要利益相关方，厘清利益相关方核心诉求，构建"同进、同心、同频"的"三同"合作机制，充分发挥利益相关方的资源优势与增量价值创造潜力。

（二）坚持透明开放原则

始终树立透明运营意识，关注公众、政府、村组、客户、媒体等的评价与意见反馈。同时，坚持信息与结果的透明公开，将外部利益相关方纳入评价体系，推进"内部工作外部化"。通过透明沟通与公开展示，实现积分结果的透明化，充分保证利益相关方的知情权、监督权和参与权。

三、实施举措

（一）探索电网工程建设属地协调难问题症结

充分对接相关部门，通过实地走访、问卷调查等方式，对电网工程建设属地化协调需求、存在的问题进行深度了解。以下均是导致电网工程建设属地协调难的核心因素（见图1-16）。

01 国家对建设过程中的环境保护要求更严格、前期手续办理要求更高

02 变电站站址、线路走廊等资源日趋紧张，民事阻扰现象时有发生且协调难度、成本也越来越高

图1-16 电网工程建设属地协调难的主要原因

（二）开展利益相关方识别与分析

深入认识到各利益相关方对解决电网建设工程属地协调问题的协同作用，主动对发展和改革局、自然资源局、规划服务中心，以及属地各级政府、乡镇党委、村委、村民等进行走访调研，切实明确各方合作意愿、可供资源及可能存在的不足，以确定合作方式、策略等（见表1-9）。

表1-9 国网陵城区供电公司利益相关方诉求与资源分析

利益相关方	诉求	意愿	资源
供电公司	解决电网建设属地协调阻工频发、工程进度严重滞后等问题； 减少青苗赔偿漫天要价、谋取不正当利益、恶意投诉等现象，营造良好建设环境； 优化报批、审核手续，提高工程项目的审批效率	非常强烈	"严细实新"考核制度、协调力
地方政府	解决供电质量不高难题，加大电网改造投资力度，满足社会经济发展对电力的需求，建设和谐的社会环境	非常强烈	公信力、地方管理能力、协调能力、政策
地方企业	提供稳定优质的电力供应，保障企业生产经营用电，推进企业良性发展	非常强烈	自身
客户	提供稳定优质的电力供应，保障生产、生活需要	非常强烈	自身
媒体	宣传报道社会关心的热点问题	强烈	宣传的影响力和公信力

（三）探索多方参与、共同推进的合作模式

1. 与政府同进，完善组织与制度保障

（1）促请区政府牵头成立电网工程建设领导小组。供电公司积极促请区政府牵头成立工程建设领导小组，并组织专题会议，进一步明确各方职责和分工。

（2）获取相关政策支持。加强与政府沟通，与区政府定期召开电网工程推进会；借鉴国家层面及其他省份已有政策，联合国网德州供电公司，促请德州市发展改革局、自然资源局等部门联合印发《德州市简化优化电网项目审批流程的实施细则》，对规划、用地审批、环境影响评价、社会民事赔偿、电力线路涉路手续办理

等电网建设属地协调中遇到的普遍问题进行详细规范，做到有据可依。

2. 与村委、村民代表同心

（1）完善联络与反馈机制。与参建单位、属地公司、村委、村民代表等建立"定时联系、定点联系、定人联系"联络机制。发放"3提醒"电力工程施工明白纸（见图1-17），充分告知村委、村民在工程施工过程中的耕地损坏、施工停电及其他问题的解决处理时限和联系人。注重当地居民的知情权保障，持续提升群众对项目的了解，获取群众对项目的支持，降低民事纠纷与投诉事件的发生频次。

电力工程施工明白纸

尊敬的电力用户：

近期，为改善本地电力用户电压质量，提升电力设施安全运行水平，使广大电力客户用上放心电、合格电，供电公司正在本地实施邓家110千伏输变电工程，在工程施工过程中，可能有以下问题会对您的生活或生产造成不便：

(1)工程施工过程中损坏耕地：该工程计划10月完工，完工后将会对受损耕地进行统一测量，因补偿款需上级单位层层批复，预计补偿款将于11月到位，请您耐心等待。

(2)工程施工过程中停电：电力工程施工停电在所难免，供电公司已经全力协调施工力量，尽量压缩停电时间及次数，根据工程计划，该工程计划停电时间为10月20日至10月23日，请您提前做好准备，如有变化提前跟您联系。

(3)施工过程中其他问题：施工过程中或结束后如有废弃物未清理、您的其他利益因施工受损等一切对您的生产生活造成不便的问题，请您不要着急，及时联系供电公司工作人员，工作人员将会第一时间给予解决处理。

图1-17 "3提醒"电力工程施工明白纸

（2）充分发挥属地村委协调保障作用。充分发挥属地村委在当地的领导核心作用及上传下达的沟通作用，以保障属地协调的顺利推进。与村委会负责人保持常态化沟通，确保发生突发事件时村委能够及时到达现场并第一时间协调解决（见图 1-18）。

图 1-18　通过上门沟通等方式优化属地协调工作

3. 与媒体同频，全方位宣贯，促进成果价值传递

一方面，在工程现场项目部建设活动室、阅读室、文化展示区等，为各项活动开展提供场所，打造展示、学习的窗口；另一方面，通过网络、媒体，采取新闻报道、故事汇、纪录片等形式对项目重点举措、核心成效进行宣贯，提升属地协调管理的透明度，同时通过典型经验的共享，传递责任价值。

（四）强调量化管理，落实多层级、多维度绩效考核

1. 将电网建设协调工作纳入政府考评机制

促请区政府成立电网建设评价小组，区政府发展改革局为工作评价的职能部门，负责协调电网建设过程的全面测评，每月对工程建设各单位协同工作情况、电网建设协议的执行情况和民事协调工作进行评价。供电公司及时汇总有关部门与

镇、街道电网建设责任的落实情况与评价意见，每月报送。

2. 完善供电公司内部评价管理机制

将工程建设协调成效纳入党员量化积分管理，并作为年底评先树优推选的重要依据，定期在支部宣传栏进行公示。在党员量化积分卡中，将电网建设协调相关工作表现纳入党员先进性积分评价维度中，由此将电网建设协调工作融入日常绩效表现中，促进相关工作的高效推进。

四、项目成效

（一）促进变电站等工程项目顺利建设

通过在变电站建设项目中搭建供电公司与政府之间的信息互通平台，顺畅电网建设沟通渠道，加强与政府、村委、村民和媒体之间的沟通协调，有效提高工程项目的审批效率。2022年，电网项目政府审批时长、办理费用分别同比降低50%、20%。

（二）形成高效的多方合作属地协调管理模式

针对电网建设属地化协调中面临的各种问题，共同施策、共享价值，打造出"民事协调联盟""变电站建设生态圈"，提高项目管理水平。2021年、2022年电网建设开工率、投产率均为100%。同时，项目典型做法被纳入国网山东省电力公司优秀典型经验目录并被党建网、光明网等多家媒体进行宣传，邓家变电站工程获评2022年省公司"党建＋基建"优秀示范工程（见图1-19）。

（三）实现综合价值创造

高质量推进电网建设项目的属地协调，有助于服务地方经济快速发展，助力地方增收。例如，邓家变电站工程的按期、高质量落地，可为陵城经济繁荣发展注入新动力，助力农村用户增收约20万元。同时，通过减少因征迁工作导致的民事纠纷事件，截至2022年年底，未发生一起民事投诉事件，有效增进群众对电力工作的理解支持，构建和谐共建的良好氛围。

一、"党建+基建"优秀示范工程

国网济南市供电公司济南西环220千伏输变电工程

国网烟台市供电公司烟台雁岭（口子）220千伏输变电工程

国网济宁市供电公司济宁汶上梁桥110千伏输变电工程

国网德州市供电公司德州陵城邓家110千伏输变电工程

国网泰安市供电公司新泰汶康（新汶）110千伏输变电工程

国网聊城市供电公司聊城干渠110千伏变电站升压工程

国网枣庄市供电公司枣庄燕山110千伏输变电工程

国网莱芜区供电公司孝义220千伏输变电工程

国网山东建设公司国核示范500千伏送出工程

山东送变电公司1000千伏特高压螺山长江大跨越工程

图 1-19 邓家变电站工程获评2022年省公司"党建＋基建"优秀示范工程

7 | 大数据分析精准管控 主动压降配电网故障率

项目实施单位： 国网山东省电力公司电力科学研究院

项目实施人员： 刘国玉　郑珊珊　刘合金　苏国强　张　劲　李立生
张世栋　张林利　刘　洋　和家慧

一、项目概况

作为直接面向用户供电的配电网，点多面广、结构复杂、设备繁多、体量巨大，经常因外部异物、施工、雷击、强风、雨雪、树障、小动物等外界侵扰而发生故障，配电网故障居高不下是影响用户供电可靠性和制约优质服务水平提升的重要因素。长期以来，配电运检力量配置相比快速增长的配电设备规模存在严重不足，同时受限于传统技术条件，配电网故障管控模式较为粗放，配电故障处理以被动抢修为主，配电网故障统计、处理记录与原因分析等仍主要依靠人工进行；受限于样本体量及数据质量原因，难以发现故障演变规律，无法实现故障预测和主动消缺，配电网故障管控模式与精益化运维要求存在一定差距。

国网山东省电力公司电力科学研究院（以下简称国网山东电科院）作为配电网技术支撑单位，依托大数据与可视化分析手段对配电网故障进行全面分析，构建全省一流现代化配电网故障主动精准管控体系，精准实现全省配电网故障在线分析与过程管控，将配电网运维模式由被动变主动，持续压降配电网故障总数量，显著降低重复和多发故障，对提升全省配电网本质安全水平和供电可靠性水平极为重要，为全省现代化配电能源互联网建设管理和青岛世界一流城市配电网示范工程提供故障主动精准管控新模式。

二、思路创新

（1）化被动为主动，构建配电网故障精准管控体系。国网山东电科院依托大数据与可视化分析手段对配电网故障进行全面分析，构建全省一流现代化配电网故障主动精准管控体系，精准实现全省配电网故障在线分析与过程管控，使配电网过程更加自主、精准、高效。

（2）以创新为导向，实施可视化精准管控。国网山东电科院根植创新的社会责任理念，建立配电网复杂故障、风险发生区间及概率的预测分析模型，应用大数据技术，提取故障发生的所有相关数据特征，预测设备短路（接地故障）、外力破坏故障、用户故障等发生的可能区间与概率，提前生成故障自愈和处置策略及预案，为配电网复杂故障提前和快速处置提供智能辅助决策，实现了管理理念和技术水平的双向突破。

三、实施举措

（一）精准管控配电网，有效提高配电效率

为满足配电网大数据分析应用工具的应用需求，需要从配电自动化系统、生产管理系统、调度系统、营销系统、电力地理信息系统等获取大数据，利用配电网大数据分析应用工具，实现配电网大数据的存储、处理、分析和挖掘。

配电网大数据分析应用工具是配电网大数据分析的通用工具，也可作为配电网大数据分析应用接入与开发的支撑平台。配电网大数据分析应用工具为使用者提供一体化的大数据分析平台与丰富的大数据处理、分析、挖掘算法，满足使用者大数据分析与应用开发需求。

配电网大数据分析应用工具提供引导式的大数据分析方案，涵盖完整的大数据分析的数据载入、特征提取、数据挖掘及可视化流程，并在当前工作流程提供多种方案供使用者选择。使用者通过选择相应的方案，即可形成完整的大数据分析研究链，完成配电网大数据分析；通过多次调整选择不同的方法与算法，可以方便地获得最优的大数据分析结果，有效提高配电效率。配电网大数据分析应用工具的功能

流程见图 1-20。

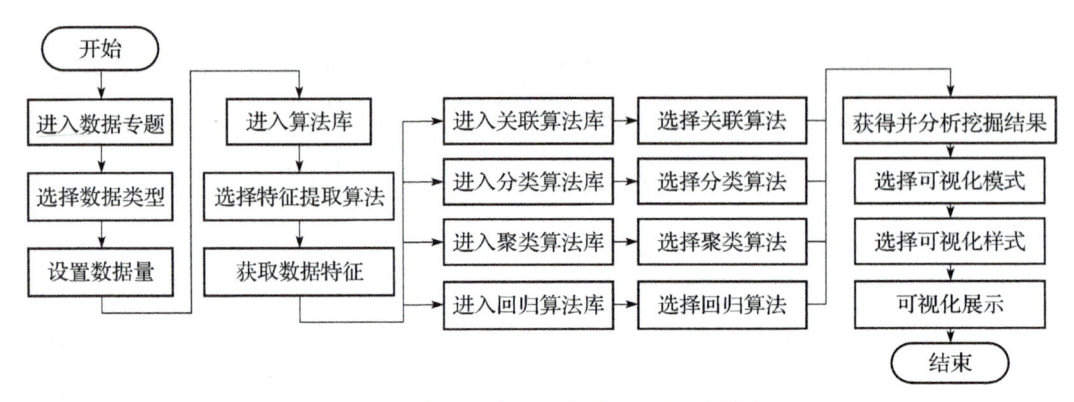

图 1-20　配电网大数据分析应用工具功能流程

配电网大数据分析应用工具可基于大数据可视化技术实现数据的可视化分析；对于大数据分析结果类数据，建立自动展示算法库自动生成大数据分析结果的展示数据；将展示数据推送给统一可视化展示平台，实现大数据分析结果的可视化展示。

（二）全面诊断分析配电网故障，保障配电网可靠性

大数据高级应用以故障录波指示器数据为重点，实现包含故障选线、定位与成因分析在内的故障诊断分析。为实现应用要求，接入故障录波指示器数据、气象信息数据，以及线路设备安全生命周期、巡线记录、停电计划等数据。大数据高级应用数据来源见表 1-10。

表 1-10　大数据高级应用数据来源

数据内容	数据来源
故障录波指示器数据	配电自动化系统
气象信息数据	电网气象信息系统
线路设备安全生命周期数据	生产管理系统
巡线记录数据	生产管理系统
停电计划数据	生产管理系统
……	……

在配电网大数据分析应用工具的基础上,以故障录波指示器数据为重点,实现故障诊断,主要包括故障选线定位与故障成因分析确定故障数据与故障位置、成因的内在关联,从而在故障发生时,通过分析故障相关数据,准确定位故障位置并确定故障原因。

大数据分析典型应用的开发基于大数据分析应用工具提供的引导式大数据分析研究链,通过选择丰富的特征提取、关联分析、聚类分析及分类算法,实现故障的准确选线、定位与成因分析,从而保障配电网的可靠性。

(三)统一可视化展示,使数据更加直观

统一可视化展示系统主要对大数据分析应用模块、数模联合仿真模块、设备质量检测管控模块、配电网智能化运维管控平台及多能互补分布式发电与微电网平台进行展示。从各应用平台、模块的复杂数据(如表格、报告)中识别出所需要的概要信息,以饼状图、趋势图、热图、动态图等视觉表达形式在大屏、办公终端上展示出来,从而使数据展现变得直观,同时又不会忽略重要信息。可视化展示数据来源见表1-11。

表1-11 可视化展示数据来源

待展示模块	展示数据内容
大数据分析应用模块	故障位置与故障成因
	大数据分析工具界面
数模联合仿真模块	仿真网络拓扑与背景地图
	仿真接线图、仿真过程状态数据
	具体波形、仿真报告等
设备质量检测管控模块	设备检测流程数据
	设备检测任务数据
	样品状态数据
	检测流水线监控视频

可视化展示具备多样化的图形展示功能,图形展示提供列表、条形图、柱状

图、折线图、面积图、饼图、雷达图、散点图和动态效果等大量图形分析法，并具备 3D 效果、2D 效果、背景效果、缩放效果、旋转效果、动态效果、多图同时展示效果。通过大数据可视化技术，采用决策可视化分析、二维数据分析等技术，采用丰富的动态链接图表可视化、主题河、网络分析图等多方位可视化展示手段，综合展示智能配电网平台的整体状况，提供配电网业务的多方位、全视角展示窗口，融合基于大数据技术可视化展示形式，使数据用可视化的语言说话。

依托当前 IT 技术，基于电气试验楼建设配电网监测大厅高清超薄显示单元，各系统利用大屏幕进行集中展示，常态化设置专业分析人员进行配电网状态分析与园区调度管理工作，采用 OPENGL（开放式图形库）等主流的三维可视化技术，实现电网综合业务挖掘展示平台。

通过移动终端、电脑桌面与电子大屏等多种方式进行呈现。从大数据的角度，展示大数据分析结果、决策可视化及数据变量之间的关联结构。面对海量的智能电网数据，大数据可视化技术以一种更直观、容易理解的方式展现。

可视化分为图形可视化和数据分析可视化，针对开发的大数据分析平台，具有高质量数据准备、服务集成、丰富的可视化图形等功能。

统一可视化展示系统主要对数据分析应用模块、数模联合仿真模块、设备质量检测管控模块、配电网智能化运维管控平台及多能互补分布式发电与微电网平台进行展示。

大数据应用模块的展示第一部分是配电网大数据分析应用工具的界面展示，第二部分是故障录波指示器数据分析典型应用的故障诊断结果（包括故障位置与故障成因）的可视化展示。

四、项目成效

通过实施本项目，国网山东省电力公司配电网专业管理发生显著变化，通过对全省配电网故障数据的全景监测、可视化展示和运行分析，实现了省、市、县的纵向穿透，有效指导各单位构建一流现代化配电网故障主动精准管控体系。

2021年全省故障停运率为0.53次/百公里·年，同比下降32.77%，设备本体故障115条次，同比下降38.17%，增加经济效益约800万元。抢修次数的减少，间接实现对环境的保护，研究成果的推广和应用产生了较高的环境效益。

在社会效益方面，有效促进了配电网的运维检修工作高效开展，有效提升了配电网的供电可靠率。

在利益相关方效益方面，供电可靠性的提高减少了停电损失，每年为利益相关方增加经济效益约2000万元。

8 | 凝聚合力共治末级漏保 上好农村用电"安全锁"

项目实施单位： 国网临朐县供电公司

项目实施人员： 林 亮　邱顺玲　刘 鑫　高婷婷　马 栋　赵金平　王一珺　王伯林　邱 梅　邢益嘉

一、项目概况

山东省潍坊市临朐县地处山区，87.3%的面积为山岭地带，偏远山区农村数量众多，村民安全用电意识较弱，部分家庭未安装末级剩余电流动作保护器，不仅对村民自身，更对周边群众、供电公司等造成诸多影响。一是影响村民人身及财产安全。因未安装末级剩余电流动作保护器，村民因触电、漏电发生的人身伤害和家用电器损坏、火灾事故频发。二是影响周边村民可靠用电。当村民家中线路或电器漏电时，将造成短时负荷骤增，导致一、二级漏电保护器跳闸，造成同排住户甚至全村居民频繁停电。三是影响供电公司服务质量。因村民触电、频繁停电导致的投诉、上访及网络舆情日益激增，加大了供电设备日常运维工作量，增加了一线员工负担，影响了公司品牌形象。国网临朐县供电公司引入社会责任理念推动农村安全用电管理工作，引导多方参与、群防群治、综合管控，切实增强了社会公众对农村安全用电的关注，实现了与村民、政府等利益相关方的合作共赢。

二、思路创新

（一）立足外部视角，识别诉求促进参与

运用分析工具识别农村安全用电工作的利益相关方，通过建立诉求收集平台，分析其诉求与期望、资源优势、对议题的影响方式及影响力指数，在策略制定、方案实施、效果评价等环节加强沟通与互动，找准多方协作点，满足利益相关方多样化期望，形成解决农村用电安全管理的多方合作模式。利益相关方分析见表1-12。

表1-12　国网临朐县供电公司利益相关方分析

利益相关方	诉求与期望	资源优势	对议题的影响方式	影响力指数
县政府、应急管理局、乡镇政府	● 打造安全宜居、人民幸福的农村环境 ● 不发生人身伤亡、火灾等负面舆情事件 ● 农村供电安全可靠 ● 不发生影响政府形象的事件	权威性与公信力 有较强资源配置能力	● 是否顶层设计给予相关政策支持 ● 是否协同解决农村安全用电问题 ● 是否给予监督、指导及帮促	影响力星级 ★★★★★
村委	● 村民用电安全，不发生人身伤亡及财产损失事故 ● 村民生产生活可靠供电、不停电 ● 不发生影响村集体形象的上访事件	组织协调 协同监督	● 是否对农村安全用电工作鼎力支持 ● 是否主动配合开展保护器安装监督 ● 是否发动群众行动统一	影响力星级 ★★★★★
供电公司	● 提高农村居民供电可靠性 ● 不发生因村民人身伤亡、财产损失等引发的投诉、上访及舆情事件 ● 提升公司品牌形象	电力设施专业运维 信息收集、整合、传递能力 提供供电服务保障	● 是否主动给予驻村帮扶工作指导	影响力星级 ★★★★★
近邻	● 安全可靠供电 ● 不受邻居火灾等事故殃及	亲情约束 协同监督	● 是否对未安装保护器的村民进行亲情约束，是否进行协同监督，尽到利益共同体责任	影响力星级 ★★★★

59

续表

利益相关方	诉求与期望	资源优势	对议题的影响方式	影响力指数
新闻媒体	● 挖掘重要价值新闻，提升传播影响力	新闻传播力社会影响力	● 是否变被动宣传为主动宣传，对农村安全用电问题进行深度报道	影响力星级 ★★★
志愿服务组织	● 关注农村安全用电问题，并积极参与其中	志愿服务	● 是否在安全用电宣传、政策宣讲等方面给予力所能及的帮助	影响力星级 ★★

（二）厘清责任边界，凝聚多方工作合力

由于末级剩余电流动作保护器属于村民产权资产，过去一直处于管理真空地带，导致触电伤亡、火灾、停电等事故的发生，影响了村民自身、近邻、供电公司及政府等多个利益相关方。实现农村末级剩余电流动作保护器百分百安装，确保农村用电安全、供电可靠、村民安居乐业，符合所有利益相关方的共同利益，所以必须构建同心圆机制，发挥利益相关方的资源优势，实现诉求统一、目标同向。

国网临朐县供电公司发挥自身专业优势，从利益相关方识别、分类、关系、参与等方面进行梳理，分析各利益相关方之间的联动关系，明确各利益相关方责任边界，凝聚社会最广泛的力量，推动农村安全用电成为公众共识，成为全社会共同关注的议题，通过聚焦末级剩余电流动作保护器，整合资源、凝聚合力、共同推进，打造农村安全用电新生态，形成精准治理长效机制。

（三）创新工作思路，建立"四维"管控体系

国网临朐县供电公司以利益相关方管理方法为载体，以"合作共赢"和"精准施策"为总抓手，围绕安全用电这个目标，明确利益相关方核心诉求、角色定位和合作方式，厘清四个责任，建立政企联动、群企联动、内部联动、媒企联动等多元参与机制，有效解决因未安装末级剩余电流动作保护器带来的诸多问题。打造"四维"管控体系，精准制定漏电保护器安装、运维、监督方案，构建集约协同、多元参与的安全用电同心圆，实现"过程多方参与、主体多方组合、价值多方共享"（见图1-21）。

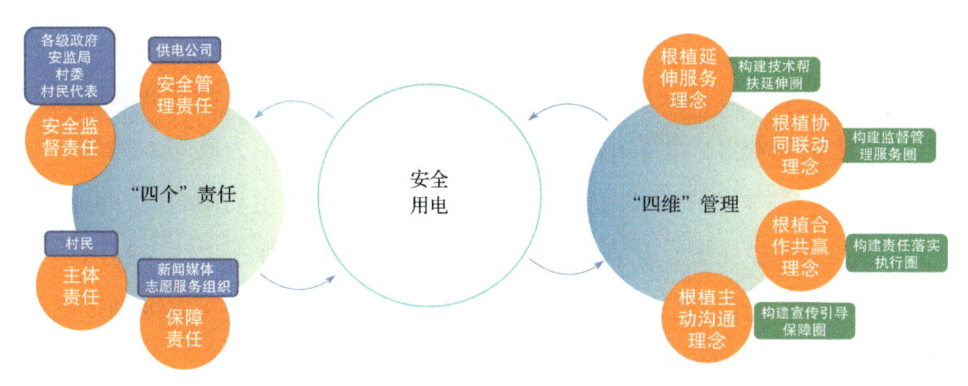

图 1-21　多方联动打造农村安全用电新生态内涵图

厘清"四个"责任。联合县政府下发通知方案，通过强制约束和法律规范制约，明确利益相关方责任，厘清管理边界。供电公司履行安全管理责任，对农村漏保安装等做好技术支撑。各级政府、应急管理局、村委、村民代表履行安全监督责任，对漏保安装率、正确运行率等做好监督。村民履行漏保安装主体责任，主动配合做好安装工作。新闻媒体、志愿服务组织履行保障责任，做好正向宣传发动工作，引导村民牢固树立安全理念。

实行"四维"管理。一维：根植延伸服务理念。供电公司在坚持"产权责任到电表"原则基础上，充分发挥专业优势，延伸服务至农户、经营作坊等个体，切实做好户用漏保技术保障、安全运行调试及风险排查，构建技术帮扶延伸圈。二维：根植协同联动理念。各级政府、安监局、村委聚焦监督服务，自觉承担起农村用电安全的主体责任，根据供电公司提供的未安装用户，逐户开展监督检查，变被动管理为主动出击，充分维护农村用电安全，构建监督管理服务圈。三维：根植合作共赢理念。村民做好户用漏保自查，主动联系供电公司进行安装，并接受政府部门监督，构建责任落实执行圈。四维：根植主动沟通理念。各级媒体聚焦保障服务，通过媒体等多渠道进行户用漏保安全宣传，增强村民对安全用电的关注，提高安全用电意识。

三、实施举措

（一）加装排查服务锁，精准掌握全域安装现状

一是政府主导发起治理行动。发挥好政府主管部门协调和行政管理优势，促请

临朐县人民政府下达开展涉电安全隐患治理工作的相关通知，督促辖区各乡镇（街办）、村（居）委会、社区高度重视涉电安全隐患治理工作，广泛开展漏电保护器隐患自查，依法依规处置。将涉电安全隐患治理实施主体设定为政府，提高了工作开展公信力，减少了村民的后顾之忧，引导村民积极支持、主动配合。二是政企联合开展全面排查。以镇（街）为单位，以安监所、供电所为排查主体，利用一个月时间走村入户，完成全部93个村23万余户村民排查，逐村建立《末级剩余电流动作保护器投运档案》，记录用户保护装置综合信息并进行定期抽检、日常维护与更换等工作。经排查，全县共有1200余户村民未安装保护装置，大多集中在沂山、寺头、龙岗等偏远乡镇。经调查，未安装原因主要为：安全意识不强，未认识到末级漏保的重要性；存在节约心理，为省钱不愿安装；长期在外务工，不清楚末级漏保对他人的影响；末级漏保年久失效，私自拆除后未重新安装。

（二）加装监督管理锁，依法开展重点群体治理

一是依托主管部门主动上门监督。联合县发展改革局下发安装剩余电流动作保护装置的相关通知，针对登记造册的未安装村民，联合乡镇安监所主动上门监督，就安装末级保护装置有关规程规定、法律依据、保护范围、费用承担及运行维护与监督管理等内容作出明确规定，督促村民限期安装。二是编制清单依法治理。制定未安装保护器的村民清单，对于拒不安装保护器的村民，镇政府、镇安监所、供电公司联合出面疏导劝解，诫勉谈话。供电公司主动依法维权，下发《三级漏保安装协议书》，讲清利害关系，明确事故责任划分，对因未安装保护器导致周边居民频繁停电的依法中止供电，对发生触电伤亡、财产损失的，责任由村民承担，用法律武器合理维护自身权益，督促村民自觉主动安装保护器。

（三）加装群防群控锁，村镇协同抓好监督落实

一是打好村委协同监督牌。组织做好末级剩余电流动作保护器安装落实，针对新建住宅，将安装保护器写入协议；针对已建住宅未安装保护器的村民，主动上门做好督促落实，未安装保护器村民不得参与全县平安村民评选。依托村委会等相关负责人牵线搭桥，通过组织开展电力讲座等活动，积极沟通、接触当地百姓，建立

良好人际关系，降低居民抵触情绪。二是打好乡镇责任牌。10个乡镇（街道）以村为单位，统计未安装保护器村民，做好交流沟通，在听取供电公司专业指导意见、征求村民意见建议基础上，分类统计村民购买品牌、型号等产品信息，与电器销售商进行商谈，以数量优势压低销售价格，让利于民，既让村民能买到符合3C认证的合格产品，又有效减轻村民负担，提高村民安装积极性。三是打好近邻社群联系牌。未安装保护器造成的影响不仅伤及村民自身，而且影响周边居民用电安全，尤其是同排房屋村民。供电公司做好因村民原因导致的停电事件统计分析，形成报告定期报送给同排村民，讲清事情原委，一方面避免发生投诉，另一方面聚焦矛盾点传导压力。同排近邻住户成立监督小组，通过亲情游说，当好"监督员"，督促未安装保护器的村民及时安装。

（四）加装技术帮扶锁，延伸责任实行主动运维

一是延伸服务，主动运维。供电公司协助指导村民对家庭所属资产的保护器动作情况进行检查，针对保护器故障、私自拆除、未安装等情况，按照用户自愿委托的原则对保护器进行处理，协助进行更换、新装或测试。建立在外务工村民信息档案，提前获悉夏秋收、春节返乡时间，第一时间主动上门，做好漏保运维服务。二是精准服务，履行责任。以乡镇安监所、供电所为依托成立安全用电小组，印发用电安全服务卡，明确服务电话；遇有安全问题，村民可紧急联系服务人员，避免安全事故发生。安全用电小组每年对村民进行一次保护器安全检查，测试运行灵敏性，排查安全隐患，确保设备健康运行率100%。三是提高认识，强化落实。涉电村民提高自我安全意识，在房屋建设、农业生产中主动做好自查，配合供电公司安装保护器，接受政府日常监管，确保漏保安装率、正确动作率100%。在供电公司的指导下，正确掌握防范用电事故的安全技能，培养安全用电习惯。

（五）加装宣传引导锁，社会媒体联动提升安全意识

一是社会媒体积极参与宣传发动。举办"沟通·面对面"新闻媒体座谈会、"媒体看电力"等特色活动，加强与社会新闻媒体的紧密联系，引导媒体记者积极关注农村安全用电突出问题，开展广泛宣传报道，使广大村民正确认识剩余电流

动作保护装置的重要性。**二是公益组织做好走访宣讲**。组织潍电义工协会等志愿服务组织，编制触电典型事故案例，深入开展安全进乡村、进农户、进校园等系列活动，对不同群体进行广泛的宣传培训，通过以案说法、以例说明，提高村民安全用电意识，争取理解和支持，主动配合安装剩余电流动作保护器。2021年，国网临朐县供电公司共发放安全用电常识宣传册1200余份，在市级以上媒体进行专题宣传共计25次，有效促进社会公众对农村安全用电的了解与监督（见图1-22、图1-23）。

图 1-22　新闻媒体积极参与安全用电宣传　　图 1-23　潍电义工安全宣讲走进校园

四、项目成效

（一）多方联动，提升了社会成效

通过导入社会责任理念，厘清利益相关方的职责权限，强制约束和法律规范制约，明确"四个"责任，推动从供电公司（一维），到政府、安监局、村委（二维），到村民（三维），再到媒体、社会公众（四维）共同参与户用漏保的管理，充分了解各方期望诉求，明晰了各利益相关方职责，为类似问题的解决提供了典型经验和参考案例。增强了安全用电意识，2021年，临朐县末级漏电保护器安装率实现100%，正确动作率实现99.98%，因漏保引发的火灾、触电伤亡事故及信访、舆情、投诉事件均为零，有力维护了社会安全稳定局面。

（二）互利共赢，提升了经济成效

首先，通过构建多方联动的合作管理模式，农村因保护器未安装、误动等引发的火灾、家用电器烧毁等事故数量降为零，农民经济损失有效减少。其次，农村因漏保拒动引发的停电事故下降96%，供电可靠率达到99.97%，村民平均停电时间同比压降28.64%，供电公司运维人员及资源投入明显减少，大大节约了服务成本。最后，农村安全用电秩序持续规范，供电可靠性显著提升，有效促进了大棚樱桃、水产养殖、苗木种植等产业蓬勃发展，增加了农村产业综合收入，实现了临朐县"经济力"和"竞争力"的双重提升。

（三）精准施策，提升了价值成效

主动探索内外联动、精准施策模式，国网临朐县供电公司进一步提升了主动服务意识，工作更有获得感、幸福感；通过实现全县居民零触电伤亡，各级政府、安监局安全管理成效凸显；居民村民安全保障能力更加突出，参与用电安全检查的积极性大大提高，养成了良好的安全用电习惯。通过项目的实施，借助媒体对安全用电的大力宣传，有助于增加居民对用电安全的关注，同时，也有助于公司进一步树立负责任的良好形象，赢得公众信赖。

9 合力共建　推进废旧复合绝缘子循环回收再利用

项目实施单位：国网日照供电公司

项目实施人员：陈　莉　卢方正　王家冕　李瑞波　柴庆朋　王　伟　马顺成　张书峰　高春晓　董旭春

一、项目概况

随着工业生产、交通运输、城市建筑的发展及人口密度的增加，噪声污染、大气污染、水污染和固体废弃物的排放日益严重。日益发达的科技使得电力设施更新换代的速度加快，电力企业必须改变现有的生产和消费模式，有效提升有毒废物和污染物的处理能力，紧扣"降耗，增量，提质"的主旋律。

电力企业废旧物资处置中，变压器、电缆类材料很受回收商欢迎；但废旧复合绝缘子中因硅橡胶难以分解再利用，处置难度大，堆积量持续增加。长此以往，不仅占用空间，更可能会污染环境。随着日照电网规模的不断扩大，每年产生的废旧绝缘子预计在2吨左右，复合绝缘子的循环回收再利用已成为国网日照供电公司急需面对的问题。

二、思路创新

（一）立足外部视角，转变思维模式

国网日照供电公司引入利益相关方参与理念，积极拓展思维宽度，加强与生态环境局、高校及再生资源公司的沟通，汇集各方诉求，整合各方资源，将"自行解

决"的思维模式转变为"共同努力",将废旧复合绝缘子的环保再利用纳入各相关方工作方案,避免出现处置链条上各方仓库积压、出售和填埋等造成的环保和浪费问题。

(二)厘清责任边界,凝聚多方合力

国网日照供电公司充分考虑项目实施与核心利益相关方参与的契合点,通过整合各方资源,发挥各方专业优势,发挥自身专业优势,从利益相关方识别、分类、关系、参与等方面进行梳理,分析各利益相关方之间的联动关系,明确各利益相关方责任边界,畅通沟通联络机制,凝聚社会最广泛的力量,协力破解废旧复合绝缘子的处置难题,合力推进复合绝缘子的循环回收再利用,具有巨大的环保、社会、经济效益。

三、实施举措

(一)专项调研,明确各方诉求

为切实推进废旧复合绝缘子循环回收再利用,国网日照供电公司积极与生态环境局、高校及再生资源公司等利益相关方开展专项调研,通过座谈会、访谈、实地勘查等方式,了解利益相关方诉求,寻求利益交汇点,并对各自技术和资源优势进行统筹,梳理了各方核心诉求和优势资源。

国网日照供电公司与各利益相关方共同勘查现场,实地了解废旧复合绝缘子的存量和预期增量,综合各方优势资源。结合调研及实地勘查结果,制定各方废旧复合绝缘子回收利用子方案,明确利益相关方参与形式,汇总形成《推进废旧复合绝缘子循环回收再利用实施方案》,达成初步意见并备案(见表1-13)。一次勘查一次解决,提高了工作推进效率,为废旧复合绝缘子的循环回收再利用提供了方向。

表1-13 国网日照供电公司利益相关方分析

利益相关方	核心诉求	优势资源	参与形式
供电公司	提升废旧物处置能力 塑造责任央企品牌形象	原料充足 人员充足	统筹协调 运输处置

续表

利益相关方	核心诉求	优势资源	参与形式
生态环境局	有效处理潜在污染物 和谐共生的生态环境	多方管理权 组织协调力	监督指导 顶层意见
高校	提升科研水平 社会实践参与	科研团队	科研支持 分解试验
再生资源公司	开拓产品渠道市场 提升企业研发技术	研发及销售平台	技术支持 产品开发

（二）理念转变，创新工作机制

由于电网复合绝缘子外散性大，单个复合绝缘子回收价值低，实际执行时，复合绝缘子退役后直接作为无处置价值的废旧物资，一般不纳入废旧物资管理流程，而是就地处置。这种处理方式会对生态环境造成破坏，不符合环保要求，甚至对存放地环境造成污染。国网日照供电公司转变以往"自行解决"的工作理念，根据在库废旧复合绝缘子，积极对接生态环境局、高校及再生能源公司等单位，畅通沟通联络机制，达成多方参与共识。同时，定期组织专题会议，组织各利益相关方提出废旧复合绝缘子降解、再利用的方式方法，形成齐抓共管、信息共享的工作机制。

一方面，充分利用生态环境局协调和行政管理优势，督促废旧复合绝缘子的依法依规处置，接受政府部门的监督指导，提高了工作开展的公信力和规范化，进一步引导利益相关方积极支持、主动配合；另一方面，政企校联合开展研究工作，供电公司开展废旧复合绝缘子库存全口径盘点，完成各仓库和工区废旧复合绝缘子台账建立。从退役复合绝缘子回收预处理、退役复合绝缘子硅橡胶深化处理、退役复合绝缘子资源化产品开发及验证、退役复合绝缘子回收处置策略四个方面，不断优化废旧复合绝缘子回收再利用的实施方案。以通过政策引导、加强管理，建立健全的回收机制，逐步完善废旧复合绝缘子的回收处置策略。

（三）技术突破，创新合作模式

退役后的复合绝缘子直接废弃往往会造成极大的资源浪费，若将其硅橡胶材料回收、再生和资源化应用，其再利用加工成本远低于硅橡胶原材料加工成本，既能实现资源化回收应用，又能降低复合绝缘子生产成本。为解决传统废旧复合绝缘子处置方式的回收利用的技术难题，国网日照供电公司联合高校开展硅橡胶裂解试验，创新研究方法；联合再生资源公司开展对硅橡胶切割、粉碎、裂解和再利用全过程试点；全过程由环保部门监督指导，提出指导意见。在此基础上，加强技术突破和经济性分析，做好全过程环保数据的监测和收集。

供电公司配合再生资源公司做好市场需求调研，制订再生产品推广方案，根据市场前景及潜在需求量进行综合效益评估，做好再生产品的确定和实施。在具体推进实施过程中，国网日照供电公司进一步优化完善联动机制，不断完善退役复合绝缘子的回收处置策略，深化落实废旧复合绝缘子再利用方案，加快推广实施，形成了以生态环境局为监督主体，供电公司、高校和再生资源公司多方协作的合作模式，保障废旧复合绝缘子回收利用工作的持续推进。逐步形成可供全行业借鉴的固体废弃物"资源化、减量化、无害化"发展的经验，有助于促进环保、绿色新型电网的建设，塑造企业责任竞争力。

废旧复合绝缘子回收利用模式见图 1-24。

图 1-24 废旧复合绝缘子回收利用模式

四、项目成效

（一）经济价值

国网日照供电公司每年循环回收的废旧复合绝缘子可节省废旧物资场地租赁、地面铺设成本、人工管理和搬运等费用近 60 万元，为当地增加许多就业岗位，为利益相关方创造再生产品价值，带动当地经济发展。

（二）环境价值

废旧复合绝缘子的回收应用技术的研究，不仅可以解决复合绝缘子退役后带来的资源浪费及空间占用，而且可以实现资源再生，变废为宝，减少废旧绝缘子处理带来的环境污染。实现废弃物的资源化，降低对环境的影响，增强环保风险的可控度。实现废弃物可再生价值最大化，对推进企业和社会可持续发展意义重大。

（三）品牌价值

废旧复合绝缘子回收再利用项目，积极履行企业环境责任，赢得了生态环境局、高校和社会等利益相关方的广泛赞誉，有效提升了国家电网的社会责任形象和品牌价值。

10 建立多方参与的电网防外破预警体系

项目实施单位： 国网黄岛区供电公司

项目实施人员： 张晓虹　时清华　张洪康　陈风森　张　添　臧麒越　韩　磊

一、项目概况

随着青岛西海岸新区电网规模的不断扩大，电网运行环境越发复杂，电网防外破工作更加费时、费力，且运营成本不断增加。电力线路所处地理位置和环境特殊，杆塔点多、面广、线长且分布野外，需经受恶劣天气等自然因素的考验。此外，运输车辆误碰电杆、拉线，起重机械搭挂导线，施工单位挖伤电缆，以及线下违章植树等外力破坏引起的线路跳闸、被迫停电的事件时有发生，人为因素的影响也成为制约电力可靠供应的一大"杀手"。

国网黄岛区供电公司认真分析青岛西海岸新区电网运行环境，针对新区电网规模大，各类市政、交通建设点多、面广的实际情况，梳理当前电网防外破工作做法，找出不足，在分析归纳电网外力破坏原因的基础上，引入社会责任工作理念，对利益相关方进行社会责任管理植入和项目开展，建立政府、护线大队、社区治理网格员、施工单位、社会公众、媒体等多方参与的电网防外破预警机制，全面构建安全和谐的电网运行环境，提高电网安全运行水平，实现多方共赢的良好局面。

二、思路创新

（一）开展项目前期调研，识别关键利益相关方

国网黄岛区供电公司考量构建安全和谐的电网运行环境所涉及利益相关方主要有三个方面：一是构建安全和谐的电网运行环境涉及哪些利益相关方，二是上述利益相关方对电网运行环境的影响有多大，三是公司与上述利益相关方的合作潜力有多大。基于以上考量，国网黄岛区供电公司共识别出六类利益相关方，其中包括政府、护线大队、社区治理网格员、施工单位、社会公众、媒体。国网黄岛区供电公司主动担责，由运维部牵头，属地供电所配合，对各利益相关方样本客户进行实地走访、调研，总结各方利益核心诉求和优势资源（见表1-14），形成调研报告。

表1-14 国网黄岛区供电公司利益相关方分析

利益相关方	核心诉求	优势资源
政府	电力供应安全可靠，有效维护地方经济稳定，促进社会和谐发展	拥有执法权，可依法查处破坏电力设施、窃电等违法行为；拥有少量财政资金，可制定相关政策
外委护线大队	公平、公开、公正开展采购，供电公司按照约定及时支付项目款和物资使用费用	便于统一指挥调度，专业性较强
社会治理网格员	网格内政策宣传到位	熟悉网格内电网运行环境；与社会公众接触机会多
施工单位	施工顺利进行，按时完成任务	安全合理安排施工
社会公众	不因停电影响正常生产生活，维护自身合法权益	人数较多
媒体	信息公开	具有较强影响力，能够引导社会舆论

（二）树立合作共赢理念、多方参与构建预警机制

青岛西海岸新区电网防外破责任主体单一，主要为供电公司输电运检团队和外委护线大队。输电运检团队平时不仅承担着线路巡视与防护宣传，还要承担大量设

备消缺、维护等生产任务。外委护线大队因涉及运营资金，人数有限，护线人员工作区域范围大，很难做到监控全时全覆盖，线路安全管控难度大。国网黄岛区供电公司树立多方合作共赢工作理念，根据各利益相关方诉求和优势资源，推动多方参与构建预警机制（见图1-25），实现资源利用最大化、责任发挥最全面，有效降低电网安全运行风险，提高电网供电可靠性，满足新区经济发展需要和社会公众对美好生活用电需求。

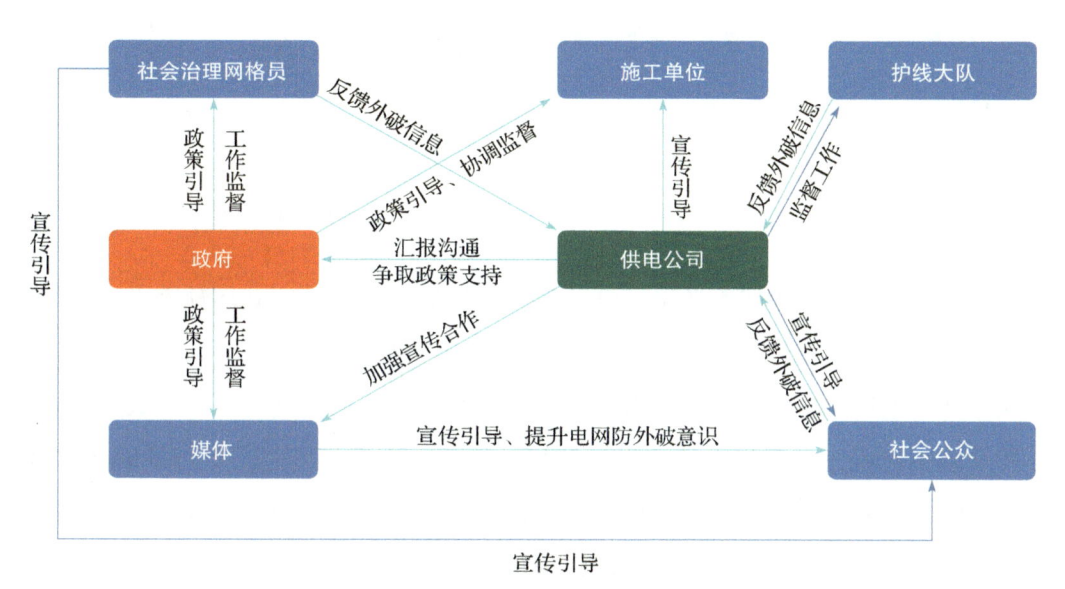

图1-25 国网黄岛区供电公司电网防外破预警机制

三、实施举措

（一）推动利益相关方参与，形成联动处置机制

国网黄岛区供电公司发挥自身专业优势，在总结各利益相关方核心诉求和优势资源的基础上，分析各利益相关方之间的联动关系，积极推动利益相关方参与，凝聚社会最广泛的力量，找准多方协作点，整合资源、凝聚合力、共同推进，打造青岛西海岸新区电网防外破，构建安全和谐的电网运行环境。利益相关方角色定位和采取的举措见表1-15。

责任融入　价值共创
国网山东省电力公司社会责任根植项目案例集

表 1-15　利益相关方角色定位和采取的举措

利益相关方	角色定位	推动各方采取的举措
政府	制定相关政策，协调街道、供电公司、施工单位、社会治理网格员、社会公众等各方进行沟通	制定《新区电力设施保护工作办法》《电力设施保护工作网格化管理实施方案》；组织街道、施工单位召开电力设施防外破工作推进协调会
外委护线大队	落实供电公司运维方案	加强护线大队内部人员管理，提高工作质效
社会治理网格员	向上对接政府，向下沟通居民	对网格内电力设施破坏行为及时与供电公司沟通，宣传电力设施保护法律知识
施工单位	潜在危险因素	加强施工安全管理
社会公众	缴纳电费，影响媒体	尽可能减少电网外力破坏
媒体	信息披露、宣传	宣传电力设施保护知识

同时，建立外委护线大队微信群，依托微信群建立防外力破坏预警平台，确保隐患及时发现、上报，并有效处置。建立社会治理网格员微信群，社会治理网格员定期开展用电秩序检查，实时在群内反馈供电公司急需的线路设备外力破坏、运行异常和隐患情况，并为供电抢修做好解释。依托政府提供的施工单位的联系方式，在严重隐患点和季节性施工和重要节点"保电"期间，通过短信形式对线路现场负责人和施工方人员进行预警提示，确保施工过程中避开电力设施，保障施工作业安全和电网安全运行。

（二）积极汇报沟通，促请政府出台相关政策

鉴于青岛西海岸新区经济和社会日趋发展的迅猛势头和对电力需求不断增长的现实情况，国网黄岛区供电公司多次向区政府汇报新区电力发展规划和电网安全状况，最终起草形成《青岛西海岸新区电力设施保护办法》，经管委区政府研究通过，青岛西海岸新区管委办公室印发。此举为电力设施保护工作塑造了强而有力的后盾，促成了由当地政府牵头实施电力设施保护的相关工作机制，明确了镇街对保护电力设施维护管理中的属地化职责。

同时，牢固建立了政企联动的桥梁，进一步营造了保护电力设施良好的内外部氛围。依托青岛西海岸新区"区—镇（街）—社区—网格"四级社会治理工作架

构，充分发挥社区治理网格员"宣传员、信息员、采集员、协调员、安全员"作用，做好网格内电力设施保护方针政策宣传、电网外破隐患点采集、影响电力设施安全运行的矛盾纠纷调解及督促整改等工作。

（三）利益相关方宣传合作，增进电力设施保护共识

国网黄岛区供电公司成立安全用电服务小分队，通过进社区、进学校、进企业、进家庭将宣传页、电力漫画送到客户手中。联合政府召开电力设施防外破工作协调推进会，向施工单位宣传电力设施保护的重要性。联合媒体在平面媒体及网络媒体向社会公众宣传《中华人民共和国电力法》《电力设施保护条例》等法律法规。联合社会治理网格员在网格内开展电力设施保护宣传。通过多种形式宣传引导，转变社会理念，引导全社会形成"电力设施保护人人有责"的共识，为电力设施保护营造良好的舆论氛围。

针对社会治理网格员对电力设施保护相关法律法规了解不全面的实际情况，每月由电力设施主管部门与供电公司联合组织专业人员对网格员进行集中培训一次，每次集中学习时间不少于4小时，对考勤记录进行存档，切实提升网格员参与电力设施保护工作的专业水平和工作质效。

在积极宣传引导社会公众认识到有效保障电力设施安全的社会意义和实施必要性的同时，通过设立一定额度的奖励，充分调动社会公众参与保护电力设施的积极性，不断壮大电力设施保护队伍，营造齐抓共管的和谐氛围。

四、项目成效

（一）优化电网运行环境和谐

经过多方参与的电网防外破预警机制，大大提高了外破隐患的发现及时率和有效制止率，有效减少因外力破坏原因导致的线路跳闸事故发生率。2021年，黄岛电网220千伏及以上输电线路实现零责任跳闸，10～110千伏线路跳闸同比下降40%；新区年户均停电时间下降0.0644小时，供电可靠性提高0.0007%。青岛西海岸新区电网运行环境更和谐，电力设施破坏现象明显减少。

（二）形成多方参与的电网防外破治理模式

通过引入全面社会责任管理理念，加强利益相关方沟通和管理，明确各利益相关方职责，形成了"政府主导、供电公司主责、各方参与"的电力设施保护良好运行模式。供电公司充分发挥组织协调作用，利用政府、外委护线大队、施工单位、社会公众、社会治理网格员、媒体等各方优势，建立电网防外破治理政府统一领导，供电公司协调推进，利益相关方大力支持的新机制。

（三）提高全社会电力设施保护意识

通过多种渠道的宣传引导，让更多人了解电力设施保护的意义及电力设施破坏对自身的影响。例如，对吊车司机来说，施工时吊车碰触电力线路，除对电力线路造成影响外，还有可能发生触电危险。通过多方宣传，提高全社会安全用电意识和电力设施保护意识，有力减少了触电造成人身伤亡事件的发生。

（四）有效提升国家电网品牌形象

通过多方参与构建预警机制，大大提升电网供电可靠性，提高群众用电满意度，为不断优化营商环境提供可靠电力保障，获得政府及社会各界认可，从而树立起良好的品牌形象。

二、社会责任根植 打造优质服务

1 "共享经济"新模式让电动汽车充电无忧

项目实施单位： 国网德州供电公司

项目实施人员： 刘　宁　苏　静　王培松　张　鑫　彭东生　李仟成
　　　　　　　　赵新艳　王洪超　王　安　李孝正

一、项目概况

电动汽车是助力社会实现"碳达峰、碳中和"的有效途径，近年来电动车增速迅猛，而充电问题成为电动汽车推广的"最后一公里"难题。德州市充电基础设施保有量与车桩比远高于2.9∶1的全国平均值，无法满足日益增长的电动汽车充电需求。此外，还存在传统充电桩布局不合理，部分区域"一桩难求"、充电桩利用率低，以及部分居民小区不满足建桩条件，物业审批困难而导致的有车无桩等难题。以上现象均加重了车主"充电难"的问题。

国网德州供电公司打破只能新建充电基础设施的传统工作思路，联合高校、制造业企业及小区物业设计"悬动式充电系统"，实现从"车找桩"到"桩找车"；联合智能设备生产厂家，设计智能升降式充电车位锁，有效解决公共充电车位不易管控、易被油车随意占用难题；联合景区及高速公路服务区投运"应急充电方舱"，缓解"临时性"充电需求难题；联合加油站及电动汽车公司，建设"供油+供电一体化"综合能源服务站，实现社会资源高效整合利用。截至2022年年底，已实现约10%的移动充电桩，可满足100%车位充电全覆盖需要；智能升降充电车位锁的应用解决了"油车占位"的老大难问题，应用后该充电站月充电次数比改造前提高20%以上。2022年，国网德州供电公司电动车充电售电量完成1891万千瓦时，同比增长210%，折合减少二氧化碳排放1.84万吨。

二、思路创新

（一）利益相关方沟通，发现真问题

深入认识到利益相关方对解决车主"充电难"问题的驱动作用，坚持主动沟通、精准沟通、价值沟通，主动对充电桩建设、新能源技术专家、投资方、相关政府机构、新闻媒体、地方企业等利益相关方进行走访调研，深入了解其对解决电动车充电难题的期待、顾虑及所需支持，切实明确各方合作意愿、可供资源及可能存在的不足。例如，通过实地调研，分析电动汽车保有量与充电桩数量之间存在供需矛盾的症结所在，逐一明确难点并协调资源共商共享。

（二）综合价值创造，搭建新思路

1. 打破传统布桩的思维

国网德州供电公司打破传统只能新建充电基础设施的工作思路，通过升级改造原有基础设施建设，包括使原有固定充电桩具有可移动性、增加智能升降车位锁功能及创新投运"应急充电放舱"等方式，实现"桩找车"。

2. 打破传统管理思维

以往单靠供电公司内部创新与入户走访进行宣传的工作模式，存在带动力量不够且创新技术不足、智能设备制造经验不足等问题，精力投入大且成效低。本项目改变传统工作模式，在与各利益相关方通过广泛沟通达成合作共识的基础上，充分发挥地方政府机构、科研机构、企业、物业等利益相关方的资源优势与增量价值创造潜力，联合推进问题的高质高效解决。

三、实施举措

（一）现状诊断：明晰电动汽车保有量与充电桩数量之间存在供需矛盾的症结所在

面对电动汽车保有量的快速增长，传统充电基础设施无法快速、有效满足大量电动车用户充电需求，使得"充电难"成为困扰电动车车主的首要难题，具体表现为：

（1）传统搭建充电桩基础设施的方式通常为建设地面固定式基础设施，这种建设方式存在建桩布设条件高、成本投入较大、占用土地资源较多、无法满足客户实际需求等问题；

（2）居民小区部分电动汽车车主面临车位不满足建桩条件、建桩申请物业审批困难等情况，同时私人充电桩还存在用电安全风险、设备维护不及时等问题；

（3）公共充电桩经常发生车位被燃油车辆随意停车占用的情况，造成电动车辆无法充电；

（4）特殊场景下，如节假日高速服务区、热门景点等区域面临充电需求大、充电桩不足等问题。

（二）全面调研：明确各方期望与资源

识别本项目中涉及的核心利益相关方，如政府机构、科研单位、制造业企业、小区物业、新闻媒体等，通过实地走访、问卷调查等方式，了解其在协同解决电动汽车充电难问题方面或获得相关服务方面的核心诉求与资源优势（见表2-1），以确定合作途径、参与方式、计划策略等。

表2-1　国网德州供电公司利益相关方诉求与资源分析

序号	利益相关方	核心诉求	资源优势
1	政府	推动新能源产业发展，实现绿色发展	政策支持、法规宣传、协调组织能力
2	供电公司	满足用户用电需求，提升企业品牌形象，增加营收	专业设施建设、运维能力
3	科研院校	研发创新设备，以科技创新助力解决充电难问题	科研能力与队伍
4	制造企业（如智能设备制造）	提高充电桩建设设备市场占有率	丰富的智能设备制造经验
5	小区物业	满足用户用电需求	小区公共区域管理者
6	景区及高速公路服务区	满足用户用电需求	协调建设场地
7	电动汽车企业	在激烈的市场竞争中提升市场占有率，增加营收	专业技术与运维能力

续表

序号	利益相关方	核心诉求	资源优势
8	加油（气）站	提升加油（气）站销售量，增加营收	站点数量多、场地位置优、消费者认同
9	媒体	传播社会关心的议题	传播渠道、影响力

(三) 多方共识：构建"共享经济"合作新模式

（1）联合高校、制造业企业及小区物业，设计"悬动式充电系统"，实现从"车找桩"到"桩找车"（见图2-1）。

"可移动轨道式充电桩的出现，真是解决了我们的大难题，乱停乱放的电动车少了，充电也方便了，管理压力减轻了很多。"

——小区物业管理处张经理

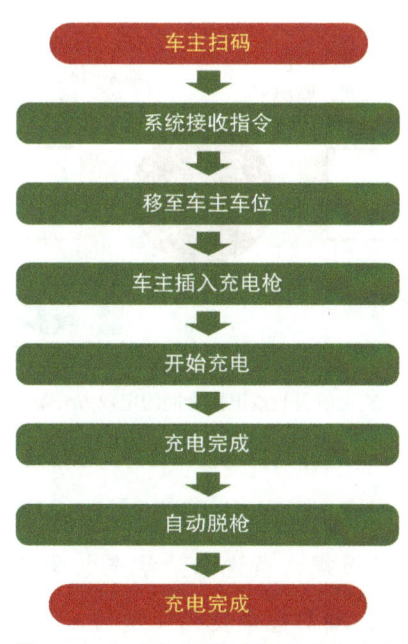

```
车主扫码
  ↓
系统接收指令
  ↓
移至车主车位
  ↓
车主插入充电枪
  ↓
开始充电
  ↓
充电完成
  ↓
自动脱枪
  ↓
充电完成
```

图2-1　电动汽车通过扫码充电流程

（2）联合智能设备生产厂家，设计智能升降式充电车位锁，让公共充电桩车位更智能，实现车位锁与充电桩、充电车辆的互联互通、友好互动，有效解决公共充电车位不易管控、易被油车随意占用难题。

（3）联合景区及高速公路服务区，投运"应急充电方舱"，缓解"临时性"充电需求难题的同时，作为临时桩满足重要客户充电需求，实现资源合理高效利用。

"原来总是感觉开电动汽车上高速不安心，路上万一没电了可咋办。有了应急充电方舱，开电动汽车上高速的底气都足了。"

——新能源汽车车主陈芳

"一到节假日旺季，几个固定充电桩就不够用了，应急充电方舱很给力，解决了旅客充电的燃眉之急。"

——高速服务区管理人员张国华

（4）联合加油站及电动汽车公司，建设"供油+供电一体化"综合能源服务站（见图2-2）。

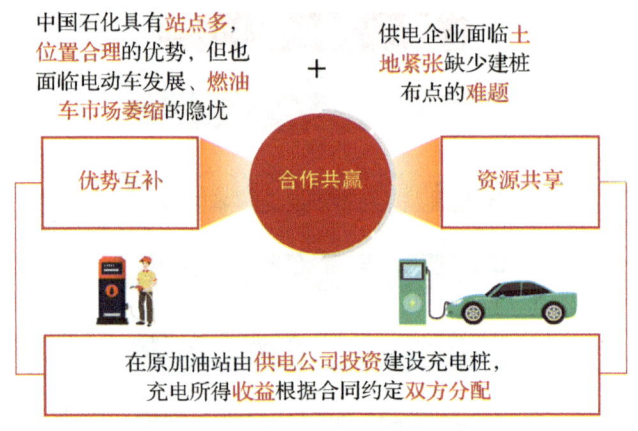

图 2-2　中石化与供电公司优势与困境匹配梳理

"车流量目前有了很大的改观，虽说加油站充电像'半路改行'，不过通过这种一体化的平台，客源增加了，我们也享受到了电动车发展红利。"

——加油站员工徐红

（四）全方位宣贯，延伸责任价值

1. 通过多维度的宣传活动，提升公众对项目的了解

开展各种形式、多渠道的宣传推广活动，提升全社会对新型服务模式的了解，减少群众对充电难问题的顾虑，为项目奠定品牌推广基础。

2. 经验总结与分享，实现示范推广

取得国家专利3项，获得"山东省第六届智能制造（工业4.0）创新创业大赛"二等奖和"最具投资价值奖"、"德州市科技进步"二等奖，并且被列入山东省新能源示范基地试点建设项目。2022年，项目获得"2022'金钥匙·国家电网主题赛'金奖"；2023年1月，获得"国网山东省电力公司2022年职工技术创新优秀成果"一等奖。

四、项目成效

（一）有效解决充电基础设施不充足、车主充电难问题

国网德州供电公司聚焦充电难问题，打破传统布桩的思维桎梏，转变传统只能新建桩、"车找桩"的思路，创新突破实现"桩找车"；以科技赋能提高生产力，提高充电系统智能化水平；整合多方社会资源价值，提高现有资源利用率，有效地满足了电动汽车车主的用能需求，解决充电难问题。

（二）创造多维社会价值

可移动悬动式充电桩提高了充电桩利用率，实现约10%的移动充电桩，可满足100%车位充电全覆盖需要，且可根据充电桩的利用率随时增减充电桩数量，让原来的"车找桩"变成"桩找车"，2022年已在乐陵市龙啸小区投入应用。

1. 社会层面

智能升降充电车位锁解决了"油车占位"的老大难问题，为应急性电动汽车车主提供了及时、便捷的充电服务体验，截至2022年年底累计完成充电2627余次，合计充电3.99万千瓦时。同时，由于利用现有的场地减少了土地审批，充电桩建

设时长由原来的 210 天缩减至 180 天，提升了充电桩建设效率。

2. 经济层面

可移动悬动式轨道充电桩，相比于传统方式的"一车位一充电桩"，减少了充电桩的投资规模，节省了地面占用空间。以 100 个车位为例，可节省约 37% 的投资额。2022 年，油费加充电量分成合计营业收入同比增长 63%。

（三）促进供电公司业务发展

通过多场景的服务模式创新，助力供电公司业务更快发展。2022 年，公司电动车充电售电量完成 1891 万千瓦时，同比增长 210%，折合减少二氧化碳排放 1.84 万吨。供电公司业务高速发展的同时，也有力促进了大气污染防治，为美丽德州赋能，促进德州市可持续发展。

2 | "花开复'柜'" 城区电力设施迁改助力文明城市创建

项目实施单位： 国网菏泽供电公司

项目实施人员： 曹 华 刘再飞 李海奇 任仰攀 李儒金 罗 涛

一、项目概况

随着菏泽市新一轮"全国文明城市"创建工作全面展开，传统基础设施急需改善提升，城区大量电力设施面临迁改，架空线路全部进行入地改造，导致电杆上方原有计量装置面临安家难题，配电网建设急需转型升级。与此同时，政府在城市规划建设中需要同步规划配套电力设施，电力设备建设面临迁改、占地、市貌融合等多项难点。众多中小企业需要投入资金升级改造自有电力设备，增加了企业经营压力。

国网菏泽供电公司以社会责任根植项目为抓手，针对电力设施迁改引发的设备落地难、产品研发难、资金压力大、施工周期长、环境影响大等问题，携手政府部门、企业、生产厂商等利益相关方，创新实施"花开复'柜'"合作模式，与环网柜生产厂商联合研发"环网柜+计量"新产品，联合第三方检测检定机构对环网柜安全性能、计量互感器精度等技术参数进行全方位检测检定，创新实施"环网柜+预制件"解决传统工艺工序多、施工周期长等问题，邀请专业人员结合菏泽地域文化对环网柜进行艺术设计，打造城市亮丽风景，助推"全国文明城市"创建。2021年，公司仅用50天完成了菏泽市主干道中华路电力设施改造，累计升级改造老旧环网柜105个，入地改造架空线路93.71千米，受益中小企业63家，节省电力投资成本207.9万元，道路面貌焕然一新，配电设施和谐融入城市整体布局，市民用电可靠性也得到了有效保障。

二、思路创新

公司以助力文明城市创建、优化电力营商环境为主线，梳理利益相关方核心诉求，引入利益相关方管理、责任界定和资源共享社会责任根植理念，探索"花开复'柜'"合作模式，构建沟通顺畅、优势互补、步调一致的工作格局，有力支撑"全国文明城市"创建。

（一）分析诉求，凝聚各方合力

配电设施改造涉及利益相关方众多、各方诉求难协调、各方力量难凝聚的问题，通过引入利益相关方管理理念，架设多方沟通桥梁，成立工作专班，转变以往"一对多"的单向沟通和各自为营的工作模式，充分发挥政府、供电公司、企业客户、生产厂商等利益相关方优势资源，满足各方核心诉求，凝聚多方合力共同推进配电设施改造高效落地。

（二）明确职责，提高工作质效

聚焦配电设施改造过程中各方职责不清、界限不明、角色混乱的情况，进一步明确各方职责，细化政府、供电公司、企业客户、生产厂商等利益相关方在统筹协调、技术支撑、施工管控等方面的责任分工，避免过度服务或服务不足等情况的发生，推动各方资源利用最大化。

（三）集约优势，实现多方共赢

针对配电设施改造过程中遇到的技术难题，结合利益相关方诉求交叉点，集中政府政策、供电服务、厂商技术等优势，改变原有施工、计量等传统模式，创新"环网柜+"理念，将环网柜与预制件、电能计量、牡丹特色等元素结合，完美解决各方诉求，实现多方共赢。

三、实施举措

(一)深入调研,精准掌握各方诉求

针对不同目标群体的特点,综合上门走访、问卷调查、座谈商讨等多种形式开展调研活动,系统梳理政府、电力迁改高压用电客户、生产厂商、供电公司等相关方,在城市规划建设、用电成本、成品研发、可靠供电等方面的诉求及资源优势,作为引入各利益相关方参与项目的决策参考依据。进一步明确公司在项目实施过程中需要解决的难点和努力攻关的重点,为项目顺利实施奠定坚实基础(见表2-2)。

表2-2 国网菏泽供电公司利益相关方分析

序号	利益相关方	核心诉求	资源优势
1	政府	1. 加快项目施工进度,尽快完成市政迁改及电力入地改造 2. 减少迁改工程量,节约改造资金 3. 减少架空线路入地改造的土地占用 4. 兼顾迁改后的美观效果,助力文明城市创建 5. 尽量避免迁改过程中电力用户投资	1. 提供政策支持 2. 优化市政规划
2	供电公司	1. 推进架空线路入地改造,提升供电可靠性 2. 减少电力迁改工程量 3. 创新新产品并投入应用,提升客户服务水平 4. 优化电力营商环境	1. 储能建设相关技术支持 2. 电力数据计算分析 3. 在各方均有良好信誉,便于协调管理
3	设备生产厂商	1. 寻求产品创新 2. 提升产品销量,促进效益增长	拥有完整的生产体系,可快速实现产品批量生产
4	高压用电客户	1. 改造过程减少停电时长 2. 改造过程不增加额外投资,不额外占用土地 3. 简化获得电力,办电更省时、更省钱	1. 优化电力营商环境的评价者 2. 为供电公司增加售电量,为地方政府增加税收收入

(二)发挥优势,构建质效双升体系

针对电力设施迁改引发的设备落地难、产品研发难、资金压力大、施工周期长、环境影响大等问题,公司精准识别利益相关方诉求,探索"花开复'柜'"合

作模式（见图 2-3），对各方职责范围进行界定，形成沟通顺畅、优势互补、步调一致的质效双升工作体系，推动电力迁改工作高效开展，有效改善城区市容市貌，为"全国文明城市"创建发挥积极作用。

图 2-3 "花开复'柜'"质效双升工作体系

1. 加强汇报，促请政府统筹推进

公司多次组织专业部门召开城区电力设施迁改推进会，梳理汇总架空线路入地、计量设备安置、环网柜占地、道路开挖等系列难点问题，促请市委、市政府召开专题会议进行研究，推动成立由政府职能部门、道路施工单位及供电公司主要领导组成的指挥部，明确、细化相关部门职责，做到道路、电网同步规划、同步推进，为城区电网落地建设顺利推进奠定坚实基础。

2. 加强合作，研发推广"环网柜＋计量"新产品

针对"线路入地改造后计量装置无处安置"的问题，公司积极发挥自身专业优势，联合利益相关方共同推进"环网柜＋计量"技术改造，确定了"计量入柜"技术路线。与环网柜生产厂商青岛特锐德电气股份有限公司签订合作协议，对"环网柜＋计量"产品进行设计研发，攻克了互感器体积大、柜体空间受限等多项难题，研发出集成计量功能的新一代环网柜（见图 2-4）。

为确保新一代环网柜计量装置满足技术标准和计量精度要求，公司联合第三方检测检定机构，对环网柜安全性能、计量互感器精度等技术参数进行全方位检测检定，并出具检测检定证书，确保电力设备满足各项技术标准。

图 2-4　集成计量功能的环网柜

公司排查梳理电力设施迁改涉及的高压电力客户，安排技术人员逐户进行走访，对新研制产品在造价低、占地小、性能优等方面进行系统介绍，征求高压电力客户应用意向，并现场签订柜体安装意向书，优质服务举措得到客户高度认可。公司根据走访情况统计出高压电力客户应用数量，并及时向生产厂商进行反馈，提前对设备进行生产，为后期工程施工节约大量时间。

3. 提前预制，有效提升施工周期及工艺

施工过程中，公司提前与政府规划部门进行对接，确定柜体安装位置及大小，创新实施"环网柜＋预制件"工作举措，对电力管廊及基础进行预制，有效解决传统工艺工序多、施工周期长等问题，确保了工程高效推进。此外，预制件采用可循环使用的钢模在生产企业内生产，现场无须进行浇筑，仅需机械化安装，不仅有效地降低了劳动强度，而且有利于安全文明施工管理。公司仅用 50 天就完成中华路电力设施迁改，完成 63 户高压供电客户计量装置入柜改造。

4. 融合"添彩"，推动柜体融入环境

环网柜安装位置处于城市道路两旁，由于柜体色调单一、棱角分明等与城市整体环境不相协调。而且环网柜外侧容易出现张贴小广告、乱涂乱画等现象，极大地影响了城市美观。为推动环网柜融入城市整体环境，公司开展"添彩环网柜"专项活动，邀请专业人员结合菏泽地域文化对环网柜进行艺术设计，选用环保无毒涂料在柜体外侧绘制牡丹等图案，成为城市的一道亮丽风景，常常引得市民驻足观看，为"全国文明城市创建"发挥了积极作用。

（三）全面推广，服务文明城市创建

"环网柜+计量"适用于10千伏配电网建设及存量老旧环网柜更换，有效降低了新装客户计量部分投资，实现了产权分界点和计量安装位置统一，户均减少受电工程施工时长2天，节省计量装置投资3.3万元。公司充分发挥"环网柜+计量"优势，全面推广到10千伏配电网建设和高压客户业扩报装工作中，并在全市范围内推广应用，形成"环网柜+计量"业扩新模式，累计完成客户安装63户。该创新成果在国网山东省电力公司第六届青创赛上发布，获评省公司"青创赛金奖"。

四、项目成效

（一）助推文明城市创建

公司高效完成中华路架空线路入地改造工程，累计迁改19条10千伏线路，入地改造线路16条，拆除架空线路93.71千米、光缆28.52千米、线杆113基。完成105台环网柜的美化，极大地改善了中华路面貌，用实际行动推动全国文明城市创建。市委、市政府批示肯定公司工作成效，各级媒体广泛报道披上"牡丹衣"的变电箱。

（二）降低客户投资成本

高压客户不用额外安装计量柜，单户可省3万元。供电公司不用为每户单独安装电压互感器，单户节约3000元。按照目前情况统计，山东省每年新增10千伏高供高计（即高压供电同时在电压互感器和电流互感器的高压装置上进行计量）用户约4000户，新一代环网柜每年将为高压客户和供电公司分别节约1.2亿元、1200万元（见图2-5）。

图 2-5 "环网柜 + 三省"成效

（三）提高客户办电效率

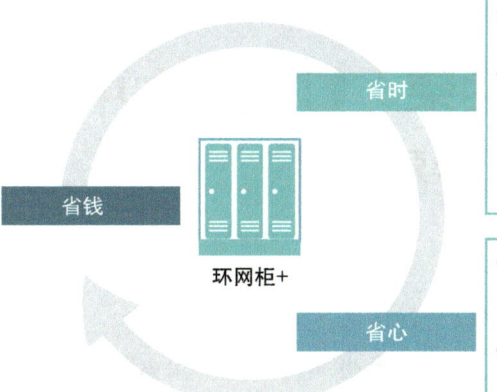

高压客户减少了计量柜采购安装环节，缩短工期 2 天，减少了接电时长。供电公司装表接电减少了电压互感器安装环节，电能表安装可与高压客户受电工程同步进行，装表接电时长缩短 1 天，电网侧办电时长缩短 20%。

（四）保障客户用电放心

计量柜从客户侧消失，减少了 10 千伏线路开断点，提升了供电可靠性，减少了运维工作量。供电公司计量装置日常运维巡视无须进入配电室，提高了运维效率，降低了窃电风险。

3 | 共担共荣 打造助力中小企业发展"电力金融圈"

项目实施单位：国网济宁供电公司

项目实施人员：徐晓强　孙　衡　宋益睿　沙士超　金　剑　王　禹　张秀琰　孔令基

一、项目概况

中小企业普遍存在经营规模小、资金实力弱、抗风险能力低等特性，金融支持是激发中小企业活力、助推中小企业成长壮大的重要力量。济宁市有超1000家中小企业，其融资渠道近70%是通过商业银行间接融资。新冠疫情使得中小企业大面积长时间停产、市场份额缩减，生存、发展面临负面冲击，银行向中小企业投放信贷资源更加谨慎，中小企业面临的融资难题、生存危机也间接影响着其电费交纳，使供电公司电费回收更加困难。

在此三重矛盾与压力之下，国网济宁供电公司发挥电力数据企业生产经营状态"温度计"优势，依托山东省能源大数据中心（省一体化大数据平台电力分节点）落实政、金、企三方合作赋能金融普惠工作，探索创新服务中小企业方式。一是建立企业信用风险等级模型，帮助信贷金融机构有效识别业务风险，助力诚信中小企业融资贷款，助力供电公司更好实现电费回收，并为政府部门市场监管工作提供支持。二是创新推出"电力贷"普惠金融服务，为中小企业提供纯信用类电费专项额度和经营周转类额度，解决中小企业融资及缴纳电费的资金需求。三是对经营困难的中小企业实施用电"欠费不停供"，护航人民群众用电无忧。截至2022年年底，向金融机构规范提供信用评价结果53次，为中小企业及"三农"主体精准放贷 11.82 亿元，实现电费回收 100%。

二、思路创新

（一）推动利益相关方参与，追求综合价值最大化

深度挖掘中小企业、金融机构与供电公司资源优势，致力于实现资源有效整合与综合价值最大化。供电公司利用电力资源优势保障中小企业提供电力供应，同时为金融机构提供贷款依据，保障其经济效益；金融机构为供电公司提供用电数据，为中小企业提供贷款；中小企业在金融机构的支持下，缓解资金压力，主动缴纳电费。在此模式下，金融机构、供电公司、中小企业客户三方实现利益相关方共渡难关、共创价值（见图 2-6）。

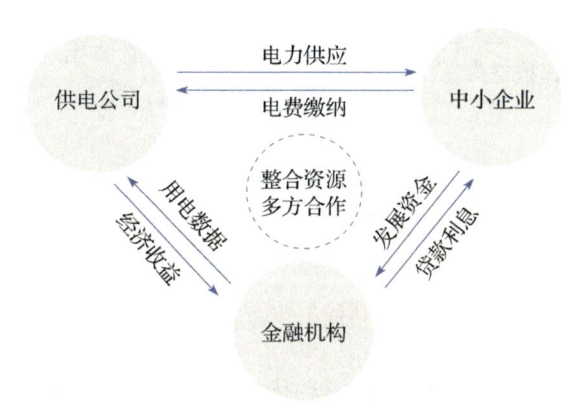

图 2-6　金融机构、供电公司、中小企业三方合作赋能中小企业发展

（二）引入透明度理念，提升利益相关方信任度

为更好地整合资源，实现多方共担共荣，需要强化与利益相关方之间信息输出、输入的透明度。为此，在信息交换与公开过程中，持续完善数据保护与共享机制，通过常规定期和重点不定期沟通等形式，解读电力数据共享使用规范，一方面，破除中小企业对自身信息泄露的担忧；另一方面，牵头将金融机构很难掌握的中小企业基础信息进行安全共享，改变信息不对称现状，促使利益相关方达成共识，充分保障利益相关方的知情权，提升其信任度。

（三）强化责任边界管理，共建"电力+信用"服务模式

按照社会责任边界管理方法，明确供电公司、金融机构、中小企业客户各利益相关方的责任边界（见表2-3），探索利益相关方参与方式的路径，助力利益相关方共同推进"电力+信用"的构建。

表 2-3　供电公司及利益相关方责任边界

利益相关方	政策法规边界	现实边界	理想边界
供电公司	● 依法履行供电职责 ● 严格履行报批、审核程序 ● 依法公开信息	● 电费回收不理想	● 顺利实现电费回收 ● 获得公众、各级地方政府、企业的支持
金融机构	● 依法履行金融机构职责，为中小企业提供资金支持	● 信用风险较大，存在贷款违约行为	● 降低信用风险，杜绝违约行为
中小企业	● 依法保护自身权益	● 融资困难，面临生存危机	● 融资畅通，实现可持续发展

三、实施举措

（一）开展利益相关方调研，明确各方需求和期望

主动识别各利益相关方的核心诉求和优势资源（见表2-4），发现以下4点。

1. 供电公司缺方法

传统电费回收模式难以满足经营发展需求。供电公司需要探索创新中小企业服务方式，助力其主动积极缴纳电费。

2. 金融机构缺工具

缺乏信用风险识别工具和相关数据信息。供电公司通过开发电力信用评价体系，协助金融机构识别信用风险，提升其风险识别能力和水平。

3. 中小企业缺资金

缺少融资渠道难以维持企业生存。供电公司通过整合数据信息开发，推出"电力贷"等普惠金融服务，帮助中小企业改善融资困境。

4. 相互之间缺合作

三方需要加强资源整合与多方合作，共同为中小企业稳定发展出谋划策。

表 2-4　利益相关方诉求及资源表

利益相关方	核心诉求	优质资源	可获利益
供电公司	• 防控电费风险 • 拓展新业务 • 电力数据合理而充分使用	• 企业用电数据 • 电力大数据平台 • 大数据分析能力	• 减少电费回收风险
金融机构	• 获取企业经营情况信息 • 拓展企业贷款业务 • 降低企业信用贷款风险	• 专业的行业前景分析能力	• 实时掌握企业经营能力的信息，降低贷款风险
中小企业	• 获得当地政策支持 • 获得优惠的融资政策 • 拓宽贷款渠道	• 企业信用 • 企业财产、资金及运营状况	• 专项贷款缓解资金压力，进一步发展壮大

（二）开发电力信用评价体系，协助金融机构识别信用风险

依托数据中台，汇聚 60 项用电数据构建产品指标，建立企业信用风险等级模型（见图 2-7），精准评估企业的行业地位、开工状态和诚信状态等，形象绘制企业信用画像，提升金融机构风险识别能力和水平。

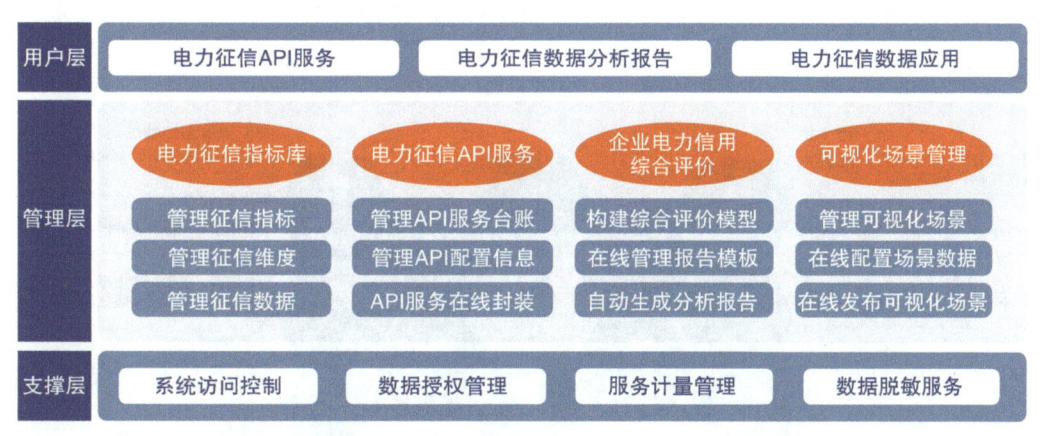

图 2-7　电力信用评价架构

注：API 是指应用程序开发接口。

基于社会主体个性化融资需求，为金融机构提供贷前、贷中、贷后全过程信用评价（见表 2-5），准确分析企业生产经营风险。

表 2-5 贷前、贷中、贷后信用评价指标

评价环节	一级指标	二级指标
核准用户用电基本信息	用电水平、用电行为、缴费行为、客户基本信息	核准企业名称、社会统一信用代码等24项基本信息
贷前风险管理	用电行为、企业开工情况、停电情况、行业整体用电情况、用电量波动、电费缴纳水平、违约用电	用电增长水平、缴费频率、缴费水平等14个二级指标
贷中授信支撑	用电水平、企业开工情况、用电量波动、电费缴纳水平、违约用电、容量状态	企业用电量在行业中的水平、企业用电连续度、企业生产活跃度、合同容量等17个二级指标
贷后评估预警	用电水平、电费缴纳水平、违约用电、容量状态、停电分析	企业用电量在行业中的水平、近一个月电费实收比例、欠费金额、增减容情况等17个二级指标

（三）合力推出电力征信服务体系，为中小企业提供普惠金融服务

与山东省工商银行、山东省征信公司、济宁市金融服务平台等签订战略合作协议，实现优势互补。中小企业通过授权供电公司向商业银行提供关于用电和电费缴纳信息，真实反映信用水平。供电公司从用电水平等5个方面研判企业用电等级及经营状况，提升中小企业融资效率。与银行合作，将客户用电等级和企业主要生产数据有机融合，形成完备的用户评价体系，共同探索推进电力数据增值变现（见图2-8）。

用电水平
用电量情况、行业水平、企业用电量在行业中的水平等

用电行为
容量变化、窃电情况、违约用电情况、用电增长水平

缴费行为
近6个月欠费交费率、近6个月缴费及时率、近6个月电费结清率等

客户基本信息
企业名称、统一社会信用代码、行业分类、累计用电时长、是否为高耗能行业等

企业开工情况
用电客户销户状态、用电客户送电状态

停电情况
企业用电故障状态、企业最近12个月停电次数

行业整体用电情况
企业用电行业指数、企业自身用电极差

用电量波动
企业用电连续度、企业生产活跃度

电费缴纳水平
缴费频率、电费余额水平、缴费水平、企业近一个月电费实收比例、欠费金额等

违约用电
长期欠费风险验证、长期违约用电、窃电风险验证、企业近3个月内违约用电次数等

容量状态
合同容量、增减容情况、近1个月内企业平均负载率

停电分析
企业近3个月发生用电故障次数、企业近3个月停电次数

图 2-8 电力信用产品指标信息

（四）规范信用数据管理，强化合作过程中的责任边界和数据安全

确立银行机构向供电公司提供需求意向企业名单，由供电公司实时收集、整理客户的用电量、缴费金额、违约行为等维度数据；金融机构负责开展企业经营数据研判，进行贷前准入、反欺诈验证等信贷工作；中小企业配合供电公司做好基础信息收集及电费缴纳，并根据金融机构反馈及时做好调整和完善，避免影响信用等级。

强调信息安全管理，按照国网"电 e 金服"相关文件要求，创新数字金融产品服务，在依法有效保护中小企业信息权益、确保数据安全性的基础上，实现电力信用信息金融机构、供电公司、中小企业共享。

（五）以点带面，推广"电力＋信用"服务范围与产品

与大数据中心合作，将"电力金融风控报告"上线济宁市金融服务平台，实现企业一键式申请、银行快速放贷。上线以来，覆盖1300万市场主体、323家金融机构、35家政务及公共事业单位，营造数据化综合金融服务生态。

协调济宁市商业银行等金融机构、中小企业开展线上线下推广宣传活动，通过宣传册制作与推送，借助新闻网站、公众号等方式推广"电力贷"产品。截至2022年年底，累计线上推广1260次，吸引更多有需求的中小企业及商业银行加入，打造互利共赢电力金融生态圈。

四、项目成效

（一）纾解资金压力，助力中小企业发展

凝聚金融机构、供电公司、中小企业等合力，联合推出"电力＋信用"，协助金融机构丰富申贷主体信贷评估维度，推动为中小企业及"三农"主体精准放贷11.82亿元，有效落实普惠金融政策，降低信贷门槛。同时为32家电力产业链上下游企业提供信用评价服务，向金融机构规范提供信用评价结果53次，促进供应商特别是中小企业降低运营成本，有效缓解现金流压力。

（二）降低信贷风险，帮助金融机构有的放矢

电力信用指标体系可以帮助银行等金融机构有效发现和监测有经营异常波动和虚假信息披露的公司，识别和监测有信贷风险的企业，在有效管控信贷风险的基础上，对稳健运行的中小企业提供融资产品，为自身创收。截至2022年年底，对山东省工商银行重点监测的194个目标客户开展月频风险综合评估，涉及存量和新增贷款规模超400亿元，提升信贷风险防控能力，守住金融风险底线。

（三）促进电费回收，提升供电公司责任形象

借助电力信用指标体系和"电力贷"，帮助金融机构解除信贷顾虑，帮助中小企业获得发展所需资金支持，从而加强电费回收管控，实现电费回收100%；金融机构与中小企业皆为供电公司企业客户，此次合作共赢可以增进客户交流与互动，增强客户满意度，有效树立供电公司负责任的品牌形象。

4 网格联动 推动电水气暖共享服务落地

项目实施单位： 国网济南供电公司

项目实施人员： 孙占功　向珉江　杨　福　高国梁　张　臣　杨元健　王云龙　羿　绯　赵　蓉　袁人楠　杨丙晓

一、项目概况

在传统公共服务下，用户需要来回在水、电、气、热等多个公共事业营业点分别办理缴费等业务，存在重复报装报修、花费时间精力过多等问题。自 2020 年起，《优化营商环境条例》正式施行，强调办理政务服务事项应当推行当场办结、一次办结等制度，促使各地政府越发重视营商环境建设。然而，长期以来，济南市电水气暖等公共服务属于不同政府部门主管，电水气暖企业在用户服务中缺乏沟通、各自为战，行业壁垒十分明显，使得推进电水气暖共享面临着建设共享平台难、数据链路未贯通、业务人员综合能力不足等问题，影响着当地公共服务的便民性、高效性。

国网济南供电公司以问题为导向，分析政府部门、公共服务企业、社区居委会（物业公司）、用户等利益相关方的期望与优势，加强利益相关方之间的沟通与合作，"集零为整"推动"一体化"服务方式转变，率先打造电水气暖共享营业厅等重要平台，"化整为零"细化服务单元，创新将共享服务融入社区网格，全面构建政府、公共服务企业、社区群众等互利共赢的电水气暖"一次办、就近办"共享模式。本项目实施以来，实现电水气暖单独办理节约时间 6 个小时以上，客户满意度同比提升近 23%，获得了用户的广泛支持与认可，有效改善了济南市当地的营商环境。

二、思路创新

（一）坚持问题导向，精准分析难点堵点

国网济南供电公司依托启动会、推进会、问卷调查等形式，面向政府、公共服务企业、社区居委、用户群众等利益相关方深入开展调研，识别梳理主要利益相关方诉求，深度分析造成电水气暖共享困难的重要原因，发现主要原因包括缺乏业务共享支持、平台建设投入大、各方数据未贯通、人员综合业务能力不足等，并争取与关键利益相关方达成合作共识，确定各方优势资源与合作意愿（见表2-6）。

表 2-6　国网济南供电公司利益相关方分析

利益相关方	期望与诉求	优势与资源	合作交流意愿
地方政府	优化营商环境 吸引更多企业入驻	政策支持与引导 监管约束权力 加速业务审批	非常强烈
公共服务企业	提升用户满意度 增加业务收入 降低建设维护成本	丰富的客户数据 多功能的线上平台 广泛的线下机构	非常强烈
社区居委会（物业公司）	居民投诉、无效咨询减少 公共服务便民惠民、方便快捷	监管约束权力 更了解居民诉求点 分布广泛的服务网格	强烈
电力用户	尽快办理各项业务 业务办理更便捷、人性化 提高生活品质	社会舆论影响 认可与支持	非常强烈
供电公司	提升用户满意度 增加业务收入 降低建设维护成本	丰富的客户数据 多功能的线上平台 广泛的线下机构	非常强烈
媒体	社会关注的新闻素材	扩大项目影响力	强烈

（二）"集零为整"，整合利用多方资源

在充分考虑公共服务企业关注及提升服务效率、打通服务群众"最后一米线"诉求的基础上，推动政府部门牵头支持，携手济南市行政审批服务局、住房城乡建

设局，以及供水、燃气、热力等公共服务企业等利益相关方，按照"线上+线下"相结合的方式，充分利用和整合现有平台、数据等资源，共同打造电水气暖"一次办"模式（见图2-9），努力实现各公共服务企业从价值链单个参与者到价值链整合者转变，促进公共服务企业与各利益相关方共赢。

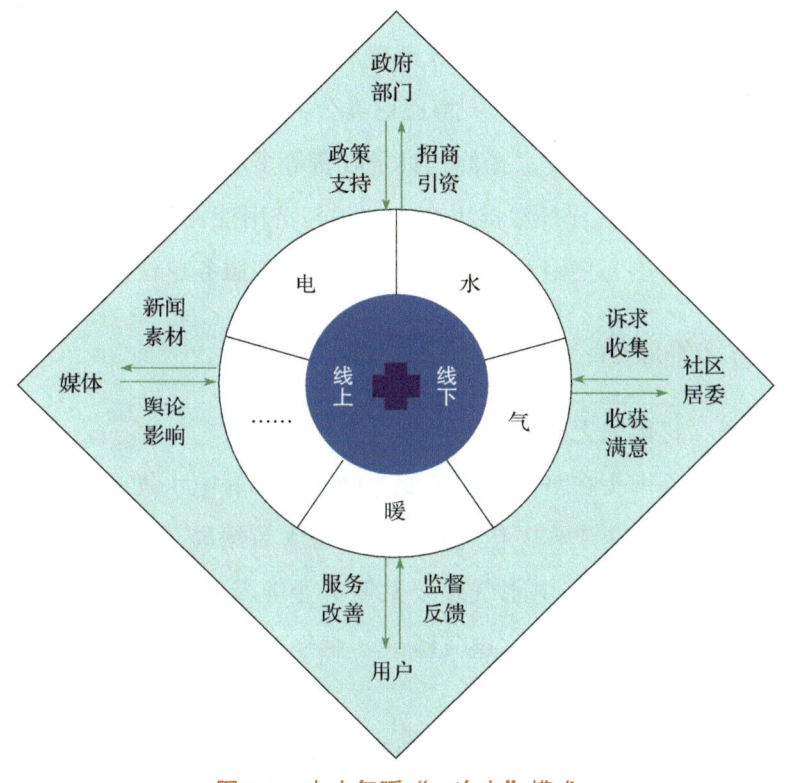

图 2-9 电水气暖"一次办"模式

（三）"化整为零"，深度融入社区网格

为保障电水气暖共享服务顺利落地，国网济南供电公司坚持"化整为零"，与社区居委等合力探索细分电水气暖"一次办"服务单元，充分利用社区网格化治理资源，推动供电、供暖、供水、供气管家加入业主微信群或建立社区电水气暖微信联动服务群，在街道办事处开设电水气暖共享服务窗口，打造覆盖社区末端的电水气暖共享服务"就近办"网络，实现电水气暖网格化管理、精细化服务，切实改善当地居住和营商环境。

三、实施举措

（一）政企高效协同，强化政策支持与指导

积极沟通市住房城乡建设局、市城乡水务局等政府主管部门，推动济南市政府相继出台《济南市水电气暖信业务融合实施方案》《电水气暖信等市政公用全生命周期融合服务工作方案》等文件，章丘区政府出台《济南市章丘区水电气暖讯联动报装"一件事"实施办法》，进一步将通信类公共服务纳入共享服务范围，并推进融合报装环节之外的故障排查、抢修、计量收费等多项服务。

联合政府部门组织召开日常推进会，加强与济南能源集团所属济南港华燃气、山东济华燃气、济南热力集团及济南水务集团等公共服务单位的沟通交流。

（二）多方多维联动，打通"线上＋线下"渠道

1. 数据互通，打破线上壁垒

促成市大数据局牵头在济南市政务服务网开展部署电水气暖共享事项，完成政务服务平台系统接口收集工作。依托济南市能源大数据局，整合电热水气各项业务数据，确保群众一次提交，电水气暖公共服务企业及时响应。截至2022年年底，线上平台贯通15个接口，受理水电气暖共享业务1405起，相比水电气暖单独办理预计节约时间6个小时以上。

将电水气暖业务办理功能融入"爱山东泉城办"政务服务平台，客户可通过政务服务移动客户端实现电水气暖业务一次性办理。

2. 平台共建，力促线下融合

供电服务窗口全面入驻市县两级政务服务大厅，并入电热水气共享服务窗口，实现政务大厅"一窗受理"。截至2022年年底，建成政务大厅共享服务窗口7处、共享营业厅11个，线下网点受理水电气暖共享业务92起，相比水电气暖单独办理，预计每起节约时间8小时。

在电热水气营业厅设立共享服务专区，放置电水气暖功能集成的自助服务终端，实现电水气暖查询、缴费、账单打印、报装等需求办理。

（三）深挖网格资源，细化共享服务网格单元

对接各街道、社区居委会及物业公司，建立网格化社区联动管理机制，加入社区业主微信群，建立社区电水气暖微信联动服务群，在街道办事处便民服务大厅开通共享窗口。

共享窗口由电水气暖四家的工作人员轮流值班，电水气暖的网格员融入社区"1+1+N+X"的组织机构中，加强社区网格员与电水气暖网格员的协同作战，由社区网格员跟进服务进度、监督服务质量、回访服务结果。

（四）强化人员培训，提升共享服务能力

与济南市行政审批服务局沟通，联合选取电水气暖专营单位内责任心强，业务能力、沟通能力过硬的员工，担任政务大厅、共享营业厅联合服务人员，开展业务受理、自助机使用等综合培训。截至2022年年底，市县公司及联合电水气暖等专营单位共组织28次培训，培训覆盖106人次，培养电水气暖共享业务专业人员48名。

四、项目成效

（一）推动公共服务变革，优化营商环境

打破以往公共服务企业各家单打独斗的传统服务模式，整合服务资源、互通信息、优化服务流程，打造便民、快捷、高效的服务模式，极大提高电水气暖报装服务效率。相比电水气暖单独办理，预计节约时间6个小时以上。

（二）实现多方提质增效，提升经济效益

有效统筹电水气暖公共事业服务网点资源、数据资源及社区网格资源，减少公共服务企业运营人工成本、场地成本。行动以来，接收舜雅社区线下客户电费、电价、报修等12345工单数量连续多月同比下降近50%。

数据融合贯通后，单项缴费可进行其他费用关联查询，有助于缩减缴收周期及

催收成本。通过多方数据融合利用，能更加便捷、高效、准确地为用户进行用能分析，引导客户巧妙利用峰谷电价差，减少生产生活成本，提高企业经营效益和自动化管理水平。

（三）为居民办实事，提升用户幸福感

极大地方便了用户，推广了社区型"网格化"融合服务模式，让用户感受到高效率、综合式、一体化联动综合服务。截至2022年年底，客户满意度10分，较开展电水气暖共享业务以前提升了23%。

（四）构建和谐关系，赢得多方广泛认可

作为电水气暖共享的发起方与深度参与单位，国网济南供电公司建立了与各利益相关方的和谐关系，得到用户的广泛赞誉，也获得政府部门、公众对国家电网品牌的深度认可，有效提升了国家电网公司在公众心中的形象。

"现在不出远门就可以办理电力业务了，用电有问题还可以跟供电公司的老师面对面咨询，确实太方便了！"

——家住济南泉城路街道的赵师傅

"真是没想到，不用跑腿，就能这么方便快速地办理电热水气业务，真是便民惠民的好政策。"

——市民张先生

5 | "进一家门，办多家事" 社会责任根植"宜商三电"公共服务管理创新

项目实施单位： 国网淄博供电公司

项目实施人员： 任 威 吴 哲 高黎娜 王 超 刘 达 鲍春明

一、项目概况

据国网淄博供电公司统计，淄博市每年高压用电报装用户约1800户，低压非居民报装用户约7700户。其中，约43%的用户在办理用电业务的同时，也有涉及水、气、暖、信等报装需求。但由于电、水、气、暖、信隶属于不同的市政公用行业部门，用户需要逐一到相关专营单位进行报装，并按照不同单位的业务办理要求分别提交申报资料、分头进行工程施工和竣工验收。"多头跑""分别办"的业务模式大幅增加了企业的时间成本和资金成本（见图2-10）。

电　　水　　气　　暖　　信

标准差异
一次申请难

- 业务信息填报表单差异
- 业务办理资料需求差异
- 业务办理流程差异

机制缺乏
联合服务难

- 未建立协同联动机制
- 未形成统一服务规范和标准
- 员工各司其职难以统筹开展工作

图2-10 淄博市居民办理电、水、气、暖、信报装现状分析

为推动高质量主题集成服务，提升市政公用行业服务水平，破解企业报装烦琐问题，国网淄博供电公司联合政府相关部门和各市政公用行业企业，聚力打造电水气暖信报装"进一家门，办多家事"项目，努力打通服务企业"最后一纳米"。但新服务模式在建设过程中面临着一定的困难与阻碍。

国网淄博供电公司从"宜商三电"（用上电、用好电、不停电）服务理念出发，将"全周期客户服务"延伸推广至各市政公用服务行业，全面运用责任边界、利益相关方参与及合作、风险管理、社会化沟通等社会责任理念、工具和方法，深入分析电、水、气、暖、信五大利益相关方诉求，整合各利益相关方的优势资源，全流程合作打造"进一家门，办多家事"集成式服务，持续提升客户满意度，促进淄博营商环境不断优化。

二、思路创新

（一）建队伍，利益相关方参与起来

"进一家门，办多家事"需要各专营单位的共同参与和配合，国网淄博供电公司转变工作思路，根植利益相关方参与理念，识别出供电公司、政府、水、气、暖、信六大利益相关方，明确各方的参与意愿、核心诉求和优势资源，形成多方参与共创的联合服务新模式，携手共同推动"进一家门，办多家事"工作落实。

（二）畅渠道，合作信息透明起来

良好的沟通是合作顺利开展的基础。国网淄博供电公司充分考虑项目涉及利益相关方较多的现状，强化社会化沟通，架设多方交流桥梁，通过主动沟通、多向互动、全程透明等形式，与各利益相关方开展全方位交流，实现多方良性互动，提高合作成效。

（三）化风险，潜在问题防控起来

"进一家门，办多家事"涉及众多利益相关方，在信息量巨大、人员复杂的情

况下，可能会存在数据与舆情风险。国网淄博供电公司在项目中根植风险管理理念，全面识别居民用电报装服务数据与舆情风险（见图 2-11），将识别出的风险从多维度制定管控措施，全力避免风险的发生。

信息泄露风险
- 所收集到的其他客户信息
- 企业内部工作流程及机制

利益相关方能否按照约定方式使用各方所收集到的信息，避免信息泄露？

舆情风险
- 优质服务标准与能力存在差异

利益相关方工作人员是否能达到国家电网优质服务标准，是否会因此影响国家电网品牌形象，造成不必要的舆情？

图 2-11　居民用电报装服务数据与舆情风险分析

三、实施举措

（一）明确需求，充分调研挖掘参与意愿

公司通过"走出去"和"请进来"两种方式（见图 2-12），充分了解利益相关方对项目的参与意愿及诉求期望（见图 2-13），以供电"合伙人"模式明确联动服务思路，以此作为项目实施基础。

"走出去"：通过"喜迎二十大四进送服务"活动，建立全方位、各层级**走访组织体系**，与相关政府部门、市政公用服务专营单位、各类电力客户**深度交流20余次**，全覆盖精准调研各方诉求

"请进来"：建立**客户联席恳谈会**，邀请各级人大代表、营商环境监督员及水、气、暖、信专营单位和各类企业客户参加，先后组织**12次现场研讨**

图 2-12　国网淄博供电公司"走出去""请进来"服务模式

	诉求	期望	参与意愿
	• 政府相关部门配合开展"进一家门，办多家事"工作 • 相关市政公用行业共享营业网点，提高业务受理效率 • 打破各部门数据壁垒，提高业务办理便利度	实现公用服务连接"进一家门，办多家事"，打造良好服务品牌，提升企业满意度和获得感	☆☆☆☆☆
	• 各专营单位提前介入项目，主动开展前期服务 • 电、水、气、暖、信行政审批联合办理，提高审批效率	提高行政审批质效，助力优化全市营商环境，促进地方高质量发展	☆☆☆☆
	• 贯通各专营单位业务系统和公共数据共享交换平台，提升数据应用质效 • 数据共享时确保安全保密	提升数据共享共用水平，打造"数字化"智慧城市	☆☆☆☆
	• 相关市政公用行业共享营业网点，提高业务受理效率 • 打破各部门数据壁垒，实现企业数据共享，提高业务办理便利度	实现公用服务连接"进一家门，办多家事"，打造良好服务品牌，提升企业满意度和获得感	☆☆☆☆☆

图 2-13　国网淄博供电公司利益相关方诉求分析

（二）建好机制，明确职责打牢合作基础

1. 政府牵头保质量

（1）出文件、表态度。公司通过专题汇报、联合汇报等形式，向政府相关部门汇报4次，说明项目实施对城市营商环境优化的重要作用，促请政府出台多项文件（见图2-14），为调动利益相关方参与积极性、保障项目落实争取政策支持。

- 《淄博市社会投资简易低风险工程建设项目附属水电气暖接入服务实施意见（试行）》
- 《淄博市推进水电气暖信联合报装接入工作方案》
- ……

图 2-14　促销政府出台的相关文件

（2）提要求、明分工。公司积极承办淄博市电、水、气、暖、信联办工作推进会，宣贯"进一家门，办多家事"工作要求，明确各方职责。

2. 常态恳谈促透明

依托市、县（区）、乡镇三级"宜商三电"联席恳谈会，打造定期会商机制，研究解决项目难点、堵点。同时，建立定期汇报机制，向利益相关方报送联办推进情况月度报告，确保信息透明。

（三）步步联合，深度调动各方优势资源

公司联合各利益相关方，按照"能并则并、能简则简、能优则优"的原则，在业扩报装的各个环节开展全面合作。

1. 提前介入，需求对接一轮做好

（1）线上贯通，前置信息。促请贯通政府工程项目审批系统与各专营单位业务系统，各专营单位工作人员能第一时间联系客户，安排服务专员与办事群众进行对接，提升服务主动性（见图2-15）。

提前获取土地出让、项目审批等信息，主动开展前期服务，及时启动供电、供水、燃气等**方案预编**等

充分沟通，合作优化各环节工作

项目设计阶段：解决管道打架、重复开挖隐患
项目立项阶段：根据企业需求开展联合上门对接，提前布局周边区域管网建设，为后续接入做好准备；充分利用设计方案联审机制，各专营单位参与设计方案联合审查并提出相关意见，项目设计单位根据意见一次性修改完善方案

图 2-15　项目前期重点工作

（2）线下联审，前置服务。在电、水、气、暖、信专营单位明确首席服务专员参与市、县（区）政府投资项目线下联审会。

2. 一表申请，信息填报一单就行

会同各专营单位编制通用的《水电气暖信有线电视报装服务联系单》，同时进一步精简各专营单位要求提供的受理材料，减轻客户信息填报冗余（见图2-16）。

一表"套餐式""点单式"服务

分头多次申请

在一家营业厅同步勾选办理需求

图2-16 优化服务流程

3. 一窗受理，业务办理一站实现

（1）线上一体化。公司作为全国首批上线地市级的供电单位，联合政府相关部门在"网上国网"App打造"水电网（气暖）"联办专区，并在一体化在线政务服务平台、"爱山东"App等渠道设置水、电、气、暖、信联合报装专区。

（2）线下一站式。与利益相关方合作在全市10个县级及以上政务服务大厅设置水、电、气、暖、信综合报装窗口。同时，在各自营业场所建设共享营业厅电、水、气、暖、信综合受理窗口，实现市域范围内水、电、气、暖、信报装业务无差别受理。

4. 联合踏勘，情况摸排一步到位

针对外线工程项目，组织专营单位和相关审批部门实施VIP组团服务，与用户企业约定统一踏勘时间，进行联合现场踏勘，同步完成方案设计及费用预算工作。

5. 并联办理，申报材料一起审批

"进一家门，办多家事"项目将水、电、气、暖、信设计文件审查统一纳入施工图设计文件审查，同步申报、审查、出具意见，大幅压减原有申报办理工作时限。

6. 协同接入，项目施工一波完成

公司结合踏勘阶段联合优化的施工方案，按照"协同一体"的原则，统筹水、电、气、暖、信施工单位通过共享利用施工沟渠，有效减少单独施工带来的重复成本，最大限度地减轻企业负担。

7. 联合验收，多项服务一次贯通

对有条件联合验收的报装接入项目，公司会同各专营单位进行联合验收，并根据企业需求提供预约接通服务，打造出同步通电、通（排）水、通气、通暖、通网的竣工验收新模式。

四、项目成效

（一）践行服务变革

1. 对客户

业务办理更加便捷，全市营商环境更加优化，企业获得感和满意度显著提升。

2. 对政府

出台可操作、易执行的市政公用基础设施联办政策，推进市政公用基础设施统一规划、统筹建设、联合服务，促进淄博市营商环境不断优化。

3. 对专营单位

实现跨行业信息共享、工单分派流转，提高企业的经营效益和管理水平。同时联办服务促使工作人员业务知识更加广泛，培养了一批业务能力精、综合素质高、服务意识强的复合型人才。

"进一家门，办多家事"项目成效见图2-17。

责任融入　价值共创
国网山东省电力公司社会责任根植项目案例集

水　电　气　暖　信

到各专营单位**单独办理**业务全业务办理时间需要**2~3天**
水、电、气、暖、信**分别开挖**施工

同步推进，**只跑一次**
全业务**2小时**办理完成
同步施工，同步敷设
贯通工程建设项目审批管理系统，建立企业网上报装模块和信息推送机制，客户可线上联合申请，无须线下跑腿

图2-17 "进一家门，办多家事"项目成效

（二）降低舆情风险

利益相关方之间实现高效协作、透明沟通，有效减少了客户在资金、人力上的成本投入，降低各类舆论事件和投诉的产生。

（三）形成示范模式

公司携手政府、专营企业等利益相关方从合作机制、责任分工、落地事项、沟通方式等方面，探索出一套利益相关方协作优化营商环境新模式，对相关经验在地域间、行业间复制和推广起到了带动示范效应。

（四）彰显品牌形象

打通服务"最后一纳米"，实现了服务品牌的广泛传播和大众口碑的建设，在广大用户群体中树立了办事便捷、高效、优质的良好口碑。《人民日报》《大众日报》等媒体对项目进行了多角度宣传报道，有力彰显了国家电网有限公司优质服务品牌形象。

6 "供油+供电一体化" 打造综合能源服务"共享经济"新模式

项目实施单位：国网陵城区供电公司
项目实施人员：许　强　胡国青　杨忠林　王培松　刘　伟　李　强
　　　　　　　陈　宁　刘书恺　宋伟龙

一、项目概况

在"双碳"目标背景下，发展电动汽车成为一个城市实现"碳达峰、碳中和"的必然趋势和重要途径。截至2020年年底，德州市电动汽车保有量已达到1.44万辆，其中，陵城区电动汽车保有量增长显著。然而，截至2020年年底，德州市充电基础设施保有量仅为3027座，车桩比为4.76∶1，远高于2.9∶1的全国平均值，包括陵城区在内的德州市整体充电桩建设数量不足，无法满足日益增长的电动汽车充电需求。此外，由于部分充电桩选址欠佳，导致陵城区车流量较大地区的充电设施"车满为患"，而车流量较小地区的充电基础设施则长期处于低使用率状态，造成资源分配不均与浪费，加重了车主的"充电难"问题。

为此，国网陵城区供电公司创新应用"共享经济"理念，联合地方加油站、电动汽车公司等利益相关方，共享优势资源，共议站点选址，共商各方权责，确定合作模式，赋能培训共促服务升级、提升加油站员工服务水平，多元传播共创绿色氛围，有效解决了车主的"充电难"问题。2021年1月，陵城区首个"供油+供电一体化"综合能源服务站建成，充电桩建设时长由原来的210天缩减至180天。同时，综合能源服务站地处交通要道，满足了电动汽车车主的充电需求。截至2021年年底，综合能源服务站充电设施充电量已超过1.2万千瓦时，服务充电用户约1.1万名。

二、思路创新

（一）引入利益相关方理念，整合各方诉求与优势

电动汽车充电桩建设涉及政府部门、电动汽车企业、传统加油（气）站、媒体等多个利益相关方，仅凭供电公司一己之力难以推动解决充电桩建设问题。通过深入调研、分析利益相关方诉求，在满足利益相关方期望的同时明确项目工作目标任务（见表2-7）。

表 2-7　主要利益相关方关键诉求与供电公司的回应

利益相关方	关键诉求	供电公司诉求回应
电动汽车车主	有桩可充	● 加快充电桩建设 ● 加强充电桩运维保障
	充电便捷	● 提高充电桩布局合理性 ● 提升充电服务水平
政府 电动汽车公司	电动出行	● 加强充电设施宣传力度，引导消费者购买电动汽车
加油（气）站	转型发展	● 协助拓展商业模式，增加营收

通过分析利益相关方资源优势，突破传统工作模式，沟通搭建多利益相关方各自发挥专业优势的协作平台，形成多方各尽其责、共建共治的工作模式（见图2-18）。

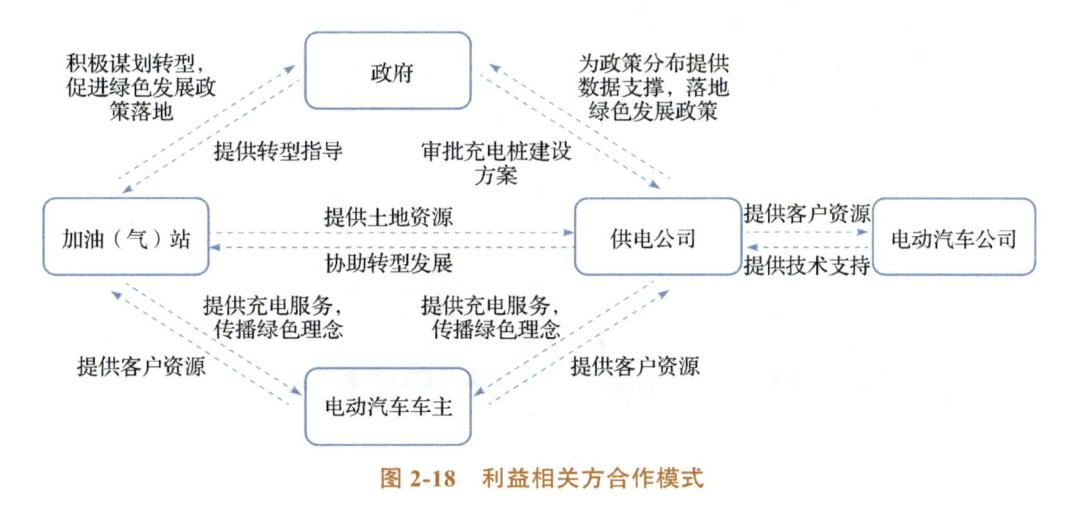

图 2-18　利益相关方合作模式

（二）运用"共享经济"理念，创新"供油+供电一体化"模式

明确多利益相关方共同协作的工作模式后，供电公司运用"共享经济"理念，主动与中国石化德州分公司、加油（气）站、电动汽车公司进行对接，建设"供油+供电一体化"综合能源服务站，变被动等待政府审批为主动服务充电设施建设，发挥自身影响力与带动作用，在化解充电桩数量少、选址欠佳、建设慢问题的同时，为各利益相关方创造价值、提升供电公司竞争力，实现综合价值最大化。社会责任根植前后对比见表2-8，社会责任根植前后利益相关方参与情况对比见图2-19，社会责任根植前后综合价值对比见图2-20。

表2-8 社会责任根植前后对比

责任根植前	责任根植后
供电公司单一主体推动充电桩建设	供电公司联合政府、加油（气）站、电动汽车公司共同参与充电桩建设全过程工作，提高建设效率，优化建设成果
各主体资源孤立，未进行有效整合	供电公司创新资源共享式商业模式，主动明确各利益相关方权责，推动各方整合资源，实现综合价值最大化

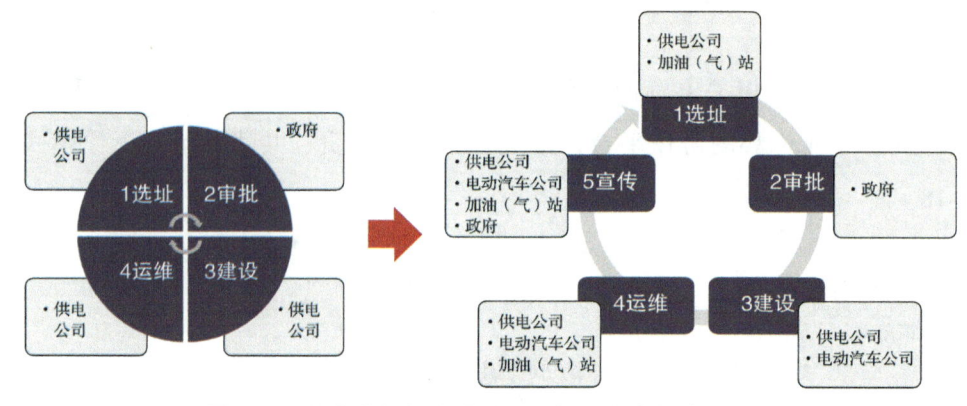

图2-19 社会责任根植前后利益相关方参与情况对比

经济效益：供电公司售电收入
环境效益：电能替代助力减少化石能源消耗，降低碳排放
综合价值

↑ 经济效益：供电公司售电收入+加油（气）站分享站址带来的收入
↑ 环境效益：电动汽车使用增加，电能替代助力减少化石能源消耗，降低碳排放
↑ 社会效益：便捷的充电装置及服务提升用户对供电公司的满意度
综合价值

图2-20 社会责任根植前后综合价值对比

三、实施举措

（一）深入走访调研，共享优势资源

通过访谈、二手资料收集分析等方式，供电公司深入了解政府部门、电动汽车企业、传统油气生产和供应商、电动汽车车主、媒体等利益相关方在加快充电桩落地问题上的核心诉求和优势资源（见表2-9），为形成多方共赢的合作模式提供参考。

表 2-9　国网陵城区供电公司利益相关方分析

序号	利益相关方	具体诉求	优势资源
1	政府	推动新能源产业发展，实现绿色发展	政策支持、法规宣传、协调组织能力
2	供电公司	满足用户用电需求，提升企业品牌形象，增加营收	专业设施建设、运维能力
3	电动汽车企业	在激烈的市场竞争中提升市场占有率，增加营收	专业技术与运维能力
4	加油（气）站	提升加油（气）站销售量，增加营收	站点数量多、场地位置优、消费者认同
5	电动汽车车主	便捷、安全的充电保障	消费需求和能力
6	媒体	传播社会关心的议题	传播渠道、影响力

（二）综合实际情况，共议站点选址

供电公司深度分析各重点地区人口数量、车流量、区域面积、区域电动汽车保有量，为充电设施选址、合作对象筛选、合作方案制订提供决策依据，同时为国网德州供电公司充电桩群新建项目可行性研究提供参考，推进国网德州供电公司（以下简称德州供电公司）与中国石化销售股份有限公司山东德州石油分公司（以下简称中石化德州公司）、国网山东电动汽车服务有限公司（以下简称电动汽车公司）共同合作。

在此合作背景下，供电公司积极落地合作协议，考虑到人群覆盖范围、车流量、地理位置等因素，选取位于德州市陵城区主干道的第十一加油站作为建设"供油+供电一体化"综合能源服务站的首批试点之一，保障充电桩能够覆盖更多的电动汽车车主。供电公司根据现场考察情况及设计规范，确定充电设施布置在该站进口位置，以避开加油车辆通道（见表2-10）。

表 2-10 充电桩选址因素分析

区域	人口数量/万人	车流量	区域面积/平方千米	区域电动汽车保有量/辆
经济开发区	20	较大	990	18600
临齐街道	13.6	一般	191.3	11600
丁庄镇	2.04	较大	69.79	6800
边临镇	3.2	较大	70.61	4500
于集乡	2.14	一般	56.3	2850
徽王庄镇	4.3	一般	106.3	4200
神头镇	5.8	较大	114.82	6500
郑家寨	4.5	一般	118.51	3080
糜镇	5.3	较大	99.6	7400
宋家镇	4.3	较大	107.17	6400
滋镇	3.83	一般	74.17	4270
前孙镇	3.08	一般	81.27	3600
义渡口镇	3.8	一般	68.4	3860

（三）明晰各方权责，共商合作发展

明确建设地点与合作对象后，供电公司积极争取省、市公司的大力支持，在德州供电公司与中石化德州公司、电动汽车公司签订的合作协议框架下，进一步细化与陵城区第十一加油站、电动汽车公司的具体合作协议，在加油（气）站安装电动汽车充电桩，创新电动汽车充电基础设施建设模式，明确各方职责（见表2-11），并对综合能源服务站内充电桩所得经营收益进行分配（见表2-12）。充电桩投运后，由电动汽车公司按照充电设施车联网平台清分结算提供的数据计算收益，相关数据提交加油（气）站方核查并书面认可。

表 2-11 "供油+供电一体化"综合能源服务站相关方职责划分

相关方	职责
陵城区第十一加油站	发挥固有加油（气）站场地优势，提供充电站建设场地、参与加油（气）站安全运营管理。在缩短建设审批等待时间的同时，优化利用已批复土地，实现社会资源的最大化利用

续表

相关方	职责
电动汽车公司	发挥充电桩运维技术优势，开展充电设施安全运营管理、充电配套服务，提升维修响应速度，降低设备故障率，对充电桩的运营收益进行计算和分配
供电公司	发挥充电桩建设优势、平台优势，承担充电桩建设、统筹管理任务
媒体	发挥传播资源优势，提升曝光力度

表 2-12　充电桩所得经营收益分成方式

不同充电量	收益分成方式
当单个充电终端（一机双枪）每月平均充电量小于 100 千瓦时 / 日	不进行收益分成
当单个充电终端（一机双枪）每月平均充电量大于等于 100 千瓦时 / 日，并且小于等于 300 千瓦时 / 日	供电公司按照经营总收益 20% 的比例，每季度向加油（气）站分配经营收益
当单个充电终端（一机双枪）每月平均充电量大于 300 千瓦时 / 日	超出充电量部分供电公司按照经营收益 30% 的比例，每季度向加油（气）站分配经营收益

（四）开展专业培训，共促服务升级

加油（气）站员工作为接触新能源车主的一线工作者，可通过提供优质服务优化新能源车主的充电体验，提升消费者满意度与客户黏性，创造更大价值。

为提升综合能源服务站的服务质量、巩固服务站安全运营水平，供电公司联合电动汽车公司，针对充电桩使用方式、缴费方式、故障反馈等基础操作，向陵城区第十一加油站员工定期开展现场沟通与培训。供电公司在与加油站员工共同协助电动汽车车主充电的过程中，向加油站员工展示充电流程，并告知充电注意事项，使加油站员工能够对充电桩使用者提出的基础疑问进行解答。自建成以来，与加油站员工定期沟通指导 30 余次。电动汽车公司在对充电设施进行定期维护的过程中，向加油站员工讲解充电桩故障的可能表现，使加油站员工能够在发现充电故障的第一时间联络电动汽车公司进行维修。自建成以来，共面向加油站员工开展培训 8 次。

（五）拓展传播渠道，共创绿色风尚

供电公司联合媒体力量，利用线上与线下相结合的方式，加大传播力度，宣传推广"供油＋供电一体化"综合能源服务站，鼓励电动汽车车主积极使用共享充电服务，提升全社会对综合能源服务站新型服务模式的了解，减少群众对充电难问题的顾虑。目前宣传推广活动已开展7场，线上文章浏览量已有5000余次。

通过在综合能源服务站发放新能源汽车宣传手册、设立绿色环保形象标识、在供电公司营业厅摆放绿色出行推广海报等方式，宣传绿色环保理念，提升全社会对电动汽车充电服务的认知度、参与度。

四、项目成效

（一）电动汽车车主的充电需求有效满足

"供油＋供电一体化"综合能源服务站的供能服务很好地满足了电动汽车车主的用能需求，由于综合能源服务站地理位置优越，设备平均利用率总体高于周边单一充电站。截至2021年年底，综合能源服务站的充电设施充电量已超过1.2万千瓦时，服务充电用户约1.1万名，电动汽车充电难问题得到了有效解决。

"这里建设的充电桩非常便捷，对附近小区的电动汽车车主来说是非常方便的，而有了'供油＋供电一体化'综合能源服务站也打消了买电动汽车不能充电、充电远的顾虑，小区附近既能加油又能充电方便了家中既有燃油车又有电动汽车的车主。"

——电动汽车车主 任晓敏

（二）综合能源服务站共建共享模式得到推广

通过在合作中不断规范充电桩共建共治各环节工作流程，总结协同管理经验，供电公司已初步形成了系统性、可复制的"供油＋供电一体化"综合能源服务站共建共享模式。通过应用该合作模式，建设周期由原先的210天缩短至180天，建设效率得到有效提升，缓解了充电桩落地慢的问题，为类似问题的解决提供了经验和参考。2022 年，国网陵城区供电公司将持续推广此工作模式，预计建设包括陵城区美家居生活广场服务站在内的一批综合能源服务站。

（三）合作伙伴的经济效益实现新提升

依托"供油＋供电一体化"综合能源服务站的建立，陵城区第十一加油站的客流量与业务利润均得到了有效提升。2021 年年底，陵城区第十一加油站客流量同比增长 2 倍。电动汽车服务公司业务量也实现了增长，营业收入同比增长 30%。

（四）降低碳排放的环境效益进一步显现

项目积极响应国家"碳中和、碳达峰"的工作要求，为电动汽车充电难问题提供了新的解决思路。同时，在车主的充电顾虑逐步得到缓解后，新能源汽车行业将实现进一步发展，对加快电能替代、大气污染防治等发挥积极作用，有力推动绿色环保理念的发展。

7 "打破壁垒 共享蓝天" 社会责任根植密织 "车桩网"

项目实施单位： 国网宁阳县供电公司
项目实施人员： 马庆阳　侯　伟

一、项目概况

时下，随着新能源行业的发展，在道路上可以看到越来越多的新能源汽车。截至 2020 年年底，山东电动汽车保有量达到 40.5 万辆，位居全国第三，宁阳同样面临着电动汽车保有量直线上升的趋势。很多家庭用车都是采用充电桩充电，随之而来的充电难、充电桩少、车桩不匹配、油车占位等问题也越加明显，电动汽车找桩难、充电难成为宁阳本地社会关注焦点，充电桩建设成为一个非常突出的制约短板。国网宁阳县供电公司积极促进利益相关方互触互联达成共同愿景，打破不同利益体之间壁垒，推动县域充电桩互惠互用，民众共享一片蓝天。一是促请宁阳县人民政府、国网泰安供电公司、国网（山东）电动汽车服务有限公司共同签署三方战略合作协议，着力将充电基础设施线路敷设纳入配套电网整体规划，建成宁阳 3 千米充电服务圈。二是创新思路，通过党群共建引入运营商、住房城乡建设局、新闻媒体等各类组织，全力推进充电桩进小区，形成利益相关方合作方式，共同参与探索，通过"租售"合作模式，促进"车桩网"协同发展，加快布局形成"车桩相随、布局合理、智能高效"的充电体系。

二、思路创新

（1）分析短板，细究原因。一是电容不足成为制约充电桩建设最核心的问题。由于现在充电设施直流桩功率已大幅提高，从起初 30 千瓦、40 千瓦升级到 90 千瓦，这意味着占用物业电的余量也越来越多。当前宁阳受经济社会条件制约，场地运营商规模比较小，出于效益考量一般不会去选择增容，极大影响了电桩场地建设，县城仅有 1 处公共充电桩场地投入运营。二是物业和开发商出于安全考虑，担心充电桩造成安全隐患，作为物业方觉得多一事不如少一事，抱着不干总不会错的态度，对充电桩建设抱有抵触心理。因此，目前宁阳房产市场还未将充电桩作为标配，也未形成业主购房的首要选择。三是在小区建设公共充电桩考虑的因素较多，如施工成本、运营价值、政府政策等，建充电桩就像是做生意，好地段好流量低电价低成本才能赚钱，无法满足运营商这一最基础的需求，也是其主动性不高的原因之一。

（2）多方协同，形成合力。国务院《新能源汽车产业发展规划（2021—2035年）》提出，到 2035 年国内公共领域用车全面电动化。充电桩设施的需求也必将随着新能源车保有量提高而水涨船高。基于对此项政策的解读，国网宁阳县供电公司创新思路，突破隶属关系、行业领域、区域范围等约束因素，将"党组织结对共建"作为引入社会资源参与充电桩建设与管理的有效渠道。在充分了解宁阳市场发展需求的基础上，通过党组织结对共建，协调策划具体合作项目，发挥各类组织机构的资源优势，推动形成共同愿景的孵化舱，凝聚支持宁阳地方设施发展建设的各方力量，积极促进公共电桩即"车桩网"的落地实施。

（3）利益共享，多赢发展。工作中，国网宁阳县供电公司灵活运用综合价值创造最大化的社会责任理念，摒弃以经济效益为主导的推广方式，将经济、环境和社会效益目标放到同等地位综合考量，既要关注供电公司自身业务发展，也要将政府、开发商、物业等外部利益相关方的期望和诉求纳入共同愿景，把创造经济、社会与环境综合价值最大化作为项目实施的最终目标，进而推动公司和地方社会公益项目的和谐可持续发展。

三、实施举措

（一）多方合作，密织新能源汽车"车桩网"

（1）凝聚优势资源，达成社会共识。国网宁阳县供电公司紧紧依托发展新能源汽车国家战略和充电基础设施建设发展目标，充分发挥国企人才技术资源的凝聚作用，由职能部门统一协调沟通，汇聚社会优势资源，在新能源汽车"车桩网"建设方面达成一致共识，共同推进"车桩网"建设在宁阳实现落地（见表2-13）。

表2-13 "车桩网"共建社会关系一览

序号	利益相关方	主要责任
1	县政府职能部门	主导制定充电桩建设准入标准，评估当前行业技术水平、产品供应能力及价格，确定相关企业的准入门槛
2	新能源汽车企业	提供更优质的服务，布局充电服务打造自家生态链形成闭环，将充电桩作为售后服务提供给车主更优质的充电体验
3	网络、电视、广告、自媒体等相关宣传媒体	广泛宣传造势，在社会上为充电桩建设营造氛围
4	司法局、供电公司、人民调解会	协调好物业、业主、运营企业之间的关系
5	民用住宅开发商	在新楼盘开发设计新能源汽车充电桩
6	商业团体	在停车场设计安装充电桩

（2）搭建优势资源交流平台。当前，宁阳电动汽车与充电桩（含损坏不能使用的）配建比例3:1，公共充电桩建设距离目标完成率相距甚远，难以在全社会形成一种电动汽车推广使用的氛围。因此，国网宁阳县供电公司集中职能部门人员力量，发动县、镇（街）、村（居）等各社会团体的力量，持续通过网络、电视、广告、自媒体等多种形式广泛宣传造势，在社会上为电动汽车的推广使用营造一种方便快捷、高效节能、物美价廉的氛围，与社会相关部门、团体、企业和小区居民代表组建微信群，及时交流信息，为"车桩网"的建设搭建信息平台。

（3）获得政府支持，完善标准体系。近年来，政府和社会各界对电动汽车的认识和热情都有了很大提高，为电动汽车产业从技术化向工业化再向市场化推进创造了很好的氛围，这不仅需要企业不断提高和完善各项技术，还需要政府甚至社会提供更多的帮助，在基础设施建设方面完成"最后一公里"，逐步达到满足社会所需。国网宁阳县供电公司积极向县政府有关部门汇报沟通，获得支持，由县政府敦促能源行业电动汽车充电设施标准化技术委员会在原电动汽车充电设施标准体系框架的基础上，进一步梳理、优化和补充完善，为宁阳县电动汽车充电设施标准化建设提供支撑。

（二）政府主导，龙头带动充电设施建设

（1）签署三方战略协议，布局"十四五"计划。为充分发挥政府主导作用，国网宁阳县供电公司立足于"新能源、新基建、新服务"共建理念，依托政府部门和上级单位，积极沟通汇报，促请宁阳县人民政府、国网泰安供电公司、国网（山东）电动汽车服务有限公司共同达成并成功签署三方战略合作协议。"十四五"期间，国网泰安供电公司计划投入8.4亿元建设宁阳坚强智能电网，新改建110千伏变电站7座，在更高水平、更高层次满足宁阳经济社会发展用电需求。着力将充电基础设施线路敷设纳入配套电网整体规划，在宁阳投入4500万元，建设充电站30座、充电桩110台，全力推进充电桩进小区，创新开展"租售"合作模式，促进"车桩网"协同发展，加快布局形成"车桩相随、布局合理、智能高效"的充电体系。

（2）先行先试，探索新型基础设施建设新途径。国网宁阳县供电公司结合党史学习教育主题，以"建站立桩"为抓手，注重贴近需求、科学规划、提升密度、缩小半径，在全县公共停车场、党政机关、企事业单位等地逐步增建充电桩，满足群众日益增长的新能源汽车充电需求，不断提升服务能力和水平。2021年建成的金阳广场休闲公园建设充电站探索出宁阳县推进新型基础设施建设新途径，也成为落实"我为群众办实事"活动要求的重要实践之一。

（3）及时跟进政策指引，发展商圈新能源汽车充电桩建设。2021年8月11日，商务部流通发展司发布《城市商圈建设指南（征求意见稿）》，在意见中提到：城市商圈要结合城市更新改造，优先发展公共交通系统，实现人车分流、机非分流。商圈内有条件的停车场应设立新能源汽车充电桩。国网宁阳县供电公司及时向政府城乡规划行政主管部门沟通汇报，争取在宁阳新城中心CBD商圈地下停车场建设公共充电桩（见图2-21），民众在悠闲购物、品茶用饭的闲暇空余就完成了充电，进一步提升了电力获得感。

责任融入　价值共创
国网山东省电力公司社会责任根植项目案例集

图 2-21　宁阳新城区中心 CBD 商圈地下停车场充电桩

（三）借助市场"无形之手"，赋能商业合作模式

（1）创新商业模式拓展新空间。作为车联网、智能电网的"入口"，充电桩业务潜在价值巨大，在未来智慧城市、智能小区建设中将发挥重要的数据采集与分析、资源优化配置等作用，充电桩业务已具备广阔的发展前景与商业模式创新空间。国网宁阳县供电公司积极促请政府出台政策，明确房地产行政主管部门、街道、社区、居委会，以及人防、绿化等各个政府部门的主体责任，建立居民区充电设施建设责任机制和部门联席协商机制，将年度居民区充电桩安装数量细化分解到街道、社区，通过争取政府补贴政策，加大招商引资力度，引进多种商业合作模式（见图 2-22），实现多方协同推进公共充电站的建设与开放使用。

1 政府主导	2 企业主导
由政府投资运营。优点是推进力度强，缺点是财政压力大，运营效率低下，不一定适应市场化。	由企业投资运营，与电动车销售、充电桩生产搭配。优点是运营管理效率高，缺点是缺乏统一管理，可能产生无序竞争。
3 混合模式	4 众筹模式
由政府参与扶持，企业负责建设。优点是能使政府和企业产生互补，更快推进产业发展，但缺点是受政策影响较大。	由政府、企业、社会等多方力量共同参与。优点是能够提高社会资源利用率，适应市场，注重用户需求，缺点是各方利益整合有难度，最终还是要靠政策的引导。

图 2-22　多种合作模式

（2）"合伙人"模式柳暗花明开辟新天地。充电桩安装需要场地，而且在使用过程中会有安全问题，所以居民小区物业觉得多一事不如少一事，抱着不干总不会错的态度，即使有充电需求，也会把业主推到社会上的公桩上充电。国网宁阳县供电公司充分运用社会根植理念，代表广大车主利益推动"合作人"建设安装模式。2021年2月起，国网宁阳县供电公司通过协同推动，开始由充电公司为主导的"充电合伙"模式，即由一些酒店、餐馆、小区等提供场地，充电公司负责安装和管理充电桩，采用收入分成的模式（见图2-23）。在宁阳县政府的推动下，在整个县域范围进行了合理布局，尽量将可利用的地块都利用了起来。充电桩的安装主要针对三个地方：目的地、工作地和居住地。目的地充电是指车主在看电影、吃饭的时候可以顺便把电充了；工作地和居住地充电就是在单位和家里充电。据大数据显示，目的地和工作地的充电桩数量占了80%，居住地为20%。民众利用充电App的导航和定位功能就近进行充电。

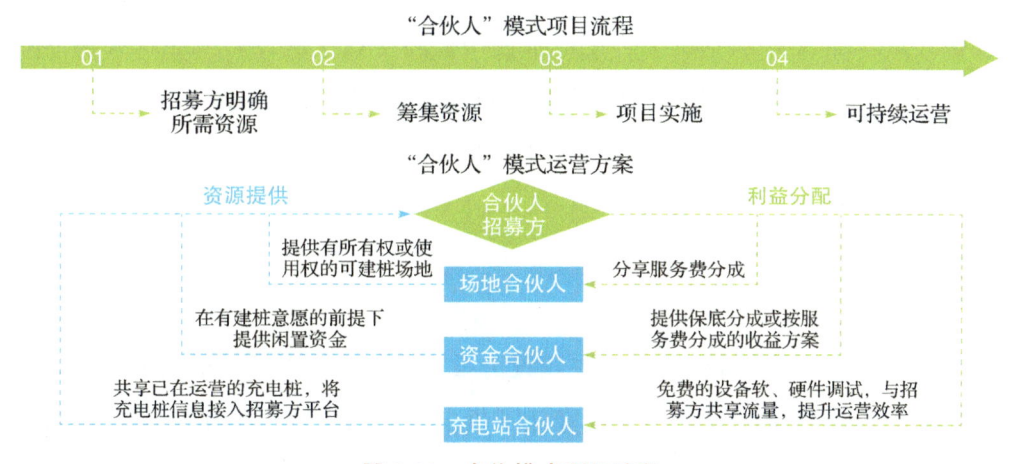

图 2-23 合作模式项目流程

四、项目成效

（一）充电站建设大幅提速，助推能源转型和新能源替代进程

截至2021年11月，国网宁阳县供电公司投资建设公共充电站5座、充电桩

160 个，包括 1 个城市生态充电站、2 个高速公路充电站、1 个社区充电站，1 个环卫充电站。打破常规的充电站高压电源接入方案后，通过利用剩余负荷低压接入投资成本大幅降低。下一步，按照"十四五"建设规划，公司综合考虑用户热点分布及城市建设布局，将在宁阳县城区内新建便民充电桩 250 个。便民充电桩的快速建设，将极大程度助推宁阳能源转型和新能源替代进程，并为新能源汽车客户带来便捷、高效的服务。

（二）公平公开合理竞争，优质市场主体激活充电桩市场

鼓励有实力的市场主体积极参与并组建专门队伍为电动汽车充电设施提供一条龙服务。国网宁阳县供电公司向政府有关部门提议，获得政府支持，出台政策鼓励有实力的市场主体积极参与充电桩建设，并组建专门的统一调配使用的专业技术人才队伍，设立全省统一热线，为社会提供电动汽车相关优惠政策解读及充电桩的一条龙安装、使用、维修等服务，大大降低了空置率。2021 年上半年，在全县充电桩设备数量增加 68% 的基础上，充电桩使用昼间空置率从日均 52.6% 大幅下降至 37.1%，夜间空置率从日均 77.8% 下降至 45.3%。充电设施因停电、存在故障、停运等导致设施不可使用的比率从去年的 8.8% 下降至 0.3%，基本实现 24 小时不停电、不断充。

（三）全面实现多方价值共赢

多方联动注入新能源汽车充电桩建设力量，秉承社会责任，根植破解电动汽车充电桩建设、使用难的问题，有效降低了供电公司投诉，供电服务满意度明显提升；提升了客户用电体验和充电效率，解决了建设难题造成的生活不便，为客户节约了时间与精力，用户得到了舒心的用电环境；推动了政府及相关部门社会公信力和群众满意度的提升；促进了社会和谐、经济发展和和谐文明，助推了宁阳经济转型和绿色发展，对宁阳能源结构的调整起到了正向推动作用。

（四）提升了公司"人民电业为人民"良好的企业形象

践行了"人民电业为人民"的企业宗旨，充分体现了美好生活服务者的公司定

位，在满足人民美好生活需要、促进社会文明进步中积极思考、认真谋划，实践具有中国特色国际领先的能源互联网企业的战略目标，发挥应有作用，将深入实施卓越服务工程落实到具体工作中、落实到科技创新中，全力实现服务品牌领先。同时以高尚的价值追求凝聚了团结奋进的动力，激励了广大职工的工作价值感、自豪感和使命感，激励广大职工坚持不懈为人民服务，向更高质量发展、更高目标迈进。

8 基于温湿度的台区负荷预测系统，助力营商环境优化

项目实施单位：国网山东信通公司

项目实施人员：张闻彬　严　莉　汤琳琳　王高洲　潘法定　呼海林

一、项目概况

电力行业是关系到国民生计的基础产业，对国家安全、社会稳定和人民生活都有重要的影响。随着我国电力行业的不断发展和电网管理的现代化，准确的电力负荷预测对电力系统的诸多部门都有着重要的作用。相较于其他能源，电力能源的最大特点就是难以进行直接大量储存，其生产、输送、分配及消费的过程几乎是同时进行的，这就意味着发电侧输出电量应该与用户侧负荷变动随时保持动态平衡的关系，因此准确的负荷预测是保证电力系统安全稳定运行的前提。

在"保民生、保稳定"的发展背景下，国网山东信通公司运用大数据、人工智能等技术深入挖掘电力负荷与温湿度、时间、地区等数据的潜在关系，构建负荷预测模型，实现电网空调负荷"小时级"精准预测，可有效辅助营销人员开展台区容量调整，降低变压器的过负载风险，支撑电力的平稳有序供应，为居民用电安全提供有力保障。

电力负荷预测按时间可分为中长期负荷预测和短期负荷预测。其中，中长期负荷预测是指未来几年或几十年的负荷预测，主要是电网改造和扩建的远景规划；而短期负荷预测则是对日负荷或周负荷进行预测，主要用于经济调度和电力系统的安全评估，是保障居民用电安全稳定的重要辅助手段，对短期居民负荷，尤其是其中的空调负荷进行精准预测显得尤为重要。

二、思路创新

(一) 主动识别问题，保障居民用电安全

由于电网的安全稳定供应是保障社会民生的重要一环，国网山东信通公司积极开展前期项目需求调研工作，识别到电力系统的不稳定性会直接影响社会的正常生产和生活，因此研发台区负荷预测系统。成功研发该系统不仅可以经济合理地安排电网内部发电机组的启停，减少不必要的旋转储备容量，合理安排机组检修计划，还可以保障居民用电安全。

(二) 创新驱动技术，精准打造预测模型

本项目充分利用大数据、人工智能等先进技术，创新性地采用 LightGBM（基于决策树，并且具有快速、分布式、高性能特点的梯度提升框架）和 GRU（门控循环单元）模型融合方法对输入数据进行训练，结合 GRU 良好的时序预测能力与 LightGBM 非线性数据的高效处理，创造 1+1>2 的融合效果，实现电网空调负荷可靠预测。

(三) 发挥资源优势，形成解决问题合力

国网山东信通公司充分发挥内部的资源优势，运用 XGboost（极致梯度提升）算法综合分析有关电网空调负荷的数十种指标，从中选取温湿度和节假日作为电网空调负荷关键影响要素。同时，在用电负荷预测展示模块增加实际负荷值与预测负荷值的对比，通过折线图的方式清晰展现每一个整点时刻具体的负荷情况，不仅可以帮助一线人员准确掌握负荷预测的精准度，也有效提升了结果的说服力。

三、实施举措

(一) 开展需求调研，明确问题和目标

本项目前期，国网山东信通公司就负荷预测需求进行沟通，在明确各方需求的基础上，深入了解负荷预测在营销领域落地应用流程，分析项目开展过程中的各类

问题，讨论功能模块开发的逻辑性与可行性。同时，针对电力负荷预测相关工作开展技术储备，通过阅读国内外文献，掌握负荷预测技术的最新方法，熟悉系统开发的全过程管控。通过开展需求调研，公司明确了亟待解决的问题，在满足利益相关方需求的基础上，制订助力电力系统安全平稳运行的总体目标。

（二）研究产品算法，完成设计和开发

依据需求调研获取的信息，公司与营销部开展负荷预测方法研究与原型系统界面设计。充分利用大数据、人工智能等方式，完成预定模块的开发。经过算法选型、核心技术论证、系统联调测试等相关工作，完成电网负荷预测系统展示页面开发设计。通过一系列的数据分析、调研结果整合及技术攻关等研究工作，最终实现产研转化的全流程。

（三）结合相关数据，进行产品的优化

电网负荷预测系统设计和开发完成后，对全省试点台区开展预测模型训练工作。公司在山东范围内选取试点，开展电网负荷预测系统的准确率验证。通过收集负荷预测的准确率数据情况，评估模型的有效性，并根据负荷预测结果制订改进优化方案，不断进行算法的迭代升级，完成产品的优化。

（四）优化用户体验，进行市场化推广

完成产研转化与产品优化后，国网山东信通公司吸取过程中的经验教训，充分发挥产品的优势，持续优化用户使用体验，积极面向社会开展一系列的产品推介活动。公司逐步扩大本产品算法模型的应用领域，覆盖金融、交通、能源、水文等。具体的应用方式不仅有交通工具的轨迹预测，还有城市天然气负荷预测等。为了更好地服务社会、满足利益相关方的需求，公司稳步开展电网负荷预测系统的市场化应用，助力产品发挥更大的社会价值。

（五）实现精准预测，创造产品的价值

国网山东信通公司基于提高电力系统平稳有序供应的要求和期望，充分利用大

数据、人工智能等先进技术，研发电力负荷预测模型，实现了电网空调负荷"小时级"精准预测。在市场化推广的过程中，达到了良好的实践成效，给电网规划的合理性、电网运行的安全性和供需平衡的经济性都带来显著提升。不仅降低了由于电力供应紧张而导致的重大事故发生的风险，也提升了电力系统的安全稳定有序供应，充分发挥了预测系统的优势。

四、项目成效

（一）保障电力平稳运行，带来社会效益

本项目针对电网空调负荷预测问题，在需求调研的基础上，结合大数据、人工智能等先进技术，构建了一种基于 LightGBM 和 GRU 混合模型的预测方法。通过综合分析温湿度、节假日、重大活动等各类影响因素，融合多模型的优势特点，本项目实现电网空调负荷小时级别精准预测，并获得良好的实践成效。与此同时，本项目辅助一线运维人员及时识别负载值超过 80% 最大容量的高负载台区，最大限度降低了高负载台区的风险隐患。不仅保障居民高峰时段的有序用电，还有效支撑电力平稳有序供应。

（二）模型应用领域广泛，具有推广价值

此外，在电力系统外部，本项目所建立的模型普适性较强、性能表现优异，可轻松迁移至各类的任务场景中。公司通过一系列的市场化推广和产品推介活动，将本项目的应用范围覆盖到金融、交通、能源、自然等领域。例如，应用于预测银行客户违约概率、预测高峰时段交通拥堵程度、预测汛期河道水位变化等。由于本项目的模型使用便捷，操作流程简单易上手，仅需要用户提供历史数据即可完成整个训练流程，因此具有良好的应用前景和推广价值。

9 做社区"掌灯人" 让广场炫起来

项目实施单位：国网夏津县供电公司
项目实施人员：尹栋国　李海涛　李以亮　李　磊　王鹏山　冯庆林

一、项目概况

近年来，随着农村生活水平的不断提高，农村居民对文化、体育生活产生了更高的需求。广场舞作为我国现如今最受人们喜爱的自发性民间体育活动，在我国农村悄然兴起，深受农村居民青睐；参与广场舞可以强身健体、缓解压力，对提高农民生活幸福感有着重要的意义。但是2018—2020年三年间，国网夏津县供电公司接到涉及广场路灯的咨询、报修、投诉电话达到41件，仅黄河故道森林公园周围11个村庄就达29次，活动现场照明问题已严重影响了居民的娱乐生活。对此，国网夏津县供电公司选择毗邻黄河故道森林公园的前屯村为试点开展了社区"掌灯"社会责任根植项目，国网夏津县供电公司负责投资照明设备、音响设备，村委社区负责协同管理，切实解决了广场停电、路灯"失明"、闪烁等问题，凸显供电公司立足群众、服务社区、为民惠民的价值所在。

二、思路创新

为解决广场舞文化活动易出现的路灯闪烁、"失明"等照明问题，项目实施中国网夏津县供电公司进行了两点思路创新。

（一）开展走访调研，了解各方诉求和基础信息

为更好赢得各方支持，国网夏津县供电公司开展村委社区、当地居民等利益相关方走访调研，了解利益相关方的心声和诉求（见表2-14）。基于调研基础信息，了解各方优势和需求，深入分析各方可供资源和可获利益。通过结合利益相关方合作的意愿与资源优势，寻找可合作的方式，为广场舞活动解决照明、音响设备问题，切实解决人民群众的需求，体现企业负责的社会形象。

表2-14 国网夏津县供电公司利益相关方诉求与期望分析

序号	利益相关方	核心诉求	资源优势
1	供电公司	1. 减少投诉数量 2. 减少安全隐患 3. 获得人民群众的认可，建立良好的社会形象	1. 照明设备 2. 音响设备 3. 协调多方参与、信息沟通
2	政府	1. 人居环境改良 2. 促进社会和谐稳定	项目推广
3	村委会	1. 降低村委支出（路灯安装等） 2. 保障村民娱乐生活 3. 提高村民幸福指数	1. 设备运营管理 2. 供求信息交互
4	村民	1. 解决广场照明问题 2. 提供音响设备	1. 减少投诉 2. 支持供电公司工作
5	媒体	话题与关注	1. 新闻推广 2. 吸纳更多有需求的相关方参与

（二）厘清职责边界，共商合作发展

为确保项目的高效运转，国网夏津县供电公司厘清职责边界，建立主体清晰、权责明确的管理制度及工作体系，确保各个阶段及各项工作的有效开展。本项目立项后，国网夏津县供电公司党委高度重视，责成党建部、供电所与村委会对接，成立以供电公司、旅游小镇和前屯村村委会为主体的广场用电整治领导小组及工作小组。旅游小镇办公室干部、供电公司台区经理与广场管理员（村委会推荐）对接，明确各方的工作分工，为确保项目的实施提供了组织保障。

三、实施举措

（一）多方联合检查，形成闭环管理

由于前屯村广场附近路灯设施及线路老化，存有一定的安全隐患，项目实施前需开展一次彻底的普查整改活动。对此旅游小镇及前屯村村委会高度重视，派遣专人多次与供电公司人员接洽，商议隐患排查治理事项；为保证检查、整改工作的有序开展，工作小组协商共同制定整改检查工作方案，明确检查内容和责任分工，落实责任，使大家充分认识到开展整改检查工作的重要意义，提高做好工作的自觉性和责任感。联合检查后，检查人员对发现的问题提出整改意见，并按产权归属进行整改，检查中做到重点明确、分工到位。为推进设施检查整改工作的高效、规范有序进行，在检查整改阶段工作人员把检查问题、纠偏整改、加强监管有机地衔接起来，协调推进，形成了闭环科学的工作模式。

（二）超前主动服务，获得群众认可

为了给广大广场舞爱好者提供一个舒适的场地环境，旅游小镇及村委会积极与供电公司配合，联合开展现场勘查，就社区广场路灯、亮度距离进行测量。经过实地勘测确定了加装照明灯具的方案，按计划进行了安装。同时，供电公司人员利用专业优势对目前线路设备存在的问题进行整治整改，更换老化的灯杆、灯头。项目完工后社区群众纷纷表示供电公司切实解决了群众困难，提高了老百姓的生活质量，得到了社区老年群众的一致好评。

（三）研发智能化便民多用一体箱，降低安全隐患

当地广场舞活动大多没有专项的投资计划，音响线路私拉乱接现象严重，存在很大的安全隐患。为促进社会和谐发展，供电公司主动承担社会责任，研制了一种智能化便民多用一体箱，并获得了国家知识产权。该一体箱体采用耐腐蚀、耐高温绝缘材料制成，组合了无线上网及音响功能；该设备能规范音响等设备安全运行环境，同时实现手机客户端与音响设备无线控制，很好地解决了广场舞参与者携带音响器材的困难及安装接电工作中的触电隐患，可从根本上降低安全事故发生概率。

（四）健全管理制度，消除安全隐患

用电设施投运以后，受众群体主要是一些老年人群。对这些老年人来说电力操作存在一定的危险性，因此建设专门的用电管理制度、安排专门的用电管理人员极为重要。旅游小镇办公室及前屯村村委会与供电公司沟通后制定了广场用电管理制度（见图2-24）。制度中明确了将广场周围路灯、配电箱等设施纳入台区巡视范围，管理人员一经发现灯具闪烁、"失明"等问题要立即告知台区经理，采取更换或维修等处置措施，消除存在的隐患及缺陷。

前屯村广场安全用电管理制度

为了加强电能的安全管理，防止意外事故发生，确保安全用电，特制定本制度：

第一条 按照供电公司与前屯村委员会协商，由前屯村村民王昌华为广场用电管理人员，负责广场电力设施的巡视。

第二条 前屯村台区管理人员张鹏协助做好设备维护维修工作，且必须经过专业培训，考试合格后，才能上岗。

第三条 广场周围路灯、音箱配电箱纳入台区巡视范围。

第四条 广场管理员发现灯具闪烁，告知台区经理联合检查，或更换，或维修联合处置。

第五条 一切电器设备必须接地可靠，保护装置由设备处每季检查一次，并做好检查记录。

第六条 经常接触和使用的配电箱、配电板、按钮开关、插座及导线等，必须保持完好、安全，不得有破损或将带电部分裸露出来。

第七条 操作电气装置应熟悉其性能和使用方法，不得随意开动电源装置，严禁在电源装置上放置物件。

图2-24　广场用电管理制度

（五）联合各方力量，促进项目推广

由于前屯村毗邻黄河故道森林公园，影响比较大，且该村经济基础较好，因此国网夏津县供电公司选择前屯村作为试点开展社区"掌灯"社会责任根植项目。本项目实施取得成效后由供电公司、县政府联合开展全面推广工作，由县一级单位推广至乡镇一级，由乡镇一级推广至村庄小区一级，逐级向下推广。通过组织专题报告会、在微信公众号发布专项报道、邀请媒体对公司社会责任履责进行专题报道等方式，进一步扩大公司的影响范围，树立公司负责任的品牌形象。

四、项目成效

广场舞作为一项群众文化活动，经过几年的发展已逐渐成为我国文化建设的重要内容。其具有广泛参与性，形式多样化，极大地丰富了群众的文化生活，不仅使人们保持了良好的精神状态，而且对推动社会文化的前进与发展发挥着至关重要的作用。前屯村项目实施以来，国网夏津县供电公司聚焦农村广场停电、路灯"失明"、闪烁等问题，为当地提供照明设备、音响设备，为广大群众的广场舞活动提供了基本保障，促进全民健身发展，提高了农民的幸福感，促进了社会和谐发展。国网夏津县供电公司用行动诠释了"为美好生活赋能，为美丽家乡充电"的实际内含，凸显了国家电网立足群众、服务社区、为民惠民的价值所在，使"人民电业为人民"的企业形象更加深入人心。

10 "四化"模式推进"阳光业扩"全流程管控

项目实施单位： 国网山东省电力公司营销服务中心
项目实施人员： 刘勇超　张　涛　程婷婷　李文芳　张亚萍　刘宏国
　　　　　　　　景　莉　张佳云　田　晓　张　帝

一、项目概况

随着电力体制改革的不断深入，电力市场化不断成熟，电力营商环境逐步成为用户关注的重点、社会议论的焦点和政府关注的热点问题。业扩报装问题既直接关系到用户的利益，也关系到电网安全生产稳定运行及电力企业自身的社会形象。

2020年，国家发展改革委、国家能源局下发《国家发展改革委　国家能源局关于全面提升"获得电力"服务水平　持续优化用电营商环境的意见》，国家电网有限公司先后印发《打造国际领先电力营商环境三年工作方案》和《2021年优化电力营商环境"深化创新年"活动方案》，省公司下发《关于全面推广"阳光业扩"服务持续提升"获得电力"水平的实施意见》，要求全面推广用电报装全流程线上办理，实现"线上业务申请、信息线上流转、进度线上查询、服务线上评价"，不断提升客户"获得电力"便利度和服务体验。省公司"两会"2021年重点工作要求创新"阳光业扩"全景式透明化管控模式，提升报装接电效率。

国网山东省电力公司营销服务中心（以下简称营销服务中心）深入贯彻国网公司、省公司决策部署，全面落实"阳光业扩"服务有关工作要求，将社会责任理念融入专业工作，打造便利化、透明化、标准化、规范化的"阳光业扩"服务新模式。政企协同联动让办电更省时，应用智能技术让办电更省心，优化供电方案让办电更省钱。

二、思路创新

（一）引入利益相关方管理

"阳光业扩"服务涉及政府部门、企业客户、居民用户等多个利益相关方，营销服务中心通过引入利益相关方管理理念，充分考虑"阳光业扩"各利益相关方诉求和资源优势，突破传统工作模式，不断提升业扩服务品质，提高客户满意度。

（二）打造线上聚合式管理模式

营销服务中心积极推动业扩流程重构线上流转，以"标准作业、问题导向、实时监督、闭环整改"为指导，全面梳理业扩报装全流程、全环节、全要素监督管控措施，推动跨专业系统流程互联互通、资源数据共享共用，"阳光业扩"功能深化应用，实现业扩流程从各专业发起的线下离散式传统模式，向工单驱动的线上聚合式管理模式转变。

（三）力争各有所成，创造多元综合价值

通过构建便利化、透明化、标准化、规范化的办电模式，公司积极为当地政府、企业客户、居民用户等利益相关方平衡和创造多元价值（见图2-25）。对居民用户，通过网上办、零证（一证）办提升办电便利度，精简便捷办电服务，提升客户办电体验。对企业客户，通过政企信息互联互通，将"阳光业扩"服务向前延伸，主动获取企业客户需求，为客户订制科学供电方案。对政府部门，通过政企协同联动，提高行政审批效率，持续提升群众满意度。

三、实施举措

营销服务中心以"标准作业、问题导向、实时监督、闭环整改"为指导，按照事前、事中、事后对业扩报装全流程、全环节、全要素开展监督管控，持续推动"阳光业扩"功能深化应用，不断提升客户服务效率和满意度。

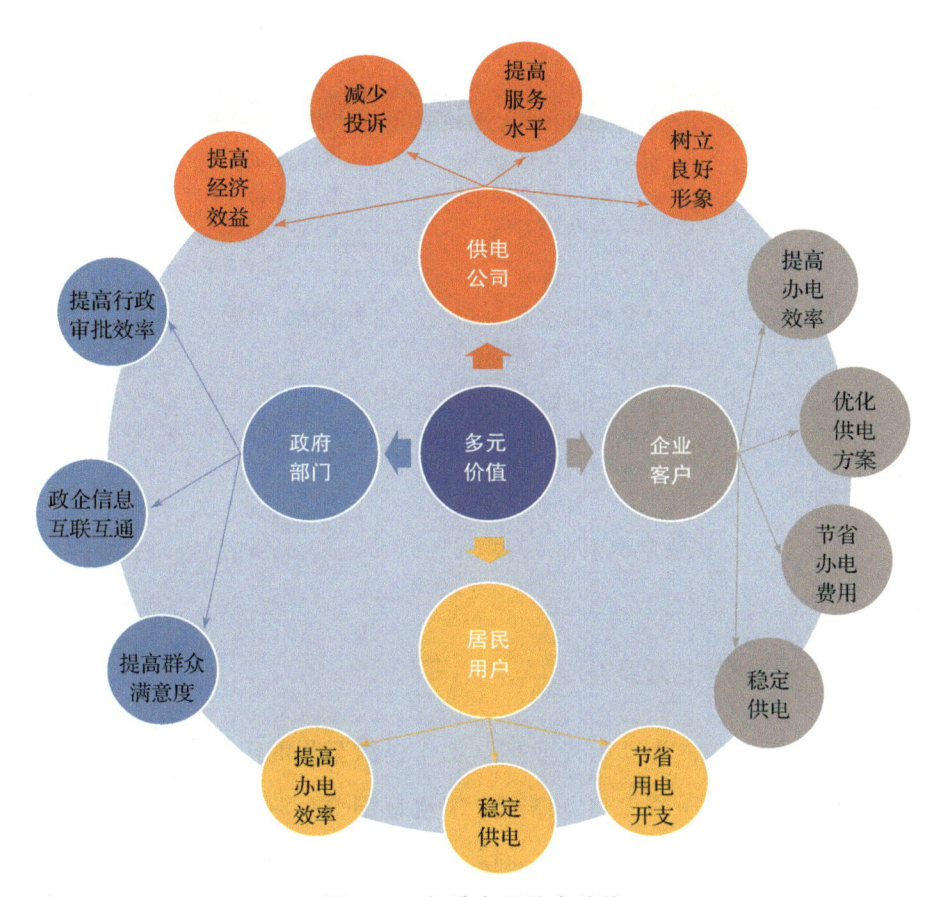

图 2-25 打造多元综合价值

（一）开展走访调研，精准掌握各方诉求

自"阳光业扩"服务新模式实施以来，营销服务中心以客户满意为目标，通过电话抽访、问卷调查、走访客户等方式，面向政府部门、企业客户、居民用户等利益相关方深入开展调研，了解各利益相关方的核心诉求和资源优势（见表2-15），以客户为中心，提升业扩服务品质，不断提高客户满意度。

表 2-15 国网山东省电力公司营销服务中心利益相关方诉求与期望分析

序号	利益相关方	核心诉求	资源优势
1	供电公司	1. 减少投诉数量 2. 提高服务水平 3. 提高经济效益 4. 建立良好的社会形象	1. 优质的办电服务 2. 科学的供电方案 3. 协调多方参与、信息沟通

续表

序号	利益相关方	核心诉求	资源优势
2	政府部门	1. 提高行政审批效率 2. 政企信息互联互通 3. 提高群众满意度	1. 区域规划 2. 政策支持 3. 企业项目信息
3	企业客户	1. 提高办电效率 2. 优化供电方案 3. 提高供电可靠性	企业项目资源
4	居民用户	1. 提高办电效率 2. 节省用电开支 3. 提高供电可靠性	1. 减少投诉 2. 支持供电公司工作
5	媒体	话题与关注	1. 新闻推广 2. 吸纳更多有需求的利益相关方参与

（二）组织机制建设常态化，实现精准推动

通过优化组织架构，为"阳光业扩"工作提供坚强的组织保障。营销服务中心设立了专门机构负责"获得电力"稽查，组建营销稽查监控中心和稽查班组，全面支撑"阳光业扩"全过程管控工作。创新建立"阳光业扩"全流程管控工作机制，充分发挥协调督办、监控预警职能，应用系统监控、电话回访、现场检查等方式，准确分析、督导整改业务流程、功能应用中存在的问题，确保政策执行到位、功能应用到位、服务规范到位，助力传统线下服务向线上服务模式转变。

（三）回访话术编制规范化，实现精准服务

通过优化回访话术，不断提升服务水平。营销服务中心建立了业扩报装跟踪回访机制，创新供电方案答复、竣工报验、送（停）电管理"三段式"回访管控模式，优化回访话术，努力实现服务"零投诉"，全面增强客户用电获得感和幸福感。通过全面实施优化营商环境专项稽查，持续开展业扩报装不规范行为专项核查，对高低压新装、增容及超短工单开展日核查，深入挖掘线下存在的不规范问题，强化业扩监控力度，持续优化电力营商环境。

（四）业扩流程协同线上化，实现精准管控

完善营销业务质量管控平台和营销服务行为规范管控平台功能，定期开展迭代升级，监督业扩全流程各环节、各专业工作开展情况，对各环节工单处理情况实时预警、告警。全面梳理分析业扩全流程环节、时限、数据获取、配套工程等全景信息，编制《"阳光业扩"全流程管控工作方案》，建立线上流转异常监控机制，精准实施预警督办和风险防控。每月编制《阳光业扩全流程管控月报》，对电网资源信息可视化、供电方案辅助编制、办电 e 助手、"一链办理"等功能应用进行分析，提出工作建议，助力"阳光业扩"服务深化应用。

（五）规章制度建设同步化，实现精准支撑

通过健全规章制度，不断提升管理效能。营销服务中心制定了《"阳光业扩"全流程管控实施细则》，明确了"阳光业扩"工作要求和管控措施，针对每月的管控情况，营销服务中心编制并发布"阳光业扩"全流程管控月报，督导各单位整改提升；营销服务中心制定了新建住宅小区供配电设施报装管理十项措施，建立居配工程"一户一档"管理模式，规范新建住宅小区供配电设施报装流程，保障新建住宅小区供配电设施质量、进度和供配电设施安全、优质、经济运行；营销服务中心制定了供电服务提级管控"五项措施"，通过日调度、周通报督导迎评任务落实情况，助力公司营商环境迎评工作，助力全省"获得电力"指标排名保持全国前列。

四、项目成效

（一）业扩报装实现全程线上管控

"阳光业扩"全流程可视化服务上线后，提升了业扩服务水平，强化了专业协同，推动了电网资源信息融合共享，督促服务信息主动公开，保障客户办电过程知情权。

营销服务中心每天对全省 6000 余件在途高压业扩工单全流程开展线上管控。每日开展阳光服务监督云平台视频监控，监控现场服务与系统环节同步流转，有效

管控体外流转、服务不规范等风险问题。

（二）营商环境突出问题靶向治理

营销服务中心优化线上服务理念及服务方式，由事后评价向全流程管控转变，避免了过度服务及重复工作，有效提升管理效率。常态开展供电服务明察暗访、营商环境专项检查，对全省全覆盖开展"三指定"专项治理暨"获得电力"服务现场检查，查出督办问题 148 件，深化公司电力营商环境整治提升。聚焦客户受电工程"三指定"、不规范收费等突出问题，实施优化电力营商环境专项稽查，合理制定稽查规则，增设 40 余项稽查主题，强化问题监控精准性及联防联治闭环管控，累计稽查督办问题 2453 件。

（三）电力客户办电感知全面提升

营销服务中心通过网上办、零证（一证）办提升办电便利度，精简便捷办电服务，提升客户办电体验。通过办电 e 助手为客户提供"一对一"服务，精准定位客户需求，搜集客户评价反馈，促进业扩服务更加迎合电力客户的"口味"。客户办电效率显著提升。

三 社会责任根植 助力绿色发展

1 "电力+环保"监测系统 让黄河流域生态保护更精准

项目实施单位：国网东营供电公司

项目实施人员：王同同 马春玲 章 胜 张 冲 马传国 孙 翼 党秀娟

一、项目概况

2019年9月，黄河流域生态保护和高质量发展上升为重大国家战略；2021年11月，国家电网公司与生态环境部签订战略合作协议，提出对黄河流域等重要水系周边污染企业进行用电监测。山东省东营市作为黄河入海和石油石化之城，化工企业占全市企业的80%以上，防污减排任务艰巨。生态环境部门在执法监督中大多只运用大气、水体、企业等污染治理环境数据，缺乏企业用电数据的融合，现场执法跑空率大、耗时多、成本高；在重污染天气、国家重大活动等特殊应急减排时期，对所管辖区域内污染企业停限产及错峰生产执行情况不能及时掌握，传统人工收集数据时效性差，执法效率急需提升。

国网东营供电公司坚持问题导向、需求导向，联合生态环境部门、大数据中心等部门，依托东营市能源大数据中心，联合建设"电力+环保"黄河流域污染防治监测系统（黄河卫士平台监测场景），将污染企业用电数据与环境质量、水体监测、大气监测等防污治理监测数据深度融合，构建企业"用电活跃度"分析模型和"违规生产""污染物排放超标""用电激增"三类监测预警模型，实现对黄河流域6500余家污染企业的全天候动态监测预警。自2021年6月建成投运以来，累计预警180余次，有效协助生态环境部门及时精准掌握黄河流域企业用电水平和违规生产等行为，对污染企业识别定位准确率在 85% 以上，节省了人力和管理成本约 300 万元。目前，已在河南、甘肃省份部署推广，正逐步向全国沿黄河流域其他 6 省份推广，投运后预计将降低政府管理成本 4000 万元。

二、思路创新

（一）识别诉求，达成合作共识

充分利用利益相关方理念，通过开展项目调研、召开交流座谈会、实地走访等形式，识别相关方诉求，了解各方资源优势（见图 3-1）。实施政企联动，与需求方生态环境部门达成战略合作共识；联合企业数据提供方山东省大数据局，汇聚行业数据，实现能源电力数据与行业数据的互联互通、高效融合；公司作为电力数据提供方和监测场景建设方，依托东营市能源大数据中心，组建电力大数据人才团队，创造大数据产品，深挖数据价值，对内赋能企业经营，对外赋能政府治理、经济预测、低碳转型，实现用户价值、群体价值、社会价值的提升。

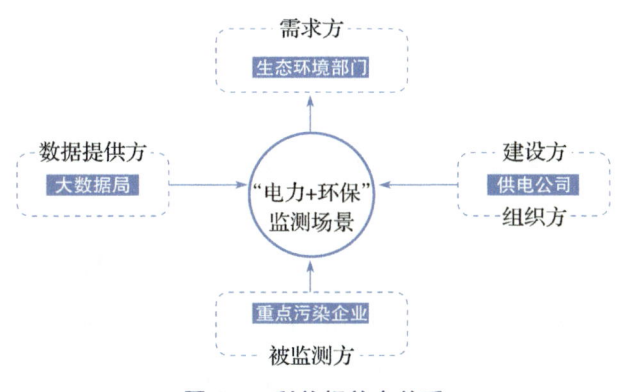

图 3-1 利益相关方关系

（二）厘清职责，推动数据整合

在明晰相关方资源、诉求的基础上，剖析环境治理中存在的问题，厘清职责边界。立足服务生态环境部门监测执法，取得环保方面政策支撑、涉污企业名单及相关数据获取授权；对接山东省大数据局，以能源大数据中心为平台，接入山东省黄河流域 6500 余家污染源企业数据、环保部门环境数据等，并开展用电、排污、运行状态等多维数据关联分析，搭建黄河流域污染监测场景，助力提升生态环境督查效率和环境治理力度，支撑黄河流域生态环境领域精细化管理与精准施策。

（三）精准预警，赋能污染防控

落实责任根植理念，保持与利益相关方沟通，打造覆盖面全、实时性强、精确度高的"电力+环保"黄河流域污染防治监测场景。构建基于多源数据的企业污染监测分析模型，依托模型分析结果构建涵盖异常分析、多渠道预警、联动排查、联合防治的多部门、全过程污染防控流程，实现高污染企业运行状态全天候监控，形成科学智能监测体系，及时发现污染企业违规生产排污情况和污染源分布情况，为政府科学决策提供依据。

三、实施举措

（一）联合调研黄河流域污染及治理现状

成立黄河流域污染防治监测专项业务工作团队，团队人员由省市生态环境部门人员和供电公司人员组成，共计 10 余人，先后调研对接累计达 20 余次，汇集融合形成了省市县多层级、多地市的纵横型现状调研成果。

（1）黄河流域生态环境现状。山东既是经济大省又是黄河入海省份，同时占据着黄河入海口及黄河三角洲开发建设的重要地位，防污减排任务更为艰巨。近年来随着山东省经济的快速发展及胜利油田的深度开发，黄河流域生态环境污染情况逐年加重，造成该状况的主要原因有两种：一是山东地处黄河下游，作为黄河入海省份，其区域内过境河流多，外来污水污染严重，水质污染连年给沿河地区工农业生产造成重大经济损失；二是自身污染突出，黄河沿岸的能源、重化工、有色金属、造纸等高污染企业林立，且工业企业体量大、产量大，造成"三废（废水、废气、危险废物）"的排放量一直居高不下，直接危及黄河流域及近海海域的生态环境和附近百姓的饮水安全。

（2）黄河流域污染监测和治理现状。当前，污染治理措施的数字信息智能化水平不足，严重影响污染监测与管理能力，其中最突出的问题便在于缺少对电力大数据规模性、关联性等特征的掌握，导致对污染情况的分析不精准、监控能力不全面、治理问题不够有效。例如，缺少对高污染、高排放企业的实时监控，在停产、限产期间易出现违规生产的现象；对排污与污染监测设备的运行情况监控不力，易出现污染物偷排、超排现象；对区域内污染情况的监控缺少更为全面、直观的信息呈现，各相关部门之间污染信息的共享与沟通渠道低效单一，使得监管机构无法系统性、科学性地分析与掌握各行业各区域的污染情况，治理决策易出现"一刀切"的现象，执法机构与企业本身不能迅速有效地采取应对措施，抗风险能力与执行能力不高。

（二）识别利益相关方，明确各主体责任

积极对接沟通生态环境部门、山东省大数据局专家，梳理识别项目关键利益相关方，了解各方诉求及资源优势（见表3-1）。通过线上线下定期召开合作联席会议，并通过微信群等形式，及时互通信息，研究确定合作计划，落实合作目标，开展技术研讨，协调解决工作推进过程中出现的重点、难点问题，共同推动项目实施，实现互利共赢目标。

表 3-1 国网东营供电公司利益相关方分析

序号	利益相关方	核心诉求	资源优势
1	供电公司	1. 挖掘数据价值，拓展电力数据增值服务，为开展监管及执法提供辅助支持 2. 打造电力服务"黄河大保护"的大数据成果，彰显央企责任	1. 掌握企业用电数据、拥有大数据分析应用人才 2. 提供企业监测预警模型
2	生态环境部门	通过数字赋能，提升污染监测治理智能化水平，提高执法精准性，降低人财物成本	1. 掌握应急减排政策措施 2. 污染监测等数据获取的授权
3	山东省大数据局	以数据推动高效能治理，助力全省数字化转型	拥有公共服务数据
4	重点污染企业	适应高质量发展需求，建立企业污染防治的长效机制，规范减少污染物排放，降低碳排放	提供企业排污数据
5	黄河流域人民群众	黄河流域生态环境向好发展，绿色生态宜居的环境	感知生态环境态势

（三）汇聚多维数据，构建"电力+环保"动态监测场景

1. 汇集多元数据，构建分布地图

从生态环境部门获取 6500 余家污染企业清单，以及 2020 年以来应急减排政策等数据；从山东省大数据资源共享平台获取污染企业法人、规模、经纬度位置数据，以及 2020 年以来企业排污等数据；从省公司数据中台获取污染企业行业分类、用电量等数据；从能源大数据中心获取企业用能数据。截至目前，汇聚 2000 多万条数据，为监测分析预警提供数据支撑。以黄河走向为主线，对周边 20 千米范围内重点污染企业构建"五位数据一体"的 GIS（空间信息系统）分布地图，实现多元数据的深度融合应用和一图呈现。

2. 依托共享平台，构建预警模型

对结构不同且来自不同数据源的多维数据，深度挖掘潜在关系，构建基于大数据的决策引擎，实现多维信息的在线监测与融合，高效率地完成黄河流域污染企业多维电力数据和污染防治数据的在线监测与处理。运用大数据挖掘分析方法，构建了企业"用电活跃度"分析模型及"违规生产""污染物排放超标"和"用电激增"三类监测预警模型。"用电活跃度"协助生态环境部门精准掌握流域企业用电水平；三类监测预警辅助生态环境部门及时有效掌握企业违规生产、排污超标、超负荷生产等异常行为，助力精准治理。

（四）监测场景应用

监测场景应用以来，累计预警 180 余次，实现了生态环境部门对污染企业的快速精准执法，提升了环境治理数字化、智能化水平，也降低了生态环境部门执法跑空率，缩小了排查范围，节省了人力和管理成本。

典型案例 1

企业"用电活跃度"应用典型案例：企业用电活跃度指数，辅助生态环境部门及时掌握企业用电水平

2021 年 3 月 12 日，监测场景显示山东某石化集团有限公司着色信息为橙色，

表明企业用电为高活跃度，用电活跃度约为 1.08（见图 3-2）。按照生态环境部门停限产管控要求，3 月中旬该企业处于限产管控状态，其企业用电活跃度应低于往期水平，而实际企业用电水平反而升高，可辅助生态环境部门对该企业重点核查。同时浮窗信息融入生态环境部门网格化管理数据，方便快速获取流域网格管理单位及负责人信息。

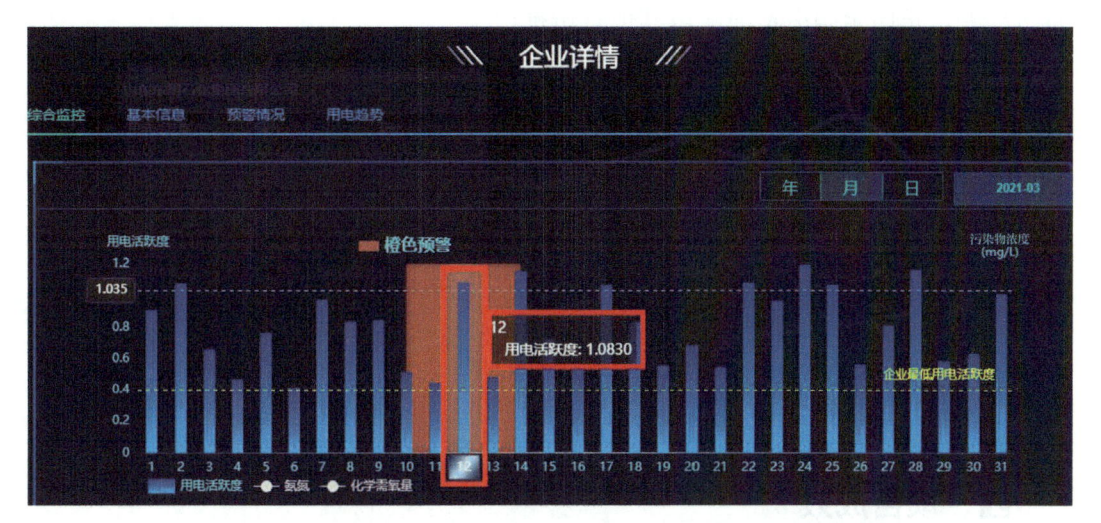

图 3-2　山东某石化集团有限公司 3 月 12 日"用电活跃度"指数

典型案例 2

企业"违规生产预警"案例：企业违规生产预警，辅助生态环境部门精准现场执法

2021 年 6 月 11 日，监测场景报出山东某食品有限公司"违规生产"预警信息。生态环境部门要求这家企业于 6 月全月执行停产整顿。用电曲线显示，6 月 1 日至 10 日用电量处于最低用电水平以下，企业处于停产状态；但 6 月 11 日企业用电量高出最低用电量，根据预警规则判定该企业疑似违规生产。后经生态环境部门现场核查，该企业确属违规生产且违规时间与预警信息一致，并责令企业继续停产整顿。

（五）监测场景的推广应用

本项目强有力赋能黄河流域生态保护和高质量发展、服务"碳达峰、碳中和"等重大国家战略落地实施，在全国干支流水系周边地区具有重要的推广价值和意义，得到生态环境部门的高度认可，纳入省部委日常监测。目前，已在河南、甘肃省份部署，正向全国沿黄河流域其他省份推广中。

（六）宣传推广

本项目获得山东省生态环境厅高度认可和国网公司充分肯定，并发来感谢信和表扬信，被山东省政府列入大数据创新应用突破行动，获得2021年度山东省大数据创新应用优秀典型案例、2021年度国网公司大数据应用优秀成果案例。《人民日报》《国家电网报》等媒体报道其特色做法。1篇研究论文在国家级刊物《电子世界》上发表，并申请获得国家专利。

四、项目成效

（一）黄河流域生态保护更有效

黄河卫士平台监测场景应用以来，实现了对山东省沿黄河流域6500余家污染企业的全天候实时监测，以更为直观的信息呈现方式全面掌握了企业排污与污染监测设备的运行情况，避免出现污染物偷排、超排现象，有效提升了水资源质量，助力黄河流域生态保护。到2021年年底，东营市水环境改善幅度全省第一。

（二）政府部门环境执法更精准

与生态环境部门进行战略合作，构建"生态环境+电力大数据"合作新模式，实现了实时动态监测辖区内的企业排污情况及智能预警，同时依托大数据精准执法，识别定位准确率在85%以上，有效降低了生态环境部门执法跑空率、缩小排查范围。监测场景应用以来累计预警180余次。同时，监测场景将在全国进行推广应用，对沿黄河流域省份高污染企业进行监测，预计降低政府管理成本约4000万元。

(三) 企业节能减排效果更显著

通过构建用电量、排污数据等多维度关系图，科学分析企业客户用电、用能情况，针对企业行业特点，定制节能减排方案和电能替代方案，合理安排生产计划，推动建立企业污染防治的长效机制，实现污染物排放减少30%，碳排放降低20%，助力企业转型升级、共同服务"双碳"目标。

(四) 电网企业价值和企业形象实现"双提升"

依托公司能源大数据中心，汇聚整合电力、水体、大气、企业排污等数据，研发大数据产品，释放数据价值，探索出了一条实现数据变现的有效路径，打造了公司推动数字化转型、增创数据价值的典型案例。

建设黄河卫士平台"电力+环保"监测场景，不仅让国网东营供电公司的电力数据为经济社会发展赋能创造出更大的价值，也为国家电网公司落实服务黄河流域生态保护和高质量发展战略，建设"具有中国特色国际领先的能源互联网企业"的战略目标提供了落地实践的载体，彰显了供电公司主动与政府、企业等利益相关方深入合作、共享共赢的央企责任担当。

2 "碳中和"电力工作生态圈 探索市级供电公司"双碳"进程新路径

项目实施单位： 国网临沂供电公司
项目实施人员： 沈宏奇 李 彪 陈 玉 李中凯 魏 飞

一、项目概况

"双碳"目标是我国基于推动构建人类命运共同体的责任担当和实现可持续发展的内在要求而作出的重大战略决策。供电公司与"双碳"目标实现息息相关，从企业自身来看，节能减排、低碳工作是"双碳"目标的基本要求；从服务社会过程来看，提高清洁电力供应占比、减少电力输送过程损耗、助力新旧动能转化等工作，对实现"双碳"目标起到至关重要的作用。然而，当前"双碳"目标具体如何在供电公司全面落地并没有可供参考的经验，碳排放缺乏系统性的管理策略，员工尚未充分意识到供电公司的工作属性和"双碳"进程的密切关系，同时缺乏必要的引导措施及载体。如何让企业和员工充分认知，并参与到低碳实践中来，是实现"双碳"目标的关键。

公司引入社会责任根植理念，创新打造基于"碳中和"方式的电力工作生态圈。开展 2017—2021 年碳盘查，系统识别出与"双碳"目标相关的中环联合认证中心、国网新能源云、能源技术机构等关键利益相关方，从节能、减排、监督等方面制定并实施"碳中和"行动路径。创新定义员工（部门）工作质效和日常行为相结合的"碳中和"方式。创新"零碳先锋 App"，实现碳减排记录、"碳中和"计算、碳积分兑换、虚拟碳交易，实现生态圈运行全过程透明公开。2021 年 3 月—12 月，公司本部较上年同期减排二氧化碳 470 吨，同时助推线损率降低 0.2 个百分点、清洁电力占比提高 3 个百分点、设备重载减少 56 个百分点，有力推动了社会"双碳"进程。

二、思路创新

(一) 建设"电力工作生态圈"运行体系，实现全员全过程、全方位参与

立足"碳达峰、碳中和"、"30·60"双碳目标，提出基于"碳中和"方式的电力工作生态圈运行体系。生态圈纳入中环联合认证中心、国网新能源云、能源技术机构等关键利益相关方，以国网临沂供电公司本部为实施区域，以部门、员工低碳行为和工作创造减排行为抵消全年碳排放总量实现"碳中和"为方式，以"零碳先锋 App"全过程记录监督为手段，实现全员全过程、全方位参与的可持续发展的电力工作生态圈（见图 3-3）。

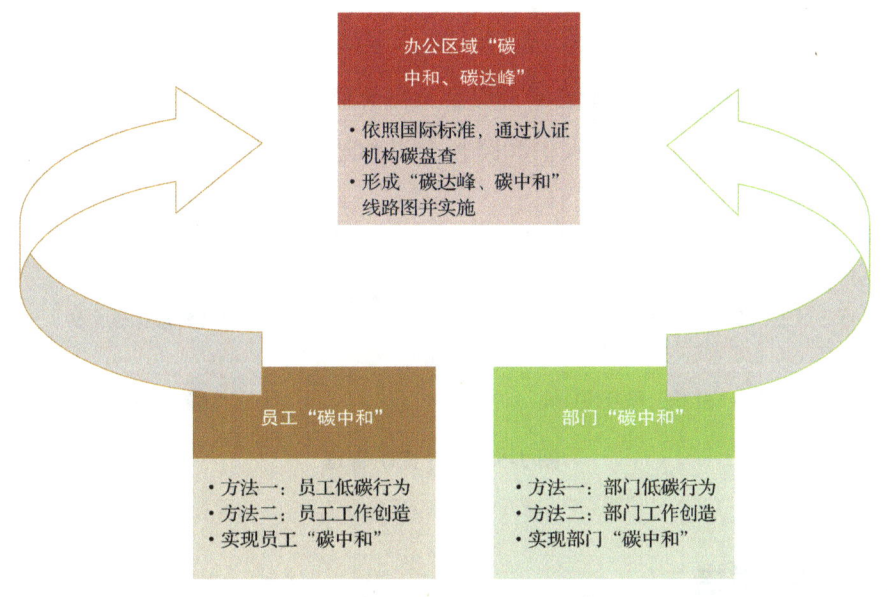

图 3-3 电力工作生态圈运行体系

(二) 调动多方资源，推动电力工作生态圈方案落地

与中环联合认证中心、国网新能源云、新奥数能、莱易信息、菲漫科技等权威机构联合，开展"碳达峰、碳中和"路径研究、碳排放监测、"碳中和"溯源等系列工作，共同助推基于"碳中和"方式的电力工作生态圈建设（见图 3-4）。

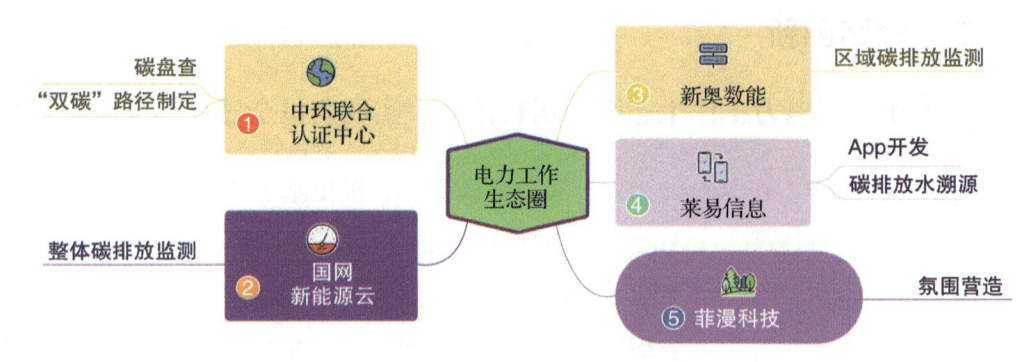

图 3-4　项目关键利益相关方及其合作范畴

（三）依托"零碳先锋 App"，实现电力工作生态圈运行透明公开

将碳排放实时监测、"双碳"路径实施、碳减排全过程溯源、虚拟碳交易等全过程纳入"零碳先锋 App"管理，实现全员可见碳中和进度及溯源记录，达到"电力工作生态圈"运行全过程、碳中和路径全过程透明公开的目的（见图 3-5）。

图 3-5　公开透明管理

三、实施举措

（一）找准问题、明确利益相关方、确定公司"双碳"实施方案

系统梳理公司在实现"双碳"目标方面存在的问题，找出解决方案，明确公司、部门、员工三个利益相关方，调动相关社会资源，最终确定公司"双碳"实施方案。

（二）"双碳"路径制定、实施

形成基于"碳中和"方式的电力工作生态圈首先要明确生态圈内碳排放情况，

并根据碳排放情况制定"碳达峰、碳中和"路径,做到有的放矢。公司委托权威认证机构(中环联合认证中心)对公司调度综合楼开展碳盘查,对调度综合楼开展近5年碳排放盘查,摸清历年碳排放总量及趋势。同时,制定"碳达峰、碳中和"路线图,指导公司未来节能措施及"碳中和"路径实施(见图3-6)。

存在问题
1. 碳排放强度不明
2. 碳排放构成不明
3. "碳中和"路径不明
4. 员工(部门)行动路径不明
5. 缺少氛围
6. 缺少节能措施
7. 无透明公开监督

解决方案
1. 开展碳盘查
2. 开展碳排放分类监测
3. 制定"碳中和"路径方案
4. 制定员工(部门)"碳中和"方案
5. 营造气氛
6. 部署综合能源节能措施
7. App全过程透明化监督

电力工作生态圈方案体系

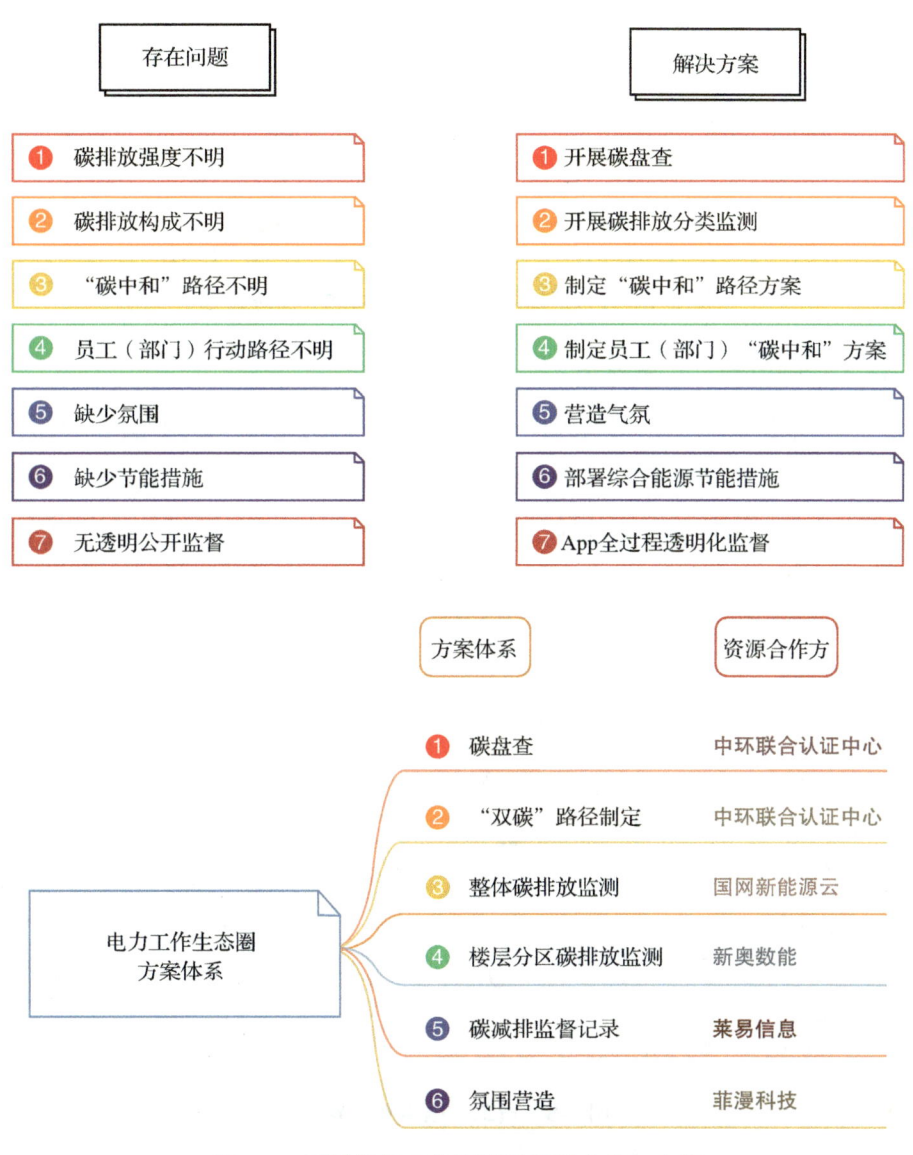

方案体系	资源合作方
1 碳盘查	中环联合认证中心
2 "双碳"路径制定	中环联合认证中心
3 整体碳排放监测	国网新能源云
4 楼层分区碳排放监测	新奥数能
5 碳减排监督记录	莱易信息
6 氛围营造	菲漫科技

图3-6 项目整体工作思路及相关方参与方案

（三）制定电力工作生态圈内"碳中和"实施路径

1. 办公区域"碳达峰、碳中和"实施路径

根据2021年上半年碳盘查结果，通过节能措施实施和签订绿电协议、植树等碳抵消方案，对2021年碳排放总额进行中和（见图3-7）。

图 3-7　办公区域"碳达峰、碳中和"实施路径

2. 员工"碳中和"实施路径

每年年初根据员工工作相关碳排放行为（上下班交通方式、电脑使用时间、垃圾排放、电梯使用）测定年度碳排放总额，依托"零碳先锋App"，对全年低碳行为进行记录、折算，扣减测定排放总额，通过可视化监督等手段促进实现全年员工"碳中和"（见图3-8）。

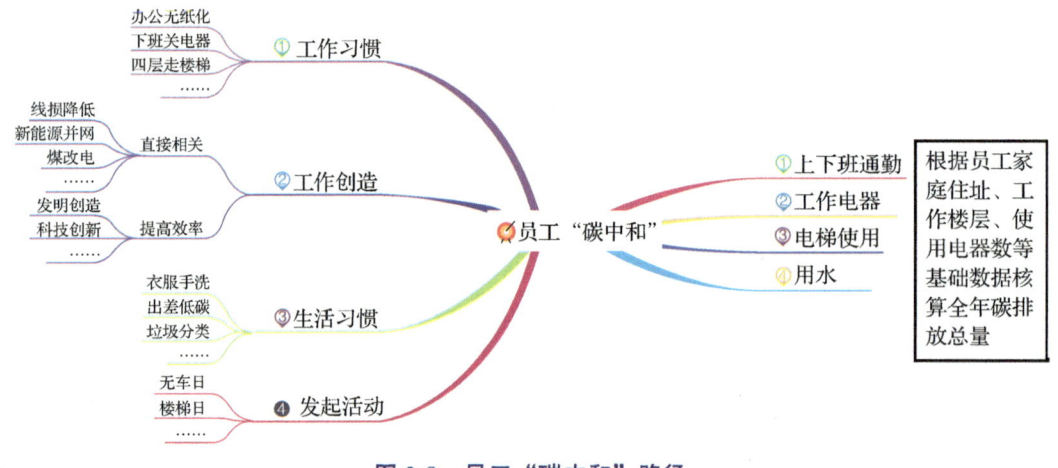

图 3-8　员工"碳中和"路径

3. 部门"碳中和"实施路径

每年年初根据部门相关碳排放行为（耗材定额、用电量、用水量等）测定年度

碳排放总额，依托"零碳先锋App"，对全年低碳行为进行记录、折算，扣减测定排放总额，通过可视化监督等手段促进实现全年部门"碳中和"（见图3-9）。

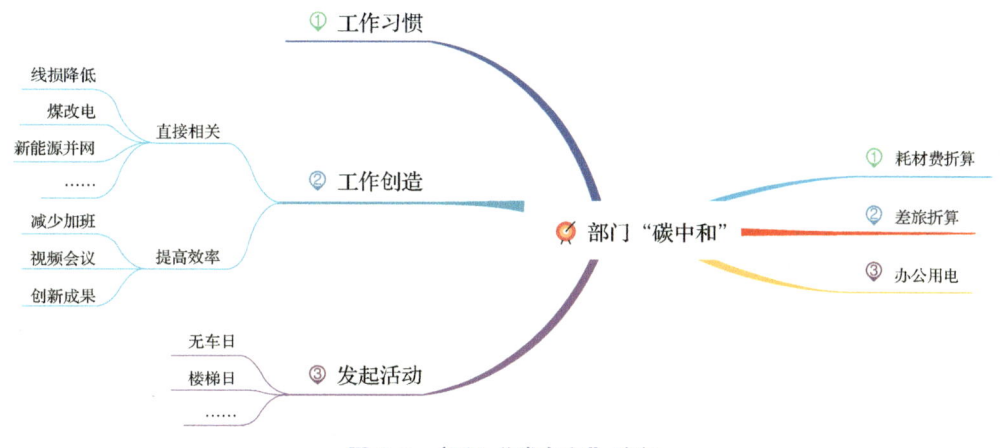

图 3-9 部门"碳中和"路径

（四）营造低碳减排氛围

电力工作生态圈打造离不开氛围营造，为促进公司员工形成低碳环保的工作习惯，时刻提醒低碳减排，公司联合菲漫科技制作了零碳先锋"2030、2060"形象VR（虚拟现实）和宣传图标（见图3-10），并在公司门厅张贴鼓励员工绿色出行，在电梯等候区、步行梯入口张贴鼓励员工多走楼梯，在工作区开关插座处张贴提醒节约用电等。

图 3-10 零碳先锋"2030、2060"形象图标

（五）联合权威机构开展碳排放监测

调研发现，公司领导、员工对公司能耗及引起的碳排放了解较少，思想上忽

159

视，为此公司与国网新能源云合作，针对公司碳排放情况进行了监测，并将排放情况同步至"零碳先锋App"，让大家在充分了解公司碳排放的情况下时刻提醒自己节能减排，低碳办公。

同时在10楼试点分区域碳排放监测，将楼层分为4个区域，通过安装电能监测、制冷制热监测、用水监测、垃圾称重设备实现能耗实时监测，促进各部门形成竞相节能减排的氛围。

（六）实施楼宇节能布置

公司调度综合楼冬季取暖、夏季降温采用中央空调方式，经调查发现经常出现房间（公共区域）温度设置不合理、下班忘记关闭等现象，大大增加了冬夏季电能消耗。公司布设中央温控系统，将房间（公共区域）温度控制纳入计算机人性化辅助控制，实现对各个房间（区域）的温度集中管控或网络远程监控，减少能源不必要的浪费。经安装前后对比，工作时间内电量降幅达15%，下班时间电量降幅达20%。

（七）开发"零碳先锋App"，支撑电力工作生态圈运行

开发部署"零碳先锋"（碳跟踪、碳交易）App，串联电力工作生态圈各项活动，实现部门、员工碳排放跟踪，数据实时录入、后台统一计算。设定部门、员工碳排放阈值，碳排放、碳减排行为（线损降低、生产工艺提高、绿色出行、节约用电等）折算系数，计算碳排放净值，并以此为依据开展"生态圈内的碳交易"活动。最终形成低碳工作生活常态化运行，打造基于"碳中和"生态圈内的内部碳交易平台。

工作创造折算碳排放审核机制说明："零碳先锋App"设置了工作创造折算碳排放审核机制，员工（部门）根据和碳排放相关的工作绩效，提出扣减年度碳排放总额申请（包含证明及减碳量），App自动将申请派送至10位大众评审，超过半数审核通过减排量计入；不通过的有一次修改证明机会，流程再次发起，通过计入减排量，不通过流程自动结束。

四、项目成效

（一）经济效益

经国网临沂供电公司统计，2021 年公司本部年度节约用电 160 万元，节约办公耗材 20 万元，节约用汽（柴）油 43 万元，节约用水 3 万元。线损降低带来经济效益 1655 万元。

（二）环境效益

项目实施以来形成了良好的低碳减排氛围，有效降低公司本部碳排放量。经计算，项目年度实现减排二氧化碳 470 吨，减少垃圾 5 吨。

（三）利益相关方效益

1. 员工方面

全员参与，形成良好的低碳行为，同时激发了工作热情。公司本部工作人员 783 人，其中 564 人实现"碳中和"。

2. 公司方面

通过提高员工（部门）工作积极性，助推线损率降低 0.2 个百分点、清洁电力占比提高 3 个百分点、设备重载减少 56 个百分点（仅列举部分关键效益）。

3. 服务新能源企业方面

本项目创新的"工作成效折算碳减排量"方式有效地促进了公司部门、员工在新能源并网、电能替代等方面管理的工作积极性和工作成效，对全社会碳排放降低起到了推动作用。

4. 其他社会效益

本项目推广性强，可在单位、团体、社区进行推广建设，助力推进"碳达峰、碳中和"，培育全员低碳生产生活意识，有效推动国家"碳达峰、碳中和"进程。目前，该项目已列入国网临沂供电公司各县供电公司推广实施计划。

3 能源消纳地图破解分布式光伏消纳难题

项目实施单位：国网潍坊供电公司

项目实施人员：杨　莉　张　强　王晓龙　武　彩　张昊东　朱海南
　　　　　　　李国强

一、项目概况

为助力实现"30·60"双碳目标，2021年6月，国家能源局在全国范围内推广开展整市（县、区）推进屋顶分布式光伏开发试点，推动可再生能源科学有序安全发展。潍坊市新能源资源丰富，新能源装机总量631.3万千瓦，居全省第二，其中光伏装机容量居全省第一。潍坊下属诸城市、青州市、高密市、寿光市、临朐县、坊子区、高新区、峡山区、寒亭区9个市（县、区）被纳入国家能源局整县分布式光伏开发试点。低压分布式光伏开发规模显著提升的同时，由于无法精准预估电网消纳和调节能力，点多面广的分布式光伏给配电网调度控制带来很大挑战，电网科学安全有序推进面临严峻挑战。

国网潍坊供电公司立足外部视角，与当地政府、光伏开发企业、光伏户（适宜安装分布式光伏自然人）、媒体等利益相关方携手，创新绘制"消纳能力地图"，以乡镇（街道）为界限，梳理全市5.5万个分布式光伏项目，将消纳能力划分6个等级，让企业更加直观地了解电网中分布式光伏接入情况，提升对分布式光伏的可观、可测、可控能力。截至2022年年底，潍坊市分布式光伏总装机规模349.13万千瓦，同比增长87.84万千瓦，极大地提高了光伏消纳与光伏开发的匹配度和实际消纳能力，有效解决分布式光伏盲调问题，助力潍坊市走绿色低碳发展道路。

二、思路创新

（一）利益相关方参与，促进多方协同共建

光伏消纳涉及政府、供电公司、光伏开发企业、光伏户（适宜安装分布式光伏自然人）、媒体等多个利益相关方，在供电公司内部涉及建设、运维、调度、交易、结算等多个专业。公司深入认识到利益相关方对光伏消纳的驱动作用，推动形成利益相关方参与机制（见图3-11），充分了解并发挥利益相关方资源优势，凝聚利益相关方共同参与推进光伏消纳的共识，共同解决分布式光伏能源消纳难题。

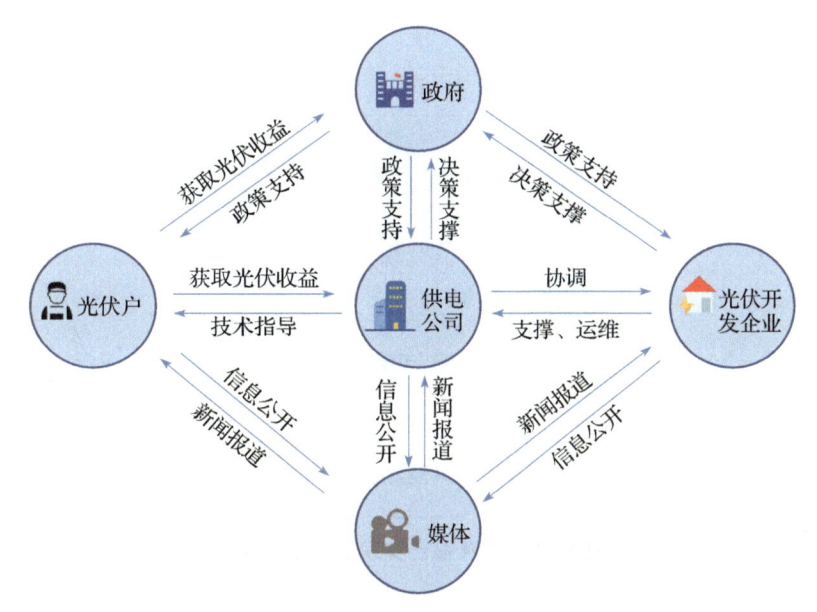

图 3-11　分布式光伏消纳多方参与模式

（二）透明度管理，确保信息公开透明

项目涉及政府、供电公司、光伏开发企业、光伏用户等多个利益相关方，需要建立透明沟通机制，充分保障利益相关方的知情权、参与权和监督权。将外部期望内部化，依托月度工作会、工作群等平台及时公开项目信息与进展，同时加强内部工作外部化表达，增强利益相关方利益认同、情感认同、价值认同。

（三）综合价值创造，促进资源优化配置

以促进社会资源的优化配置、最大限度地为社会创造综合价值为目标，推动光伏消纳从关注经济价值到关注经济、社会、环境综合价值创造转变，并以新能源发展及乡村振兴需求、光伏消纳面临的挑战为切入点，就解决实际问题与各利益相关方达成共识，不仅促进企业价值提升，更能促进利益相关方价值与社会整体价值的最大化（见图3-12）。

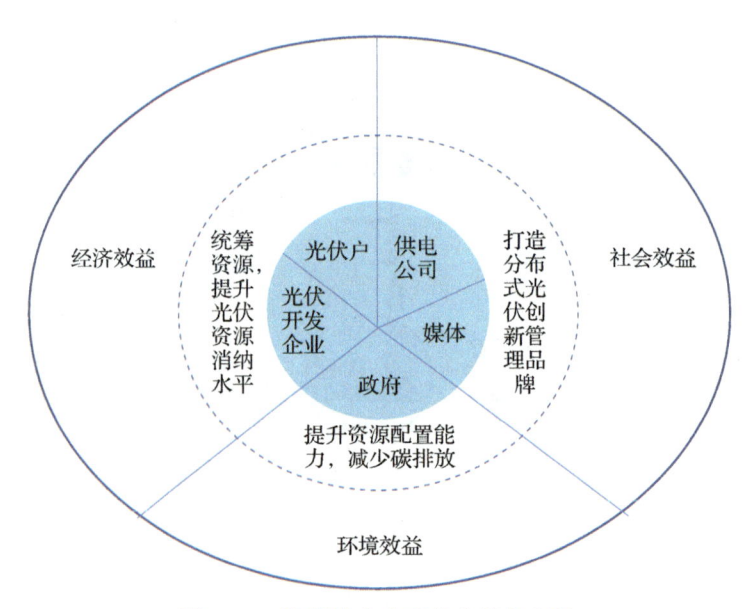

图 3-12 资源整合实现综合价值创造

三、实施举措

（一）开展分布式光伏开发现状调研

以诸城市为试点，通过政策研究、调研走访，测算分析整县分布式光伏开发潜力，编制形成《潍坊诸城市分布式光伏规模化开发及接入系统研究报告》。

协同地方政府、光伏开发企业，开展屋顶资源普查，对党政机关、公共建筑、工商业、农村居民等光伏开发可利用屋顶资源进行统计，准确测算各乡镇（街道）分布式光伏发展潜力。

分析整县分布式光伏开发模式及各类屋顶分布式光伏开发规模,验证各级电网对新能源接入承载能力。潍坊市各县、区按诸城市模式对接属地政府,配合地方政府、光伏开发企业开展资源普查,编制分布式光伏发展规划及整县开发试点建设方案。

(二)开展利益相关方诉求与资源分析

识别分布式光伏消纳涉及的核心利益相关方,包括9个市(县、区)政府、供电公司、光伏开发企业、光伏户、媒体等。通过实地走访、会议交流等,调研各利益相关方在分布式光伏消纳中的诉求、优势及存在问题,明确各方参与意愿与合作模式,共同解决分布式光伏消纳难题(见表3-2)。

表3-2 国网潍坊供电公司利益相关方分析

利益相关方	诉求	优势	存在问题
9个市(县、区)政府	● 响应国家能源局要求,稳步推进屋顶分布式光伏整县开发 ● 发挥好屋顶分布式光伏的经济环保综合效益	● 相关政策的研究制定权 ● 具有强大的组织协调能力	● 缺乏成熟的推进模式 ● 对光伏户和光伏厂商信息的掌握不充分 ● 对光伏消纳数据的掌握不充分
供电公司	● 避免因光伏消纳难导致的资源浪费 ● 提高电网安全承载能力	● 掌握光伏上网电量、电费等相关数据 ● 具有表前电力设备运维专业能力	● 分布式光伏实时数据不同步,运行情况难以实时监控 ● 光伏"盲调"问题给电网带来安全隐患
光伏开发企业	● 更高效地开展光伏设施服务 ● 扩大企业营收和品牌效益	● 了解光伏设施具体情况 ● 掌握光伏设施安装和运维技术	● 对分散广的光伏设施,维护不到位、处置不及时
光伏户	● 获取稳定的光伏收益	● 贴近光伏设施	● 对政策理解程度较弱 ● 缺乏光伏自主运维能力
媒体	● 挖掘具有热点的社会新闻素材	● 具备传播渠道和能力	● 对分布式光伏信息掌握有限

(三)多方合作,编制分布式光伏"消纳能力地图"

成立专班主动对接市发展改革委,派驻专员配合开展资源普查,明确开发区域、建设规模,深入分析电网消纳能力。与9个市(县、区)政府、光伏开发企业、光伏户合作,以乡镇(街道)为界限,梳理全市5.5万个分布式光伏项目,根据变电站及台区平均剩余可接入容量，将消纳能力划分为"接近上限""严重受限""较差""一般""较好""好"6个等级。

逐电压等级验证电网对新能源接入承载能力，结合各乡镇（街道）分布式光伏项目可开放容量和可接入容量。

结合各乡镇（街道）分布式光伏项目可开放容量和可接入容量，编制形成分布式光伏"消纳能力地图"，简洁化展示新能源消纳能力，引导新能源科学有序发展。

（四）试点示范，打造智慧能效服务新模式

基于"消纳能力地图"规划分布式光伏开发的可利用屋顶面积、可装机规模、预计发电量等，总结党政机关类、公共建筑类、工商业类等示范场景，在诸城市财政局打造党政机关"低碳"示范区（见图3-13），在潍坊工商职业学院打造"零碳"公共示范区，在百盛商场打造"综合能源"示范区，在桃园社区打造"光伏+"生态示范区，并已经先后落地并网，初步达到示范先行的效果，树立了标杆示范，让屋顶分布式光伏消纳更高效、更智慧。

以诸城市财政局为例	以诸城技校为例
打造党政机关"低碳"办公示范点	打造公共事业单位绿色"零碳"办公示范点
以奥扬科技为例	以前九台村为例
打造工商业"光伏+储能"一体化发展示范点	打造"光伏+"美丽乡村融合发展示范点

图3-13 打造"低碳"示范区

四、项目成效

（一）分布式光伏消纳水平显著提升

依托"光伏消纳地图"，协调各方实现光伏发电可观、可测、可控，解决分布式光伏盲调问题；统筹各类分散的屋顶资源，提高光伏消纳与光伏开发的匹配度，

切实提升实际消纳能力。截至 2022 年年底，潍坊市分布式光伏总装机规模 349.13 万千瓦，同比新增 87.84 万千瓦，其中非水可再生能源消纳电量 125.05 亿千瓦时，同比增长 1.37 个百分点；9 个市（县、区）分布式光伏总发电量 32.4206 亿千瓦时，且新增光伏发电消纳能力在持续增长。

（二）提升能源利用效率，助力绿色低碳发展

通过与政府、光伏发电企业相衔接，发挥电网网络化和平台化最大效应，全面提升系统调节能力和资源配置能力，促进节约优化配电网投资，提升能源利用效率。同时，清洁能源消纳能力的提升，有效促进潍坊市清洁能源结构转型。2022 年，潍坊市新能源装机容量达到 806.79 万千瓦，首次超过煤电装机，实现历史性突破。

（三）创新管理模式，打造品牌效应

公司基于分布式光伏消纳的探索与总结，优化工作流程与制度，针对光伏消纳服务流程不规范、制度不完善等问题，促进建立建设、运维、调度、交易、结算等全流程服务管理体系，打造了分布式光伏消纳可复制、可推广的新模式，提升了供电公司品牌形象。

4 "碳"路未来 打造台儿庄古城全链条降碳建设"零碳景区"新模式

项目实施单位：国网枣庄供电公司

项目实施人员：曹 凯 吕显斌 齐洁莹 徐小龙 陈洋洋 郝 琨 张智瑜

一、项目概况

随着"30·60"双碳目标的提出，能源生产、消费方式加速向绿色低碳变革。台儿庄古城用电负荷大体量、小个体、散布局，供电模式能效整体较低，夜间旅游经济的发展也给古城供电可靠性带来巨大压力。一方面，日间清洁能源无法全额消纳利用；另一方面，消费侧的碳排放对台儿庄古城实现"零碳景区"目标带来很大挑战。

国网枣庄供电公司重视推动优化配置社会资源，加速"零碳景区"建设。在能源端，撬动多方建设分布式光伏电站、储能电站等，实现"源源"互补；在运行端，聚合多维数据，开展"源网荷储"智慧联控，实现可知、可测、可控；在社会端，推进完成古城全电化建设，通过全过程监督、多渠道展示等方式，强化透明共享，协同多方全链条提升古城能源效率和供电安全可靠性。截至2022年年底，古城完成全电化建设，古城可再生能源利用率达到100%，实现分布式光伏、储能总供电量554.4万千瓦时，相当于减排二氧化碳约7.42万吨；且古城用电可靠性99.995%，同比提高0.003%，也为古城管委会、周边商户等光伏客户创造了经济收益，拉动了当地旅游业发展，为台儿庄古城打造"零碳景区"新名片做出了积极贡献。

二、思路创新

(一) 整合多方优势资源

"零碳景区"建设涉及政府部门、古城管委会、商户、周边住户、供电公司、设备制造商、媒体等多利益相关方，仅凭供电公司一己之力难以推动。国网枣庄供电公司深入调研分析不同环节所涉及的关键利益相关方的核心诉求及资源优势，加强全方位沟通合作与资源整合，搭建能源端—运行端—社会端"全链条"利益相关方发挥各自优势的建设模式。在能源侧，利用现有土地、设备等资源建设分布式光伏电站，促使储能电站在古城附近建成落地，与电网供电实现"源源"互补；在运行侧，整合多维数据等资源，做到光伏发电可知、可控，实现智能调度分配；在社会侧，运用媒体等资源，提升全社会对"零碳景区"的认知度、参与度。

(二) 实现综合价值最大化

国网枣庄供电公司引入综合价值最大化的社会责任理念，改变以经济效益为主导的电网建设方式，将经济、环境和社会效益目标放到同等地位综合考虑，不仅以供电公司自身利益为考量，还考虑政府带动经济增长和低碳转型、古城管委会拉动旅游经济、古城居民创造收入等期望和诉求，促进利益相关方资源优化配置，进而推动公司和古城的可持续发展（见图3-14）。

供电公司
- 降低公司购电成本
- 保障安全可靠供电
- 增进用户满意、公众认可

政府部门
- 贡献当地税收与经济发展
- 提高能源利用效率

周边居民
- 创造发电并网收入

古城管委会
- 带动旅游产业发展
- 打造"零碳景区"样板

设备制造商、能源服务商
- 创造设备销售、服务收入

古城商户
- 降低用能成本
- 用电安全可靠

图 3-14 利益相关方价值创造思路

（三）坚持信息透明共享

为了解决信息不对称导致的商户利益难保障、公众参与度不高等问题，国网枣庄供电公司引入透明度管理理念，在项目策划、建设、交付、运营全过程坚持信息透明，邀请枣庄市能源局、应急管理局等权威部门做好全过程监督，并利用古城"源网荷储"数字化管控平台的现实数据等，增进与利益相关方的沟通互动，切实提升公众信任感和支持度。

三、实施举措

（一）开展调研，准确掌握"全链条"发电用电情况

综合运用走访、座谈、随机采访等形式，累计现场走访89次，发出调查问卷367份，随机采访265人次。

调研发现，古城分布式光伏增速较快，截至2022年3月，台儿庄区分布式光伏装机户数2943户，总装机容量6.71万千瓦，但容易出现短时过载、调配效率低等状况。此外，古城用电负荷以住宿、餐饮、照明为主，个体小、布局散，但体量大，夜间旅游经济的发展使夜间用电负荷急剧增大，日间清洁能源无法全额消纳利用，消费侧碳排放影响大，使得古城用电安全可靠性、能源利用效率等亟待提升（见表3-3）。

表3-3 "零碳景区"建设利益相关方分析

利益相关方	诉求期望	资源优势	合作意愿	关键作用环节
政府部门	带动地方经济发展 提升古城形象 营造绿色低碳氛围	审批与监督权力 提供政策支持	强烈	能源端 运行端
古城管委会	增加客流量 拉动旅游经济 提升古城形象	监督权力 资源协调能力	非常强烈	能源端 社会端
古城商户	带来经济收益 用电安全可靠、成本低	用户评价反馈 了解设备及用电情况	强烈	运行端

续表

利益相关方	诉求期望	资源优势	合作意愿	关键作用环节
周边居民	带来经济收益 用电安全可靠、成本低	土地等资源 进行评价反馈	比较强烈	能源端 社会端
设备制造商	创造设备收入	保障设备质量和供应	非常强烈	能源端
能源服务商	创造服务收入	保障服务质量和效率	非常强烈	能源端 运行端
供电公司	促进清洁能源消纳 降低购电成本 减轻电网压力	新能源吸纳、调度能力	—	能源端 运行端 社会端
媒体	获得热点新闻	传播渠道和影响力	比较强烈	社会端

（二）精准识别，凝聚"全链条"相关方优势参与

系统分析"零碳景区"建设"全链条"利益相关方，推动建立多方长效参与"零碳景区"建设机制（见图 3-15）。

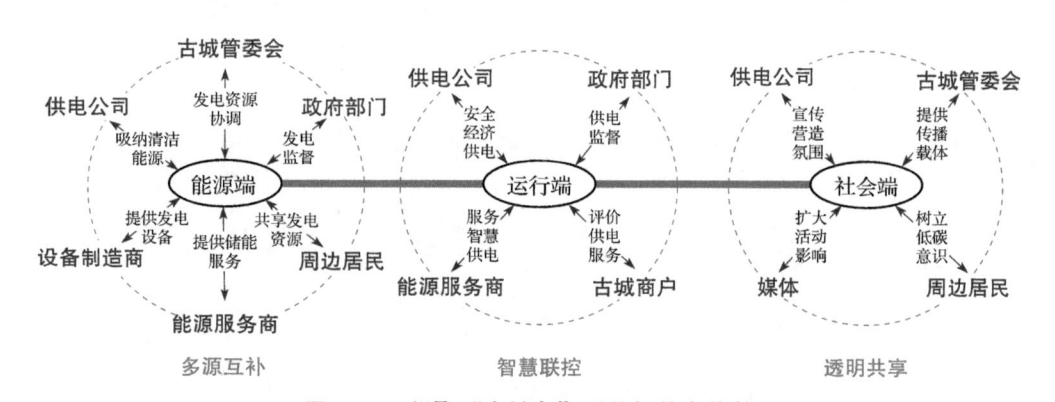

图 3-15 凝聚"全链条"利益相关方优势

（三）能源端：多方协同，实现多源互补和聚合利用

1. 合作建设屋顶分布式光伏

与能源服务商合作，共同与古城厂区、居民协商确认，利用古城周边 10 户厂区、居民房屋屋顶，在不占用额外土地资源的情况下，建设全额上网分布式光伏，

变固定投入为稳定产出。

2. 共建共享储能电站

与古城管委会、阳光新能源公司，共同建设储能电站，促成古城周边分布式光伏用户以 290 元/千瓦签订商用租赁协议，充（放）电转换效率达到 89.5%。截至 2023 年 2 月底，累计充（放）电 154 余次，增加分布式光伏用户营收 12 万元。

3. 合作建设"光储充"一体化换电柜

与当地能源服务商合作，由供电公司投资，古城管委会提供土地资源，合作建设"光储充"一体化换电柜（见图 3-16），同时将其作为动态灵活的储能装置进行智能调控，参与电网调峰，每年共享换电柜和移动式储能形成近 5 万元综合收益。

图 3-16 "光储充"一体化换电柜

4. 合作完善 5G 基站建设

与能源服务商合作，将古城现有 6 个 5G 基站的铅酸电池更换为 20 块 48 伏 50 安磷酸铁锂电池，实现基站电池组存储量提升近 3 倍、寿命提升近 3 年及远程精准控制。

（四）运行端：智慧联控，"源网荷储"一体化提升能源效率

并网点运行状态、开关量、电压、电流、有功功率、无功功率、功率因数等数据纳入平台，与枣庄市气象局合作，打通系统接口，将每日辐照度、温度等气象信息实时转发至管控平台。

通过数据采集模块采集台区信息，深度分析客户用能需求，对客户用能数据进行分析，根据用电量变化持续研判用户生产经营状况，为用户提供用能优化建议。

（五）社会端：透明共享，营造绿色低碳社会氛围

国网枣庄供电公司联合市能源局、应急管理局与古城管委会共同组成联合特巡小组，确保安全、技术全方位可控、在控；在景区服务站内安装可视化大屏，建设用能展示窗口，立体化展现项目成效；组织员工为儿童进行低碳科普、向古城游客推广可循环利用物品，多措并举，营造绿色低碳的良好社会氛围。

> "景区服务站的可视化大屏很有意思，工作人员的讲解也让我们知道了'零碳'的意义。播放的低碳科普动画孩子很喜欢，大大提高了他的节能低碳、绿色消费意识。"
>
> ——台儿庄古城游客

四、项目成效

（一）提升了全景区能效水平

截至目前，台儿庄古城可再生能源利用率已提高至100%，实现分布式光伏全额就地消纳，分布式光伏、储能总供电量达554.4万度，相当于减少标煤排放约2217.6吨，减排二氧化碳约7.42万吨。

（二）提高了电网运行能力

将储能电站、换电柜、基站电池等储能作为调节电源，解决用电峰谷期电力输出不平衡的问题，降低高峰负荷压力。2022年，台儿庄古城供电可靠率99.995%，

同比提高 0.003%；电压合格率 99.95%，同比提高 0.01%。

（三）增进了利益相关方经济效益

带动了当地旅游业的发展，增加地方财税收入 15 万元，拉动地方经济投资 134 万元。共享储能模式促使光伏发电全额消纳，为古城管委会及周边商户、居民等分布式光伏客户带来了经济收益 12 万元。提升储能电站利用率，阳光新能源公司营业收入约 200 万元。为商户等电力用户提供用能优化建议，2022 年以来出具 34 份客户用能诊断书，为古城客户节约电费约 3 万元。

（四）获得了各方认可与支持

通过"零碳景区"建设，提升政府部门、社区公众等对供电公司打造更清洁、更智慧、更安全可靠的新型电力系统的认知和支持，也加深了当地居民对台儿庄古城"零碳景区"的认知度，增进对古城建设发展的支持度。

5 "零碳合伙人" 共促乡村用能高效转型

项目实施单位： 国网烟台供电公司

项目实施人员： 王少伟 任常宁 刘 虎 车 怡 刘中蕾 张军苗 张 斌

一、项目概况

马家沟村地处山东省烟台市蓬莱区，是集红色教育、采摘、休闲、餐饮等为一体的综合性绿色生态村。在国家"双碳"目标背景下，该村正在推动乡村建设朝着更绿色低碳节能的方式转型，着力打造"零碳"示范村，建设国家级生态村。然而，当前马家沟村无清洁能源接入，整体用能存在时段性用电问题突出、电网承载压力大、变压器间负载分布不均衡等问题，在一定程度上影响了"零碳"示范村的建设。

作为马家沟村的能源供应和综合服务方，国网烟台供电公司精准分析马家沟村用电现状及用能挑战，携手马家沟村村委、民宿店主、村民用户、电气化智能设备公司、综合能源公司等利益相关方共同发力。通过清洁能源设备投入与改造，创新"光储充"协同理念，推动光伏电站、电动汽车等电能替代试点建设，每年减少碳排放量54.31吨；引入清洁能源电气化设备，改善马家沟村人居环境和旅游发展条件，促进村民收入增加，如使用电动汽车观光旅游，每年可节约燃油费6万元，自动调温冷藏库让村民每年获利达30万元等。持续优化乡村用能结构，有力推动了"零碳"示范村建设，获得了当地政府、村委、媒体等利益相关方的广泛认同和大力支持。

二、思路创新

（一）理念转变：引入利益相关方参与理念

供电公司将社会责任与业务共生理念融入管理理念，由"内部视角"转变为"外部视角"。在推进马家沟村用电能效管理突破转型上打破以往单纯依靠供电公司自身力量开展工作的思维模式，从利益相关方视角出发，通过建立一套完整的利益相关方识别、沟通和参与机制，推动综合能源公司、电气化智能设备公司、村委会、村民等利益相关方共同参与，实现与利益相关方共赢、共建、共享（见图3-17）。

图3-17 "零碳合伙人"合作机制

（二）目标转变：实现综合价值最大化

改变只追求经济效益的目标，主动将各利益相关方核心诉求与期望转化为提高马家沟村用电效率，转变能效管理方式为共同目标，将经济、环境和社会效应目标放到同等地位整合考虑，在提升马家沟村电能效率的同时将马家沟村整体经济发展、生态环境保护放在同等重要的位置进行综合考量，寻求实现企业价值、利益相关方和社会整体价值的最大化，推动供电公司和马家沟村共同实现可持续发展（见图3-18）。

经济效应
- 促进农民增产增收
- 供电公司增加售电量
- 推动马家沟村乡村振兴

社会效应
- 促进马家沟美誉提升
- 提升供电公司品牌形象

环境效应
- 减少碳排放
- 减少能源损耗

图 3-18　综合价值创造

三、实施举措

（一）开展深度调研，了解利益相关方期望诉求

根据马家沟村用电需求情况，通过电话沟通、视频会议、调研问卷、座谈会等线上线下沟通方式，分析马家沟村用能现状。

分析发现，马家沟村用电高峰期集中在白天，以企业用户、农业灌溉为主，用电量占比94.7%。其中，马家沟一台区用电户数及用电量占比在67%以上，且台区均无清洁能源接入，整体用能存在时段性用电问题突出、电网承载压力大、变压器间负载分布不均衡等问题。

（二）组建"零碳合伙人"，搭建沟通合作机制

以座谈、实地考察等方式，深入了解并分析马家沟村村委、民宿店主、村民用户、电气化智能设备公司、综合能源公司等利益相关方核心诉求、资源优势（见表3-4）。

表 3-4　国网烟台供电公司利益相关方需求分析

利益相关方	核心诉求	资源优势
马家沟村村委	• 建成国家级生态村 • 全村产业发展村民增收致富 • 生产生活用电需求得到满足	• 熟悉当地用能情况 • 具备统筹协调能力

续表

利益相关方	核心诉求	资源优势
民宿店主	● 获得科学的用能建议和指导 ● 降低用电成本，游客数量增加	● 空调、冰箱、热水器等电能资源丰富 ● 熟悉自身用能情况
经营商户	● 获得科学的用能建议和指导 ● 充电设备使用便捷，用电成本更低	● 用户数众多 ● 熟悉自身用能情况
居民客户	● 安全、稳定、便捷地使用智能化电气设备 ● 周边环境持续改善	● 对供电服务、生活环境等进行评价，督促相关主体提升服务水平
电气化智能设备公司	● 新设备顺利接入 ● 安全稳定运行	● 提供各类新能源、储能、电能设备 ● 提供智能设备调试、运维
综合能源公司	● 物联网顺利安装使用	● 提供物联网软（硬）件配置、安装调试及运维
供电公司	● 高质量满足用户用电需求 ● 提升马家沟村电能利用效率	● 具有多年的社会责任管理经验，服务质量优 ● 数字化水平高，数据齐全

建立起协同沟通和数据共享机制，共同制定《马家沟低压海绵台区建设方案》，定期与政府部门沟通以实现需求和资源的准确对接，并定期对企业用电情况进行了解与分析。

（三）深化村委合作，推动清洁能源就地消纳

在党群活动中心试点推广600平方米光伏板安装，通过光伏系统结合储能系统削峰填谷的功能，实现绿色能源的存储，也可直接给台区负荷供电实现绿色能源就地消纳。

（四）加强技术创新，实现清洁能源"存储"管理

为满足光伏电量储存和地摊经济繁荣地段"即插即用"需求，打造一套50千瓦时的磷酸铁锂预制舱式储能系统，与综合能源公司合作，为其提供能源控制器和并网参数配置。储能系统可根据台区负荷水平、光伏出力情况及SOC（系统级芯片）对储能系统进行充放电管理，以实现台区用电的削峰填谷，提升能源使用效率。

（五）重视多方合作，推动用户侧降碳

1. 与电气化智能设备公司合作实现电动汽车双向充电

与电气化智能设备公司合力将原充电桩更换为4套120千瓦可与电网双向协调互动的V2G（新能源汽车和电网互动技术）式新型充电设备。充分发挥电动汽车的功率可调节的特性，利用配变负荷低谷时段充电，满足规模化电动汽车充电需求，提高配电网设备利用率。

2. 与民宿主合作打造"零耗能"全电客栈

与马家沟村村委、民宿合作，建设"零耗能"全电客栈（见图3-19）。由供电公司负责能源相关的设计、实施并提供综合能源服务，民宿负责运营。"零耗能"全电客栈建成后，增加智能电器的使用，减少游客产生的碳排放，助力马家沟村旅游业的创新发展，带动村民增收。

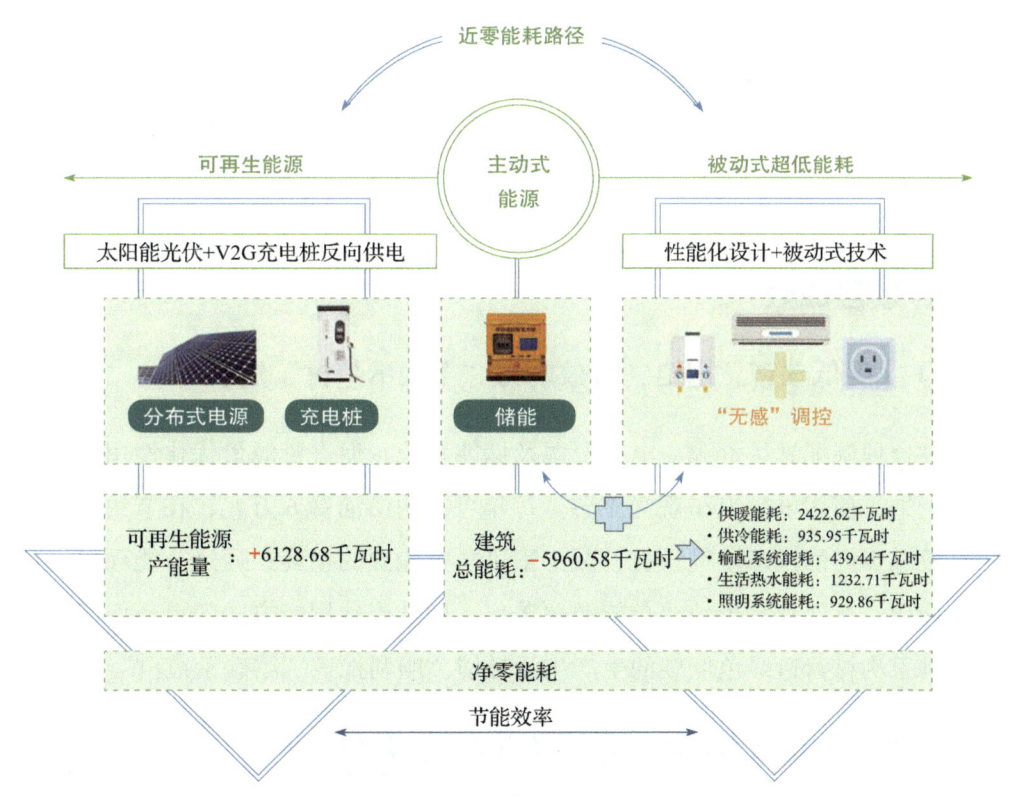

图3-19 "零能耗"路径

3. 联合综合能源公司和设备公司推广 5G 智能路灯

将马家沟村 6 座路灯改造升级为 5G 智能路灯，路灯集合 5G 微基站、微光发电、交流充电桩、视频监控、微型储能及电子信息交互屏等功能，利用智慧路灯光伏自发电、自储能、自消纳的用能模式，有效提高电能利用率，每年减少碳排放 2.3 吨。

4. 与苹果种植户合作建设全自动调温冷藏库

苹果种植是马家沟村村民的重要收入来源之一。供电公司通过走访调研，深入了解当地苹果种植农户的需求，对当地原有的温室仓库进行电气化改造，建设全自动调温冷藏库，能够对用电、用能情况和控温情况进行精确诊断，控温能力同比提升 30% 以上。

（六）推动资源整合，实现能源资源优化利用

与设备公司合作，深化运用低压能源互联网智慧服务平台，在两个相距较远的台区之间安装低压柔直设备，当两台区负荷都较轻或较重时，低压柔直系统待机；负荷不均时，通过低压柔直系统引导电能从负荷较轻台区转移到负荷较重台区，缓解负荷压力。

四、项目成效

（一）实现低碳智慧用电，有效助力"零碳示范村"建设

通过合理调配光伏资源、电力资源及储能系统，促进资源最优化使用，实现绿电就地消纳；使用电动汽车观光旅游，每年可节约燃油费 6 万元，在节约燃油费的同时有效减少燃油汽车尾气排放，减少不可再生能源的损耗；通过节能环保设备的投入与使用，有效提高当地绿色能源覆盖率，助推当地用能方式朝更环保的方向转变，为马家沟村营造绿色低碳的生产生活环境，顺利推进"零碳示范村"建设。

（二）村民实现降本增收，带动马家沟村经济发展

通过推进光伏系统结合储能系统削峰填谷的功能，采取合理的用电策略，全电

民宿吸引游客入住，民宿店主每年可得纯利润 6 万元；智慧路灯每年可节省资金 2 万元，可获得广告利润 4 万元；全自动调温仓库采用立体存放，使苹果从原来的存储 2~3 个月延长到 1 年，果品完好率达 95% 以上，延长苹果销售时间，实现反季节销售，促进农民增收，每年可得利润 30 万元。不仅提升当地生产、生活的智慧化智能化水平，更有力地推动现代农业高质量发展，带动村民增收，极大促进当地经济发展。

（三）有效提高电网弹性容量，为供电公司带来经济效益

通过聚合可控、可调资源，充分发挥能源控制器"神经中枢"作用，提高电网的弹性容量值近 30%；在台区之间创新引用低压柔直技术，实现两台区间用能互补互济，可提供 150 千瓦的负荷转移，增加电网弹性 32%。综合能源方面，通过出租移动储能赚取租赁费，同时参与台区峰谷调控，每年可实现经济效益 1 万元；设备改造更新后，提高了供电安全可靠性，电网稳定，电动汽车、全电景区、恒温冷库每年可增加售电量 70 万千瓦时。

6 多方共建储能电站 助力"碳达峰、碳中和"

项目实施单位：国网莱芜供电公司

项目实施人员：焦 敏 曾 帅 齐云雷 张 伟 杜 飞

一、项目概况

近年来，山东省可再生能源发展迅速，2021年全省风光发电并网容量突破5000万千瓦，占全省装机规模的29.69%，光伏装机容量位居全国第一，跑出了践行国网"双碳"行动方案的山东速度。

但受新能源发电间歇性、随机性和波动性等问题影响，新能源的可靠接入和应用是摆在新能源并网前的首要问题。风光储能技术的利用，可有效抑制大规模风光发电并网后对电网的冲击，提高电网的稳定性、可靠性和可再生能源的综合利用效率，这也是新型电力系统建设"网源荷储"中的重要一环。

国网莱芜供电公司在"双碳"行动、新型电力系统建设中，勇于开拓、敢为人先，积极与山东省能源局、高新技术企业、新能源企业、高校科研院所合作，于2020年10月建成投运国内首个利用电网退运电池建成的储能电站——口镇综能储能电站。目前，口镇综能储能电站运行满1年，消纳电网退运电池70余吨，约5300只，充（放）电量近百万千瓦时，为电网退运电池资产价值再利用，以及新能源的可靠接入和消纳做出了探索，也实现了各方资源效能的最大发挥，创造出储能建设发展的经济效益、社会效益和环境效益。

二、思路创新

口镇综能储能电站在莱芜区口镇桃花峪 35 千伏劲能光伏电站厂区内，基于退运电池复合谐振脉冲触发修复技术和储能系统构建的研究应用，采用修复后的电网退运电池作为储电单元，可显著降低储能电站建设成本，在电网储能建设新模式探索上发挥作用。

（一）一方搭台、多方联动推动储能项目落地建成

为保障能源安全和新能源接入有效解决，在国网公司"双碳"行动方案初期，国网莱芜供电公司瞄准目标，抢抓战略机遇，提出了储能项目建设的大胆想法。工作推进中，树立利益相关方合作共赢的工作思路，努力寻找政府支持和可承接建设的新能源企业，建立起政府部门主导、供电公司推动、高新技术企业参与的多方协作工作模式，切实发挥出不同利益相关方的技术、能力等资源优势，最终取得政府认可、政策研究和高新技术企业对电网退运电池资源回收、电池修复技术的支持，实现政策、资源、技术的密切配合和效能发挥，顺利建成、投运口镇综能储能电站，实现各利益相关方合作共赢和资源能力最大化发挥。

（二）节约利旧、循环利用实现退运电池价值再造

山东电网每年退运电池达 200 吨，大量铅蓄电池在运行年限到达，但尚未达到设计寿命时即被报废，直接造成能源的浪费和铅类化合物对环境的潜在威胁。为有效减少建设成本投入和减少环境污染，国网莱芜供电公司坚持问题导向和技术攻关，大力联合地方高新技术企业研发退运电池修复技术，使退运电池使用寿命延续约 3 年时间，减少了退运电池带来的资源浪费和环境污染隐患，为退运电池应用到储能项目提供了技术保障，有效解决了新能源并网风险和电网退运电池处置两大难题。

三、实施举措

（一）全面调研，研判利益相关方诉求及其资源优势

国网莱芜供电公司梳理识别储能站建设涉及的利益相关方，通过现场走访、

座谈研究、实地调查等方式，开展利益相关方调研，了解各方对储能站建设的期望和诉求，以及在促进储能发展和电网退役电池再利用中可以发挥的作用（见表 3-5）。

表 3-5 利益相关方诉求及资源优势分析

利益相关方	期望或诉求	资源优势
政府部门	落地"双碳"工作目标，推动新能源消纳 促进可再生能源厂站的健康可持续发展 储能建设落地建设应用数据，为政策出台提供依据	统筹储能项目建设，为市场提供指导方向和决策依据 决定储能建设相关政策出台，做好项目发展和引导
供电公司	积极推动储能项目开发，保障大电网安全 提升电力系统新能源消纳能力 促进电网退运电池的循环利用、降本增效	储能站建设的组织实施和项目管理 提供必需的电网数据支撑和现场试验支撑 电网退运电池的调配
高新技术企业	扩大新能源厂站建设规模，提高新能源上网电量 开拓储能市场建设，扩大电池修复技术的多项目应用	掌握铅酸蓄电池复合谐振脉冲触发稀土纳米碳修复技术 建设有多座光伏电站
科研院所	需要开展储能应用和电网退运电池再利用的现场试验支撑 参与研发储能建设项目	具备对储能应用和退运电池再利用全链条问题开展研究的理论经验
媒体	开展新能源消纳、"碳达峰、碳中和"报道宣传	媒体宣传的传播渠道

（二）多方合作，建立电池回收修复再利用工作体系

国网莱芜供电公司作为储能站建设项目组织方，于 2020 年建成退运电池再利用中心。在省公司专业部门指导下，从系统内调拨电网退运电池 10530 只，引进高新技术企业山东希格斯新能源公司技术，采用"复合谐振脉冲触发稀土纳米碳修复技术"对退运电池进行修复；5000 余只电池经修复试验合格，修复率达到 50%。修复后的电池作为储能站储能单元被再次利用，满足了 3.2 兆瓦时口镇综能储能电站建设需求，同时解决了电网退运电池废旧物资处理问题（见图 3-20）。

2021 年，国网莱芜供电公司再次从省公司系统调拨 20 余吨约 1500 只电网退运电池，开展技术修复，用于储能站在运不合格电池的替换。全年替换电池 300 余只，保障了储能电站使用电池的安全检测和可靠运行。

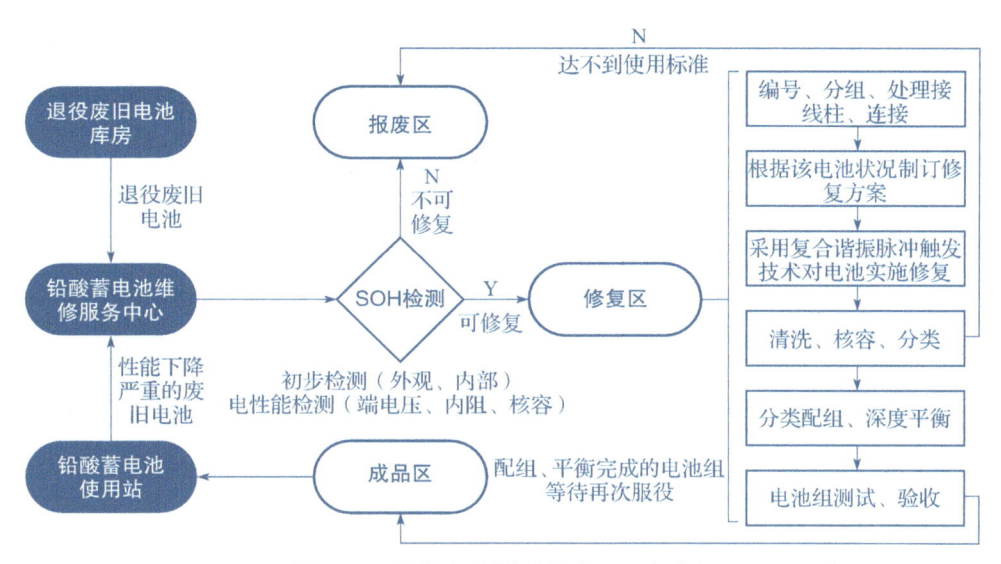

图 3-20 退役电池再利用中心业务流程

注：SOH 是动力电池健康状态。

（三）示范引领，激发各利益相关方主动参与热情

经过多方的汇报沟通、考察研究，最终促成在莱芜区口镇桃花峪 35 千伏劲能光伏电站厂区内，试点建设 1.6 兆瓦（3.2 兆瓦时）综能储能电站。高新技术企业山东希格斯新能源公司作为储能站建设项目承建单位，发挥该企业新能源方面技术优势，建设投运储能电站项目。储能电站的试点建设，正是通过供电公司促成、政府主导，并吸引高校及高新技术企业的共同参与，寻求综合能源企业的投资建设，探索出了一条储能电站试点建设运营的路子。目前，政府方面正根据运营数据出台相关储能建设的政策文件，有效规范储能产业发展，吸引更多利益相关方参与到储能电站的建设与使用中来。

（四）价值传播，为储能产业发展构建良好外部环境

1.6 兆瓦（3.2 兆瓦时）口镇综能储能电站是山东省首个并网运行的电化学独立储能电站，也是全国首个利用电网退运电池建成的独立储能电站。国网莱芜供电公司聚焦口镇综能储能电站投运并网首创事件，同步融入项目建设全过程，储备中央、省级和行业等各级媒体资源，在中央电视台、《人民日报》、新华社三大央媒及

省级高端权威媒体，高密度、多角度宣传报道，宣传利用电网退运电池建设储能站的经济价值、环境价值和社会价值，受到了政府和社会各界的高度评价，树立了负责任的企业形象，为下一步储能项目建设营造了良好的外部环境。

四、项目成效

（1）减少新能源并网冲击，提高绿色能源利用效率。新能源配置一定规模的储能建设是新能源发展的方向，可有效减少新能源并网给大电网稳定运行造成的冲击；在确保大电网安全的同时，提高了新能源接纳能力和综合利用效率，有效减少了弃风弃光现象。2021年，山东省新能源利用率达到98.6%。

（2）参与调峰调压，保障大电网安全。储能电站可以作为电网的"稳压器"，快速参与电网调峰调压，保障电网安全；也可以作为大号"充电宝"，在电网负荷低谷时充电，电网负荷高峰时放电，对电网削峰填谷、提升电能质量、调节电力供需平衡产生积极作用。

（3）退运电池再利用，实现绿色环保。电网退运电池的修复再利用，实现"变废为宝、化害为利"，减少了能源的浪费及再生铅循环，有效降低铅类组分对环境造成的污染，助力绿色环保。

（4）盘活企业退役资产，实现价值最大化。利用电池修复技术延长退运电池使用周期和价值，盘活了企业资产，最大限度挖掘了资产使用残值，使储能电站建设成本节省1/3以上，有效解决了蓄电池成本高昂，制约储能电站建设推广的难题。

（5）为山东省"智慧能源+储能"政策出台提供数据参考。可利用储能站运行数据，加强储能电站对电力系统安全性、经济性、可靠性和成本效益方面的信息收集和研判分析，为已有风电、光伏电站配备不低于电站并网装机容量10%储能设备的可行性和下一步省能源局新能源消纳政策的研究制定，提供现实依据和数据参考。

7 | 多方参与 共保黄河三角洲湿地生物多样性

项目实施单位： 国网东营供电公司

项目实施人员： 王同同 章 胜 张 冲 孙 翼 李常勇 贺文君 李 成

一、项目概况

黄河三角洲国家级自然保护区设立于1992年，以黄河口湿地生态系统和珍稀濒危鸟类为保护主体。截至2021年10月，自然保护区内野生动物、植物分别增加到1630种和685种，鸟类由1992年的187种增加到现在的371种，每年有600多万只鸟类在这里繁殖、越冬和迁徙，被称作"鸟类国际机场"。

国网东营供电公司位于东营市黄河三角洲湿地生态保护区腹地。由于高大的树木很少，电力线路杆塔成为野生鸟类筑巢繁殖的首选之地，这给电网运维带来了难题。据国网东营供电公司统计，公司由于鸟类筑巢引起的线路故障比例高达15%，占据线路总故障数的第三位，已经成为影响居民供电可靠性的关键性因素。

一边是受国家保护的"湿地精灵"，一边是电网安全，面对这一难题，国网东营供电公司践行国家电网有限公司"国网绿色工程·护线爱鸟行动"，结合区域特点，实施"云端的守护"项目，通过与利益相关方的沟通与交流，以及搭建人工鸟巢、安装绝缘护套等措施，让鸟类和电网设施和谐共处，为保护黄河三角洲生物多样性贡献力量。

二、思路创新

（一）多方合作，携手推进生态保护

公司摒弃"鸟害"思维，树立生态保护思想，不仅向东营市野生动物保护（观鸟）协会捐赠了 5 万元资金，还积极与野生动物保护机构建立起沟通、配合、协作机制，潜心研究东方白鹳的分布规律、生活习性和筑巢特点，开展一系列保护行动。除此之外，在项目实施过程中，公司积极协调社会各界沟通与参与，联合东营市森林公安局、市野生动物保护协会、市观鸟协会等召开电力线路安全与鸟类保护座谈会，与东营市观鸟协会建立电力护鸟微信群，共同寻求兼顾护鸟和护线的办法，实现了政府、供电公司、环保部门、居民等利益相关方的共建共享、多方共赢。

（二）变迁为改，试点"人工鸟巢"

公司将以往靠驱赶、占位、拆除等排斥性护电方法，改为在塔架安全部位搭建人工巢托吸引东方白鹳筑巢。为了研究出最适合鸟群"落户"的鸟巢，国网东营供电公司输电运检中心还专门成立了一支由 10 人组成的人工鸟巢研制工作突击队，经过反复试装和改进，研制出最宜居的"人工鸟巢"。同时，对搭建在容易引发电路安全部位的鸟巢，采取"同塔移巢安置"的办法为其"搬家"，实现鸟类和电网设施和谐共处。

三、实施举措

（一）协调各利益相关方，深入沟通交流

国网东营供电公司根植利益相关方参与理念，以充分发挥自身优势资源为基础，积极串联项目涉及利益相关方，邀请市森林公安局、市野生动物保护协会、市观鸟协会、政府、环保部门等，以电网安全和鸟类保护为主题，组织召开"东营地区电力线路安全与鸟类保护"座谈会。会议上，针对野生鸟类习性、分布规律等进行充分探讨，重点讲解鸟类的保护方案，详细解读东营电网常见鸟害跳闸问题。

通过座谈交流，各利益相关方就线路安全和鸟类保护协调管理达成共识。一是

持续完善鸟类活动台账管理，认真梳理鸟类频繁活动的 40 余条线路情况，对重要保护鸟类巡查定位。二是加强鸟类知识学习，清楚掌握东营地区鸟类习性、分布规律，将护鸟工作融入实际工作中，严格要求爱工作和爱环境统一，护线与护鸟同行。三是与市野生动物保护协会、市观鸟协会等组织加强沟通、密切协作，积极稳妥开展鸟类保护、线路治理工作。

（二）加装绝缘装置，造就独特风景

国网东营供电公司探索差异化管理方法，建立区域评级制度，逐步推进绝缘包覆、防鸟挡板、防鸟罩等多种新型防鸟技术和装置应用。此外，公司还投资 400 余万元，率先在山东安装应用防鸟绝缘护套，用硅橡胶绝缘材料包裹靠近绝缘子的裸露导线及线夹、均压环等金具。绝缘套使得电网设备本身有了"抗体"，即便鸟类在绝缘子上方活动，或者排泄物落到绝缘护套上，也很难产生闪络放电，既不影响鸟类活动，又保障了线路安全。

（三）精细化管理，助推"人工鸟巢"

国网东营供电公司实施精细化管理，依托输电线路网格化管理成立护线爱鸟队，由运维人员兼任责任线路内的东方白鹳保护员。针对在输电铁塔筑巢的东方白鹳，他们主动与鸟类专家联系，建立档案，标注巢穴发现时间、输电线路名称等信息，做好定期跟踪维护。

此外，国网东营供电公司持续关注联合国"变革我们的世界：2030 年可持续发展议程"有关目标，主要为目标 12 "采用可持续的消费和生产模式"，结合企业实际，研究确定具体关注内容（见表 3-6）。

表 3-6 《联合国 2030 年可持续发展议程》关注内容

序号	联合国 2030 年可持续发展要求	关注内容
12.2	到 2030 年，实现自然资源的可持续管理和高效利用	清洁能源消纳服务效果
12.8	到 2030 年，确保各国人民都能获取关于可持续发展及与自然和谐的生活方式的信息并具有上述意识	清洁能源发电和末端用户用电满意度

国网东营供电公司将联合国可持续发展具体目标与项目目标相结合，细化为具体评价指标，研究制订了项目预期目标（见表 3-7）。

表 3-7　人工鸟窝项目评价指标

序号	主要内容	项目评价目标
1	鸟类保护	搭建人工鸟窝平台，实现线、鸟和谐共处的成效 >80 分
2	创新成效	开展人工鸟窝平台等研制，助力创新创效指标 >60 分

公司建立以可持续发展目标（SDGs）为导向的运营管理模式，积极推进可持续发展目标与目标管理相结合，通过自身不断地监督与衡量，推动人工鸟窝的顺利实施。

四、项目成效

（一）显著提升了经济效益

因鸟害停电减少 80%，停电时户数同比下降 60%，新增年供电量 20000 千瓦时，减少企业经济损失和电量损失每年至少 10 万元，供电可靠性有效提高，大大提升了企业生产效益。

（二）有效保护生物多样性

人工鸟巢的搭建，促进了黄河流域生态系统健康，提高了生物多样性。2019 年以来，国网东营供电公司累计安装鸟窝平台 237 组，实现 300 多只喜鹊安全搬家。

（三）显著提升了供电公司品牌形象

国网东营供电公司"为鸟类搬家，搭建人工平台"这一做法切实解决了供电公司实际问题的同时，又保护了鸟类的栖息环境，保护绿色生态，传承黄河口湿地生态文化，得到国网山东省电力公司的高度认可。人民网、大众网、国家电网公司网站等媒体相继报道，起到很好的社会示范效应，进一步提升了公司积极履行社会责任的品牌形象。

8 构建电力大数据服务平台 助力臭氧污染精准防控

项目实施单位： 国网滨州供电公司

项目实施人员： 杜 颖 吕永权 刘 建 王兆敏 宋炳茹

一、项目概况

近年来，臭氧浓度逐渐上升成为仅次于 $PM_{2.5}$（细颗粒物）影响优良天数的重要因素。相关数据显示，自 2015 年到 2019 年短短 5 年时间，全国 337 个地级市及以上城市以臭氧为首要污染物的超标天数占比由 12.5% 增加到 41.8%，仅次于以 $PM_{2.5}$ 为主要污染物的天数占比（45%）。因此，臭氧污染监测意义重大。

2021 年，由国网山东省电力公司牵头，国网滨州供电公司具体落实试点，国网安徽省电力公司配合，其他省（市）公司参与，通过建立臭氧前体物 [NO_x（氮氧化物）与 VOCs（挥发性有机物）] 与电力大数据之间的数学模型，构建起基于企业用电数据的臭氧时空分布分析防控系统，并与生态环境部门开展数据共享，有效助力臭氧污染的防控工作，推进电力大数据服务环保监控与治理。

二、思路创新

（一）创新多层级工作机制，推动利益相关方资源整合

以能源大数据助力臭氧污染精准防控，是一项跨省域、跨行业、跨层级、全时性的工作。涉及国家电网公司 26 个省公司和 88% 以上的国土面积，利益相关方包括国家电网公司相关省（市）公司、国家电网服务区域内生态环境部门、污

染企业及其区域内的社会民众，并对国家电网公司运营区域之外的区域具有示范作用。

在国家电网公司的支持下，国网山东省电力公司积极运用利益相关方识别工具、沟通工具，促进利益相关方参与及合作，创造性地建立起了跨行业、跨省域的多层级工作机制，赢得利益相关方广泛支持的同时，共同推动臭氧污染精准防控方案落实。

（二）应用大数据助力环境污染防控，实现综合价值最大化

通过充分沟通，国网滨州供电公司在利用电力大数据助力臭氧污染防治方面，确定了臭氧污染精准防控的方向，完成了平台搭建，在最大限度地创造社会、环境与经济综合价值的导向下，确定了平台构建的实现途径及应用方式，取得了有效成果。同时，应用电力大数据助力污染防控工作，获得了国家电网公司及社会各界的广泛认可。

三、实施举措

（一）识别利益相关方，建立沟通渠道

通过识别，电力大数据助力臭氧污染防治利益相关方有国家电网公司及其相关省（市）公司、各级生态环境管理部门、污染企业与社会公众。其纵向及横向联络关系见图 3-21。

为做好这项跨省域、跨行业、跨层级、全时性的工作，建立国网公司与生态环境部、各省公司与省生态环境厅、各市公司与市生态环境局接口的横向协同机制，累计签订战略合作协议 184 份，推进各层级"生态环境 + 电力大数据"产品全面应用，并将电力大数据助力生态环境治理列入《山东省大数据创新应用突破行动方案》。建立国家电网公司各层级间纵向联动机制，累计召开双周例会、专题研讨、工作协调等会议 90 余次。通过横向协同与纵向联动，形成国家及省、市、县四级联动、协同高效的政企合作新格局。

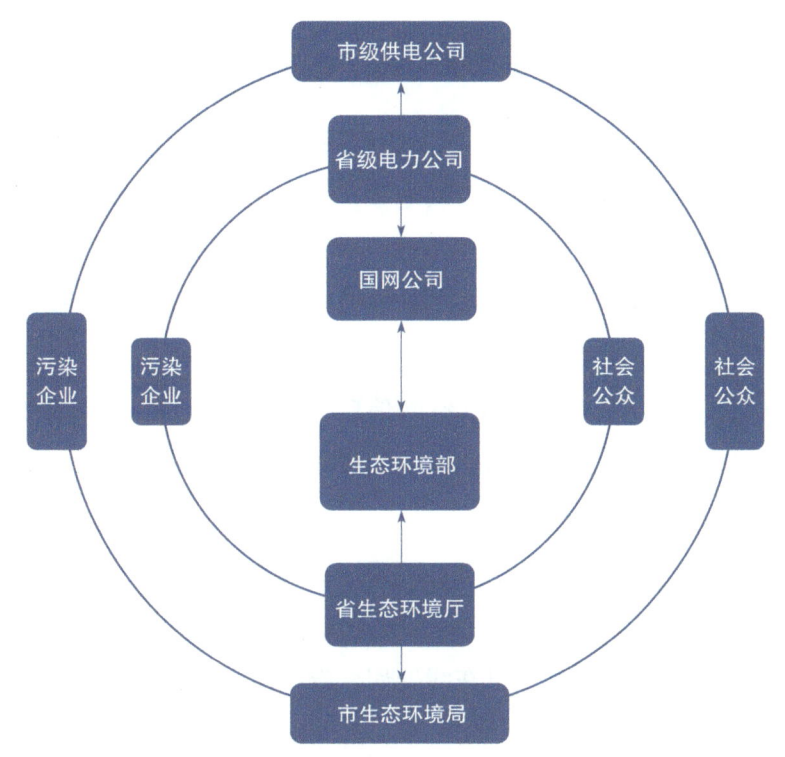

图 3-21　各利益相关方纵向及横向联络关系

（二）梳理各方需求，明确服务内容

通过走访调研、座谈会等形式，综合分析国家电网公司及各级省（市）公司、生态环境部门、社会公众、污染企业等利益相关方在开展臭氧污染的防控工作方面的主要诉求和资源优势（见表 3-8），通过梳理各方意愿和资源，与利益相关方达成共识，赢得利益相关方广泛支持的同时，共同探讨长效解决方案。

表 3-8　各利益相关方需求分析

利益相关方	需求
国家电网公司及各级省（市）公司	构建臭氧污染电力分析体系，验证数据，优化模型，确保模型可靠、数据准确
社会公众	提供重点信息监控及预（告）警服务，根据大气污染状况合理安排生产生活
生态环境部门	提供线上数据报表、数据接口服务，方便污染数据及时获取
污染企业	提供线上分析报告自动生成服务，协助污染治理与管控

（三）搜集基础数据，搭建系统模块

基于滨州污染企业数据，初步搭建企业用电数据与近地臭氧污染物的关系模型。基础数据来源包括重点污染企业用电数据，中国气象网发布的气象数据，生态环境部门的大气监测数据；项目包括 NO_x、VOCs、臭氧等。2021 年第一季度，以滨州市相关污染企业数据为基础，基本构建完成覆盖各方需求的臭氧污染电力分析体系。该体系包含如下功能：

（1）实时监测：包含三级 GIS（空间信息系统）地图显示，分地市、行业用电趋势分析，各地市用电下降率分析，重污染预警企业告警情况分析。方便生态环境部门管理，满足社会公众知情权。

（2）应急启动：包含重污染天气红、橙、黄预警信息管理，企业应急减排清单明细，方便政府部门污染管控。

（3）告警信息：包含告警信息在线处理、告警信息一键导出。

（4）处置信息：可留存告警历史记录，方便回溯与管理。

（5）企业台账：方便企业管控及调账管理。

（6）统计分析：在线生成报告，完成报表统计。

（四）组织数据验证，优化系统模型

为保证数据精准、模型可靠，在国网滨州供电公司的模型基础上，国家电网公司组织了在山东、安徽、天津等地的试点应用和数据验证工作，验证臭氧前体物电力数据分析新模型，开展臭氧前体物与用电数据相关性分析，共分析 1 万余家污染企业的用电水平及生产排污情况，发现问题企业 800 余家，相关成果得到当地生态环境部门的表扬与感谢。

目前，优化后的模型已实现山东省内 16 地市全覆盖，并部署于国家电网公司总部，向生态环境部提供服务。

（五）邀请媒体参与，强化透明沟通

大气污染关系着社会公众生活和经济社会发展，在国网山东省电力公司的支持

下，项目推进的过程中，国网滨州供电公司发挥媒体的资源优势，多次邀请媒体参观公司能源大数据中心，积极向社会公众介绍项目推进的过程及意义，增强社会公众对供电公司工作的理解和支持。此外，还通过新华社、《经济日报》等高端社会媒体及《中国电力报》《国家电网报》等行业媒体进行了广泛宣传，取得了良好的社会成效。

四、项目成效

（1）通过在线监控污染企业的用电生产情况，构建起臭氧前体物单位电量排放指数等数据模型。与臭氧前体物浓度、排放量等数据相关联，实现了臭氧排放的在线监控及预测，提高了生态环境保护与治理的数字化和智能化水平。

（2）与生态环境部门实现了数据共享，实时监测、定位排放企业，预测臭氧变化趋势，并随时回溯臭氧污染历史数据，协助生态环境部门在线开展臭氧及其前体物污染防治。

（3）拓展了能源大数据应用场景，为污染企业提供精准数据服务，协助其优化减排措施。

下一步，公司将聚焦"双碳"背景下生态环境治理的新形势、新要求，协同推进内外部数据接入、治理与融合应用，深化违规企业监测、"散乱污"企业识别等数据产品服务，拓展电力库等数据产品应用，创新数据安全、数据共享等技术研究，政企联动深入打好污染防治攻坚战。

9 "四专"助力减排碳　护佑水城蓝天

项目实施单位：国网聊城供电公司

项目实施人员：谢　军　陈运峰　徐　志　赵　寰　周新林　董文琦　于刘庆

一、项目概况

"十四五"时期，山东将实施新一轮"四减四增"行动计划，促进经济社会发展绿色转型和生态环境持续改善。聊城市积极落实重点行业、重点企业压减煤炭消费等措施，持续强化能源消费总量、强度"双控"。

作为总资产超过 300 亿元的大型化工企业，具有典型高耗能属性的鲁西化工集团股份有限公司（以下称为鲁西集团）承担着艰巨任务。为落实聊城市政府压减煤炭消费量要求，鲁西集团实施退城进园，计划将现有的 50 万千瓦负荷全部接至公用电网供电，并在未来数年新增约 60 万千瓦负荷。但是由于所需电力、热力一直自发自用孤网运行，煤炭消耗量大，备用电源容量小，存在一定的安全隐患，接入系统工程规模大、任务重、时间紧。

国网聊城供电公司（以下称为聊城公司）针对省市政府重点关注、重点客户急需必需、社会关注高的这一问题，将社会责任理念融入鲁西集团负荷接入工程，积极推动各个利益相关方参与到工程策划实施中来，发挥各自领域优势形成攻坚合力，优化流程审批、加速项目落地、做好跟踪服务，顺利完成负荷接入工程各项工作，为全市减煤大局贡献"国网智慧"，为山东在全国率先实现"碳达峰"打造"聊城样板"。

二、思路创新

聊城公司充分发挥"国网电网"责任央企品牌引领作用,引入社会责任理念,运用社会责任边界管理工具和利益相关方管理工具,深入分析利益相关方诉求,统筹各方优势资源,厘清社会责任边界,精准释放功能定位,实现各方利益均衡化、最大化。

(一)广泛开展调研,明确利益相关方诉求和期望

项目前期,聊城公司通过电话、走访、会谈等多种形式,主动与市政府、鲁西集团等利益相关方,广泛开展调研和沟通,明确各方利益诉求和期望目标。聊城市希望通过鲁西集团负荷接入工程的顺利实现,示范带动更多产业、行业融入全市压减煤炭消费大局,完成年度及"十四五"减煤任务。鲁西集团通过停运部分装置、兰炭替代等措施完成压减煤炭消费任务、促进节能减排。与此同时,以接入公网为契机实现智慧化工园区双电源供电,依托稳定供电提升生产可靠性和安全性。随着人民群众日益增长的对美好生活的期待,压减煤炭消费、增加清洁能源消费带来的大气环境改善、人居环境不断提高,将稳步提升人民获得感和幸福感。聊城公司主动回应政府要求、企业诉求和人民期待,通过将鲁西集团接入大电网,推动新型电力系统构建,持续提升电网可靠性和获得电力便利度(见图3-22)。

图3-22 利益相关方的诉求和期望

(二)发挥各方优势,积极有序推动项目实施进程

在充分识别各方利益的基础上,聊城公司倡导明确各方责任边界,发挥各方优

势，有序、有力、有效推进项目实施。聊城市委、市政府凭借政策优势，主导、督促接入工程各方共同实施。鲁西集团加大力度落实购买省外电力指标，积极掺烧兰炭、矸石，最大限度压减煤炭消耗。聊城公司开辟绿色通道、追加电网投资，充分发挥电力行业上下游全覆盖的优势，全力推进项目实施，助力企业提速升级、城市绿色发展（见图3-23）。

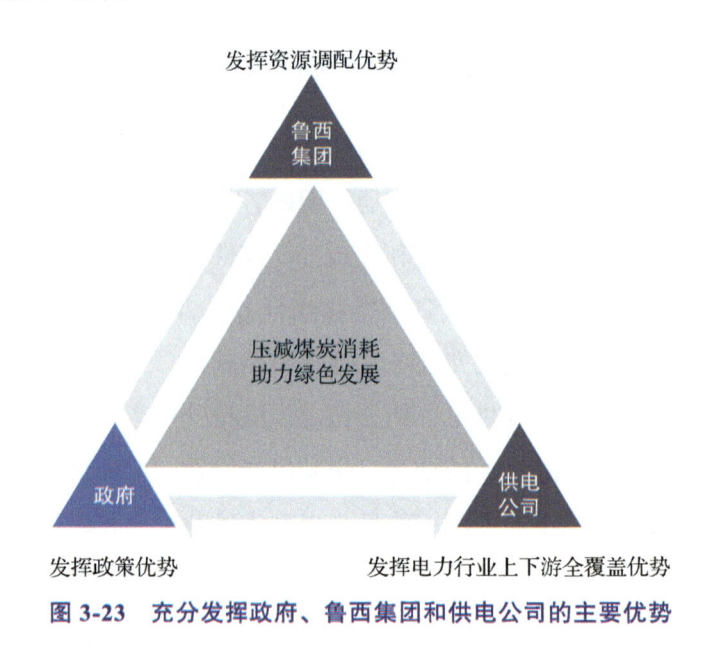

图 3-23　充分发挥政府、鲁西集团和供电公司的主要优势

（三）达成最优目标，创造智能电网建设新环境

在经过多轮次、多形式的研究讨论后，"效率第一、质量优先"的实施目标逐渐明晰、统一，成为各方努力的共识。聊城市委、市政府迫切希望借助鲁西集团负荷接入工程，树立能源转型、新旧动能转换的典型榜样，示范带动更多企业融入全市减煤大局，助力"聊城市在鲁西大地率先崛起"战略落地。鲁西集团实现退城进园，一方面积极响应"碳达峰、碳中和"的国家重大战略，另一方面主动调整行业发展趋势和盈利模式，降低用能成本，扩展盈利空间，接入大电网更是为后续增产拓销创造更便利的环境。聊城公司凭借良好的供电营商环境，带动政府部门、鲁西集团高效解决项目实施过程中的诸多问题，推进统一的坚强智能电网建设。

三、实施举措

（一）组建对接团队，提供"专门"服务

聊城公司 2019 年 4 月正式接到鲁西集团用电申请，高度重视、密集对接，召开方案研讨会，制定本期建设 2 座 220 千伏变电站，远景建设 4 座 220 千伏变电站、9 条 220 千伏线路的方案，建设规模居全省首位，也是聊城地区近 10 年来唯一的 220 千伏客户接入工程。聊城公司组建三级对接团队，提供"专门"服务（见图 3-24）。主要负责同志担任领导小组组长，发展、营销、建设、调度等专业部门组成工作小组，每周一、周四定期召开工程协调例会，实时督导工程进度，及时解决工程中遇到的问题。分管负责人与鲁西集团相关负责人开展常态化座谈，沟通交流企业生产情况、经营形势，认真了解企业项目用电需求及"十四五"期间生产规划，对客户疑难问题进行解答，并征求客户对供电服务、电力供应等方面的建议。

图 3-24　组建三级对接团队，提供"专门"服务

（二）开辟绿色通道，实行"专事"特办

聊城公司前期通过组织现场调研、业务会谈等方式，深入了解企业需求，并指派专人协助企业办理相关手续；主动向上级管理单位汇报，争取资金和政策倾斜，配套投资建设两座 220 千伏变电站。打破常规，快速启动电网侧变电站间隔扩建和保护改造工程，于 2019 年 12 月批复可研，直接开展工程设计和物资采购，让鲁西集团接网工程提前 2 个月投产。抽调精干人员组成施工项目部，提前组织调配施工队伍，从人员安排、施工机具调配、施工队伍调度、资金使用等方面做好全方位支持，确保工程顺利推进。

（三）建立会商机制，开展"专题"研究

依托成熟运作的涉电项目联席会商机制，邀请聊城市委、市政府相关职能部

门、鲁西集团、项目施工方等开展"专题"研究，定期组织内部方案审查、工程推进、验收组织。为加快用户办理进度，确保工程尽早开工，在市行政审批服务局和市自然资源和规划局职能交接、省厅对土地预审和选址意见的合二为一暂未落实的背景下，政府各相关职能部门依据《聊城市优化简化获得电力审批流程工作方案》，针对鲁西一站不符合城乡规划的情况，创新流程、并联审批，在最短时间内完成了核准。

（四）严控安全质量，强化"专业"管理

聊城公司在全力推进项目实施、确保如期接入的同时，严格安全、质量、资金等方面的管控。各部门立足专业要求，全面梳理汇总工程施工、调试、验收及送电各环节工作节点和工作要求，制定送电前准备工作任务清单，各项任务明确专责人及办结时限，前置环节满足后续环节工作要求。根据停送电计划时间合理倒排工期，建立全流程里程碑计划，重点关注工程建设关键时间节点，精准开展现场服务。实时响应客户诉求，结合客户人员安排，制定送电前准备工作"明白纸"，主动向客户提供技术指导，分享建设经验，满足客户供电安全性、可靠性要求。

四、项目成效

（一）有力推动能源结构优化，带来社会效益

鲁西集团负荷接入工程是聊城地区近10年来唯一的220千伏客户接入工程，建设规模大、电压等级高、供电要求严苛。鲁西集团负荷接入工程作为聊城市2020年重点建设项目，是聊城集团产业园的重要配套基础设施，有力补充了现有生产装置电力负荷，为下一步建设千亿产业园提供电力保障。

压减煤炭消费是聊城市深入贯彻"绿水青山就是金山银山"理念的有力实践。项目实施后，仅鲁西集团一项就可压减煤炭消费500万吨以上，极大改善聊城市空气优良指数，加速能源结构优化，促进产业结构升级。据初步测算，2021年上半年，全市规模以上企业单位工业增加值能耗下降11.4%，为全市新旧动能转换和制造业强市建设奠定了坚实的基础。

（二）加速提升公司年售电量，带来经济效益

负荷接入工程完工后，鲁西集团相继关停厂内机组，产业园 35 万千瓦孤网负荷转接公用电网，年售电量增加 24 亿千瓦时，并在未来 3 年新增约 60 万千瓦负荷。聊城公司 2020 年售电量累计达到 200.065 亿千瓦时，突破 200 亿大关，同比增长 11.51%；2021 年累计完成售电量 237.74 亿千瓦时（快报口径），同比增长约 18.83%，增长率连续两年保持全省第一。

（三）深入贯彻落实节能降碳，带来环保效益

工程完工后，鲁西集团实现了产业园由 35 千伏等级向 220 千伏电网的跨越，成为鲁西集团落实能源替代、落实山东省新旧动能转换要求的关键一步，为产业园下一步的建设和发展提供了更稳定、可靠的电力保障。与此同时，在促进节能、降碳工作上取得明显成效，截至 2021 年 7 月，万元产值（可比价）综合能耗和二氧化碳排放量较 2020 年分别下降 30.4%、34.8%，单位产品综合能耗下降 2.9%。

（四）促进电网行业整体转型，带来示范效益

作为聊城市境内的主要工业企业，同时是山东省新旧动能转换重大工程之一，鲁西集团由传统化肥产品到化工新材料高端化工的产品结构优化，走出了一条传统化工企业向智能化企业转型之路，对带动行业整体转型、促进产业链上下游主动整合具有重要示范意义。聊城公司充分发挥社会责任工具作用，通过简化审批、优化流程、加速实施，绘就政府、企业、供电公司最大同心圆，将为全省其他地市公司提供良好的经验借鉴。

10 "源网荷储"多方协调助力"精致城市"绿色发展

项目实施单位：国网威海供电公司

项目实施人员：王志忠　蔡海沧　许晓康　刘世鹏　李　钢　宋子龙
刘永明　孙　皓　燕　亮　林　健

一、项目概况

2020年9月，国家主席习近平在第七十五届联合国大会一般性辩论上正式宣布：我国二氧化碳排放力争于2030年前达到峰值，努力争取2060年前实现碳中和。加快电力系统向"源网荷储"协调互动模式转变，对提升新能源发电消纳能力，助力实现"碳达峰、碳中和"目标具有重要意义。

2018年以来，威海市确立"精致城市·幸福威海"发展定位，"精致"全面成为威海发展的城市共识。"十四五"期间，威海地区将逐步发展成为绿色能源输出基地，电网调峰形势异常严峻。一是电网调峰能力不足。山东电网煤炭发电量占比较高，保障民生供暖、电网调峰能力匮乏、平衡火电电量计划多重矛盾叠加导致电网调节能力严重不足，制约外电入鲁和新能源消纳空间。二是负荷侧资源规模小。"源网荷储"中的负荷侧资源，目前仅有"特来电"电动汽车及少量的非工空调等资源接入，规模较小，远低于最初预期。三是实时调度运行控制难度大。受厂（场）站数量巨大、感知系统智能化水平不足的影响，不能实时掌握电网全链条信息。

国网威海供电公司加快推动传统的"源随荷动"调度模式向"源网荷储协同互动"模式转变，积极拓展电网可调节负荷资源，推动"源网荷储"协同互动，从"可观、可测、可控、可调"4个维度提升可调节负荷资源的调控能力，实现电网安全稳定水平、新能源消纳水平、调度精益化水平的有效提升,为解决山东外电入鲁规模不断扩大、常规火电发展受限、新能源消纳瓶颈、电网调峰资源匮乏等问题提供了方法,为实现威海市"精致城市"绿色发展、山东省清洁能源转型做出了重要贡献。

二、思路创新

(一)加强利益相关方沟通,整合多方资源优势

国网威海供电公司立足电网企业保障社会生产生活用电的基本职能,加强与电源端(电厂)、负荷端(大用户)、储能端(储能电站)的沟通交流,达成助推"精致城市"绿色发展的认识和达成促进威海市"碳达峰、碳中和"的共识。准确判定与"源网荷储"有关的各方利益诉求,充分掌握各方解决问题的意愿、能力、资源和优势,通过利益相关方的试点示范,打造成熟的"源网荷储"运行方案,推动多方合作,实现优势互补(见表3-9)。

表3-9 国网威海供电公司利益相关方诉求与资源分析

序号	利益相关方	核心诉求	资源优势
1	政府部门	1. 实现"精致城市"绿色发展 2. 实现清洁能源转型	有政策、平台、公信力和信息优势,以及发挥监督作用
2	电网侧	1. 保障电力系统安全稳定运行 2. 减少电力投资 3. 提升新能源消纳能力	"源网荷储"多元协同调控平台
3	电源端(电厂)	1. 提高经济效益 2. 安全稳定供电	电力资源
4	负荷端(大用户)	1. 提高经济效益 2. 节省用电费用 3. 稳定供电	可调负荷
5	储能端(储能电站)	提高经济效益	储备能源实现调峰、调频、备用、跟踪计划发电
6	媒体	话题与关注	1. 新闻推广 2. 吸纳更多有需求的利益相关方参与

（二）推动多方合作，创造综合多元价值

综合运用"源网荷储"各类互动资源，推动电网从"源随荷动"向"源网荷储协同互动"转变。通过利益相关方的试点示范，打造成熟的"源网荷储"运行方案，推动多方合作，实现优势互补，为各利益相关方创造稳定的多元价值，为负荷端（大用户）和电源端（电厂）创造经济价值，为电网企业创造提升新能源消纳能力的社会价值，为威海地区创造蓝天白云绿色低碳的环境价值，最终实现整个电力系统效率效益的最大化（见图 3-25）。

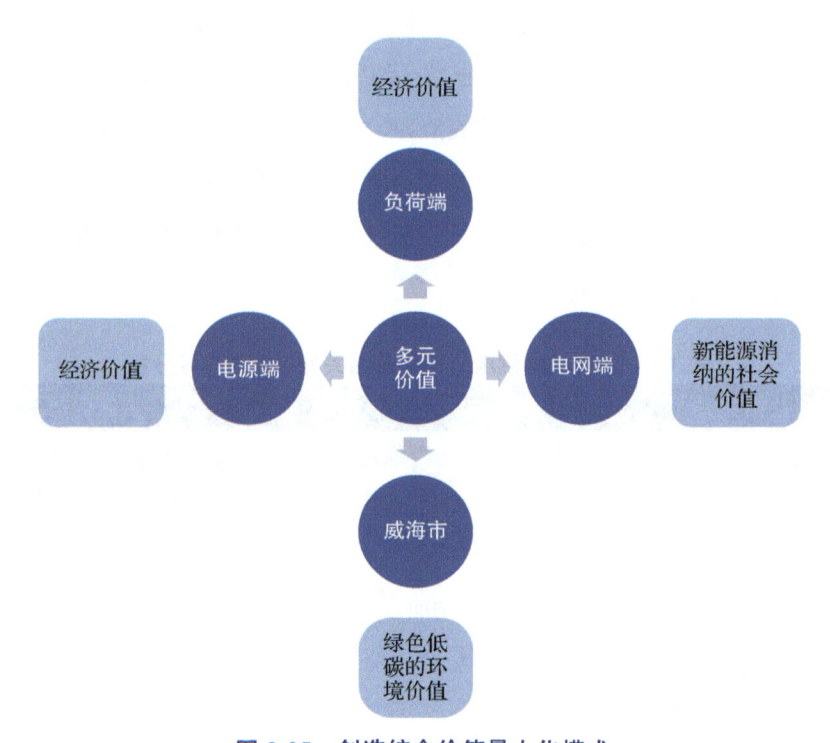

图 3-25　创造综合价值最大化模式

三、实施举措

（一）建立健全与各利益相关方沟通协作机制

建立电源端、电网端、负荷端、储能端四方联席会议制度，由供电公司具体牵

头,其他各方派专人参加;定期召开会议,进行会商沟通,凝聚"源网荷储"共识,共同解决涉及的困难。一是加强政企"工作同步"。在新能源消纳、电采暖推广、工业企业改造、清洁用能补贴、充电桩设点等领域,加强工作计划沟通,确保能源企业工作步调与市政府方向的高度一致,争取政府对电网工作和资源的支持,如补贴返还、技术标准等。二是加强产业链"数据共享"。建立"源网荷储"数据资料库,规整各类能源资源、电源信息、电网数据、运营数据、需求侧信息等,为合理推进"源网荷储"协调获取更充足的基础数据,再以数据分析支撑调控与运营决策。三是加强供需侧"理念同频"。通过柔性调控,畅通电力供给渠道,消除电源端、电网端、需求侧的不匹配、不同频、不平衡矛盾,促进清洁能源消纳、供电稳定、电价等方面形成广泛的理解与认同。

(二)联合试点单位开展"源网荷储"试验

在充分调研沟通的基础上,由公司制定《威海电网源网荷储多元协同调控平台技术方案》,选择基础好、意愿高的威海佐耀智能装备股份有限公司作为试点单位。细化编制《空气源热泵负荷接入源网荷储协同调控平台方案》,做好前期全网络申请、平台整体框架搭建部署、负荷调控接口功能开发调试、性能优化等一系列工作,择机开展试点平台搭建及空气源热泵负荷接入。

(三)引导各方加入"源网荷储"平台

国网威海供电公司梳理筛选威海地区大负荷用户,制定工作计划推进表,引导地方电厂及电动汽车负荷等优质用户接入"源网荷储"平台,开展地方电厂和电动汽车页面开发部署及调试,做好平台整体功能优化,包括负荷调控全流程商讨优化、负荷收益计算方式商讨优化等,进一步推动更多的负荷侧资源接入"源网荷储"协同调控平台。一方面,发挥专业协同联动作用,对辖区内的空气源负荷进行全面摸排,从空气源用户的运营管理情况、装机容量、电压等级、是否具备无线可调节功能等多个方面进行摸底排查,为负荷接入打好前站。另一方面,从用户单位的性质、使用频次等方面进行梳理,对可能接受改造、安装无线控制系统的用户建档立案,把排名靠前的作为重点用户进行攻关突破;同时,采取主动上门洽谈的方式寻求合作，重点从负荷接入为用户带来的便利及节省的费用方面引导用户安装无线控制系统，接入威海市电网"源网荷储"协同调控平台。

（四）加大多元化宣传力度

结合社会"碳达峰、碳中和""精致城市"等热点议题，充分挖掘试点示范相关工作亮点；依托供电公司融媒体中心，广泛联合中央级媒体、省（市）级媒体、行业和国网媒体等内外媒体平台，制作全媒体、多角度的新闻报道，不断扩展"源网荷储"的社会影响力，吸引各方关注目光，为项目深入开展营造良好舆论氛围。

四、项目成效

（一）推动电网功能"精致"升级，提升资源配置能力

提升"源网荷储协同互动"、清洁能源服务能力和能源综合利用效率，实现电网功能多元化升级，增强资源配置和服务支撑能力。建成以负荷资源规模化控制、就地化平衡为核心的地市级"源网荷储协同互动"体系，促进威海地区各类可调节资源规模化聚合纳入电网调控控制体系中，实现市级可调节资源参与省级电网调节。在电网调峰困难时，融合虚拟电厂能源聚合和需求响应，实现可调节资源聚合管理；应用负荷分秒级直控技术，有效平抑负荷峰谷差，实现电力供需平衡，电网调节能力显著提升。在配网主变和线路过载时，应用虚拟同步机、低压柔直、移动储能等新技术，通过源荷互动实现台区间负荷分钟级按需潮流调控、绿色能源高效消纳、台区负荷削峰填谷，减少用户停电时间、次数，提高用户用电满意度。

（二）改善电网薄弱环节，提高电网安全效益

针对电网备用不足、局部断面及设备过载等问题，通过"源网荷储协同互动"服务，动态优化负荷特性曲线，提升电网调频、调峰容量和灵活性，可大幅减少或避免调度拉（限）电数量，降低或杜绝火电机组日内启停次数，延长火电机组使用寿命，提升电网供电可靠性和客户满意度，降低了发生相继故障甚至大停电的风险，潜在社会经济效益巨大。

(三)助力威海地区"碳达峰、碳中和"目标实现

在节能减排方面,以每100万千瓦可调节负荷资源计算,可平均提高燃煤机组负荷率2个百分点,降低煤耗1个百分点;每年节约燃煤50~75万吨,节省二氧化碳排放量131~196万吨、二氧化硫0.4~0.6万吨,促进能源清洁化发展。随着空气源热泵、电动汽车(充电桩)等设施的快速发展,负荷端具备调节能力的资源将逐步增大。国网威海供电公司将在自备电厂、储能设施参与电网运行调节基础上,利用市场化机制,引导负荷端可调节资源参与电网调控运行,绿色生产、生活方式更加普及,"三生共融"的空间格局更加优化,助力威海市在山东省内率先实现"碳达峰"。

(四)助力威海地区"精致城市"建设

未来一段时间,随着智能楼宇(小区)的大规模改造和建成、充电网络(电动汽车)的进一步普及、用户(聚合)商参与负荷调节积极性提高,可调节负荷功率呈现逐渐增加趋势,"源网荷储"在电网调峰、促进新能源消纳、提升客户能效等方面的价值将被深层次挖掘。进一步释放电网服务效益,深度挖掘能源数据、新能源产业价值,通过"源网荷储"根植社会责任,全面供好"绿色电",推动"精致城市"绿色发展。

(五)推进多方共赢的合作生态建设,节省各利益相关方经济及综合成本

建立多层级参与主体的数据融合共享机制,准确筛选"源网荷储协同互动"客户,引入市场化手段和补偿机制,鼓励高低压客户广泛参与"源网荷储协同互动",实现"源网荷储"各环节的高效应用、协同互动,助力能源结构转型升级。一是有效促进电源端适应负荷变化的调节能力显著增强,有效引导负荷端调整电力消费模式、积极参与供需互动,有效推动储能端充分发挥调峰调频作用、保障电网安全运行和供需平衡,电网作为基础平台的资源优化配置能力大幅提升。二是落实有偿补贴机制,通过经济杠杆调配负荷需求,有效转移尖峰负荷,服务商与新能源企业执行共享储能服务交易。三是可以强化对各类调节资源的运行态势全景感知及实施闭

环控制的能力，使空气源、充电桩等负荷资源以可调负荷的形式参与电网实时调控，有效促进电网削峰填谷和清洁能源的消纳能力。对负荷端的用户来说，可以利用峰谷电价差额，减少费用的支出，实现对各利益相关方年节省成本 10% 左右的正向回馈和价值激励，同时更加经济、高效地满足威海地区用户的需求。

（六）提升公司品牌形象，赢得社会广泛赞许

国网威海供电公司"精致"电网建设取得的成绩得到了国网、省公司及威海市政府的高度认可，受到媒体高度关注。自 2020 年以来，中央电视台报道 2 次、新华社报道 4 次、省级及其他媒体相继转载 60 余次威海市电力清洁能源消纳动态，树立了国网威海供电公司责任央企形象，形成良好的舆论环境，彰显国网公司品牌形象。

四 社会责任根植 赋能地方发展

1 电力基础设施"共享超市" 服务"新基建"5G 网络建设

项目实施单位：国网日照供电公司

项目实施人员：刘 昊 路 军 许家余 焦 健 吴 阳 柴庆朋
王 伟 丁月明 邢 奥

一、项目概况

"基础资源共建共享"是国网公司服务国家"新基建"5G 建设大局、支撑"双碳"目标、落地乡村振兴等战略的重要举措。按照山东省 5G 规划，2021 年日照市计划建设 5G 基站 1600 余处，然而进度始终较慢。究其原因：一是选点难，5G 网络基站密度是 4G 网络的 3 倍以上，但城区较难匹配建设所需土地资源；二是入场难，机房建设规划、审批、环评和土建周期至少半年以上；三是协调难，新建杆塔和光缆管沟需要协调征地、土地青苗赔偿和立杆等大量民事问题；四是用电难，5G 网络建设必须同步考虑周边市电引入，电力建设成本较高。

国网日照供电公司坚持问题导向，按照"资源共享应用、资产增值复用、模式创新共赢"的思路，建立以思极公司为运营主体、以施工运维单位为运营支撑、以运营商为运营对象、以供电公司为运营决策的社会资源共建共享生态圈；打造社会基础资源运营的"共享超市"；创新以租代建、共建共享、自建纯租、多方联营、代建代维 5 种模式，推动土地、机房、光缆、杆塔、市电等资源社会化利用，达到节省成本、缩短工期、避免重复投资的目的，实现国家基础设施的优势互补和资源共享。2021 年公司共享运营商 5G 方舱机房 6 处，光缆超过千米，电力杆塔 6317 基，市电设备116处，电力服务160余人次，节约重复投资8000余万元，减少碳减排600余万吨。首创基础资源运营超市和5G方舱式汇聚机房设备租赁成功入选国网典型经验。

二、思路创新

立足当前日照市5G网络建设过程中存在的难点和痛点，引入"共建共享"社会责任根植理念，以"安全可靠、依法合规、资源共享、合作共赢"为原则，按照"资源共享应用、资产增值复用、模式创新共赢"的思路，搭建基础资源"共享超市"，实现可共享资源信息透明化；坚持"租建结合"，积极探索资源共享的多种模式，促进社会资源的高效利用，形成优势互补，在携手利益相关方破除难题的基础上，开创跨行业互惠双赢的新局面（见图4-1）。

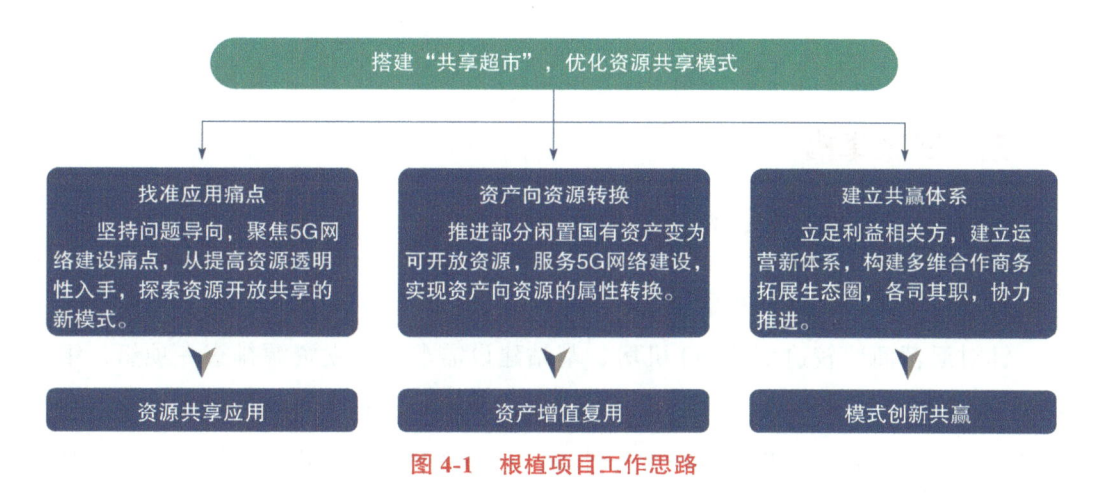

图4-1 根植项目工作思路

（一）问题导向，找准资源应用的痛点

坚决落实国家"双碳"发展战略，积极响应政府新基建工作大局，充分发挥企业社会责任感，坚持问题导向，聚焦5G网络建设中选点难、入场难、协调难、用电难等痛点，从提高资源透明性入手，探索资源开放共享的新模式，切实帮助政府和运营商解决5G网络建设的难点、痛点问题。

（二）积极探索，推动资产向资源转换

电网建设有超前规划、合理布局的特点，电源覆盖半径和 5G 网络半径高度契合，公司现有土地、房产、杆塔和光缆等企业资产均可在 5G 建设中实现有效复用。通过对资源开发模式的大胆创新和积极探索，推进部分闲置国有资产变为可开放资源，服务 5G 网络建设和运营，实现资产向资源的属性转换。

（三）厘清责任，建立合作共赢体系

围绕资源开放共享，立足利益相关方，建立产业运营新体系，与运营商、铁塔公司签订战略合作协议；与思极公司签订资源委托运营协议；与施工运维单位签订建设运维协议。建立了以思极公司为运营主体、以施工运维单位为运营支撑、以运营商为运营对象、以供电公司为运营决策的多维合作商务拓展生态圈，各司其职，协力推进。

三、实施举措

（一）坚持互惠双赢，打造资源共享生态圈

1. 细化调研，盘点可共享资源

针对运营商比较迫切的 5G 机房、基站建设需求，成立资源排查专项组，组织对资源进行盘点。会同各资源主人单位，对闲置房产土地、可利用杆塔走廊、多余光芯、可接入电源等可开放资产进行排查，对房产和土地收集不动产权证，对其他设备收集固定资产编码。累计盘点 9000 余处运营资源的坐标、面积、外观和运营情况信息，确定光缆光芯 1952 多千米，网络机房 206 处，微波基站 19 处，光缆通道杆塔 7.6 万基，可接入市电公变 1.32 万台，可用土地房产 170 多处；将已盘点好的运营资源进行分类分组，便于集约化管理。

2. 多方协同，达成战略合作格局

充分了解调研政府、运营商、思极公司、施工运维单位、终端客户及供电公司在 5G 网络建设和实际工作中的核心诉求和核心优势（见表 4-1），与各单位进

行多轮次对接，进行基础资源运营的法律合规性和流程探索，做好运营各方的安全责任明确和职责分工，做好职责界定和分工，凝聚多方合作共同推进项目高效落地。

表 4-1　项目利益相关方的核心诉求和资源优势

序号	利益相关方	核心诉求	资源优势
1	政府部门	1. 加快 5G 网络建设，助力智慧城市需求 2. 推动资源共享，减少资源占用	提供政策支持
2	运营商	1. 满足客户需求，提升 5G 网络质量 2. 实现 5G 布局，降低投资成本	1. 运营受用方，提供建设需求 2. 提供资金支持
3	供电公司	1. 支撑国家 5G 发展需求，承担社会责任 2. 盘活闲置资源，实现新利润增长点 3. 共享 5G 设备，提高电力基础网络能力	1. 具有可运营资源 2. 提供电力供应服务 3. 具有专业的管理团队 4. 具有良好信誉，便于协调管理
4	思极公司	1. 做好资源运营，实现资产增值 2. 发挥企业价值，为政府和社会提供服务	1. 运营主体方，提供资金和技术支持 2. 提供运营模式 3. 提供运维和售后服务
5	施工运维单位	1. 盘活闲置资产，实现新利润增长点 2. 开展建设和运维，建设新工作团队	1. 提供可运营资源 2. 提供建设和运维队伍
6	终端客户	1. 良好的 5G 通信和网络质量 2. 较低的通信费用	1. 终端需求方，提出使用需求 2. 对服务进行反馈

政府作为 5G 网络建设推动方，提供政策支持，制订资源开放共享方案，明确各方工作职责（见图 4-2）。公司作为资源所有方，负责可开放资源整合盘点、客户需求收集、安全责任界定、超市商品上线、施工方案制订、日常管理、电力方案提供等；思极公司作为资源协同运营方，负责资源开放可行性研究、管理标准制定、合同签订和执行等；运营商作为需求主体，负责提出业务需求，与供电公司提供的可开放资源进行匹配，提出现场的施工要求和标准，负责进行核心设备的购置安装，负责租赁设备的租金支付；施工运维单位，负责方舱机房、光缆和电力引入设备施工安装、负责后期设备的运行维护等。

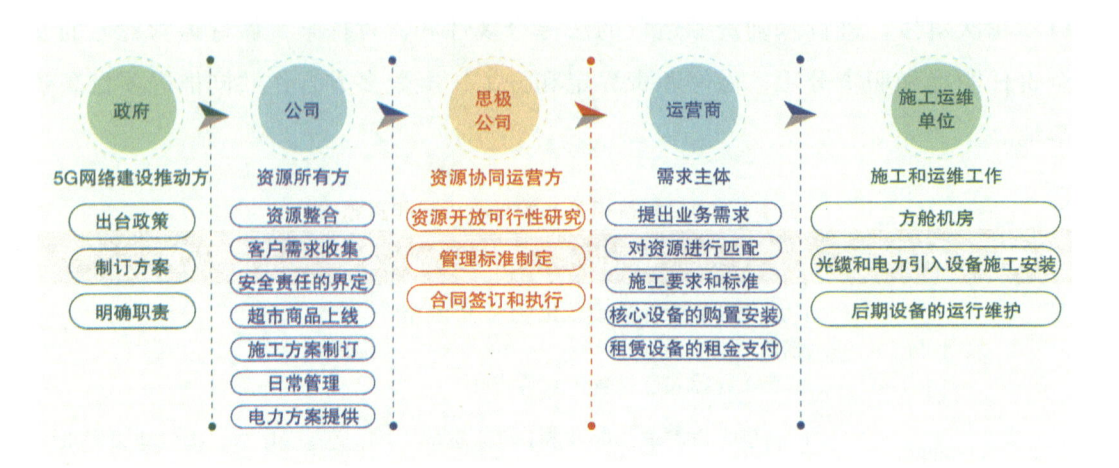

图 4-2　项目关键利益相关方及其工作分工

（二）搭建共享平台，提高资源开放透明度

资源共享首先要从安全生产、信息保密维度确定可对社会、公众开放的设施范围。经对公司资源进行筛选分类，确定的原则为对变电站、输电线路杆塔等核心电力设施不对外开放，对服务站、充电站、光缆和办公场所等服务设施对外开放。

同时，为更好地提高可开放资源的透明度，提高资源匹配和共享效率，公司引入"共享超市"理念，打造基础资源运营超市，实现政府、运营商直观看到可开放资源全部信息。公司负责对可开放资源进行分类盘点，收集位置坐标、面积、现场照片和市电引入等基础信息，按房产、杆塔、管廊、光缆、数据中心站、微波塔等打包成不同类型的共享产品；思极公司通过可视化地图网站模式，将打包好的产品信息以图形在"兰图绘"上以超市货架对运营商开放，所有可共享产品在"共享超市"上架对外开放。

"共享超市"部署在供电营业厅等服务场所，对外提供查询和预约服务。运营商可登录"共享超市"对照 5G 建设规划，查询可用资源地址、现场照片、运营内容、起止时间等相关信息，并可了解周边相关情况，快速测量长度、距离，记录设备建设、运维和工程进度等信息，实时掌握资源使用和运营情况；通过"共享超市"，建立起资源对外开放的沟通渠道，提升资源共享的透明度，有效实现市场需求与可共享基础资源的快速匹配。

为更加方便运营方查询资源实际情况，提高资源与需求的匹配效率，公司在基础资源运营超市设计中实现五大自动功能：

（1）实现资源数据自动同步。平台通过数据中台，打通业务系统的数据接口，实时接入业务数据，建立全省电网基础资源库，实现了数据共享、自动同步。

（2）实现业务需求自动匹配。通过与移动公司建立统一的基站需求数据模板，移动公司发起基站建设需求，市场专责通过数据模板将基站需求直接导入系统中，形成待匹配任务。在资源匹配中首先根据技术要求设置站点的容差距离、资源类型、电压等级等匹配条件。然后通过系统提供的勾选匹配和匹配所有功能，通过智能算法快速匹配杆塔和外市电等电网资源。选择匹配结果中的基站信息，系统自动跳转到 GIS 地图中，全景展示匹配结果。

（3）实现电网资源自动筛查。根据运营商基站建设规划场景，主动推送电网基础资源，加大电力杆塔的共享使用力度，提升电网资源商用价值。实现参照地点周边的杆塔资源、开闭所和箱式变压器资源筛查地图位置的定位，为通信基站的改造建设提供资源的数据支撑，通过 GIS 地图功能全景呈现资源地理位置。

（4）实现业务订单和合同自动生成。平台后期按照"平台＋数据＋运营"的模式，结合公司开展的通信基站附挂和光缆敷挂业务，针对各地市公司、县（区）公司与移动、电信、联通等运营商、企事业单位共享业务，根据客户信息、业务场景、基站编号、基站名称、基站地址、使用的杆塔资源信息，自动生成业务订单和合同。同时，根据《基础资源运营结算标准》自动计算订单与合同金额，在线预览与编辑合同内容，快速生成新订单等功能，实现对共享业务的运营管理。

（5）实现大屏自动直观展示。全量资源，结合基础资源管理平台，展示山东省电网全量基础资源；可用资源，在可用库大屏分析中，可以直观看到山东省电网可用资源情况；已用资源，在已用库大屏分析中，可以直观看到山东省电网已用资源情况。

通过基础资源"共享超市"，极大提升了资源开放透明度，可直观、有效地和 5G 规划方案进行匹配，实现了资源开放工作的快速推进，该项成果成功入选国网公司典型工作经验。

（三）优化共享模式，提升资源共享成效

为各方可以更加便捷、精确地选择可共享资源，公司对可运营资源进行梳理，对非涉电的办公房产、土地、充电站等安全性风险低的资源直接对外开放；对涉电的变电站土地、配电室、杆塔等资源，在做好安全隔离和防护，以及杜绝安全风险后有限开放；对热点资源优先开放，并提前做好场地清理、电力资源等准备工作，方便运营商快速投入使用。所有公司对资源按照易用性、安全性等5个方面进行分级评价，结合客户需求进行灵活多样的服务产品定制，优化形成五类共享模式：对方舱机房实行以租代建模式，对微波塔实行共建共享模式，对光芯实行自建纯租模式，对数据站实行多方联营模式，对光缆实行代建代维模式，通过产品合理组合，达到了降低安全风险，提高收益水平的目标（见表4-2）。

表 4-2 资源共享模式明细

序号	共享资源	共享对象	共享模式	共享特色
1	方舱机房	运营商	以租代建	免费共享土地资源，电力施工单位建设方舱机房和市电配套，运营商租用设备
2	微波塔	铁塔公司	共建共享	免费共享土地和低压电源，运营商建设微波塔，运营商和公司共同使用
3	光芯	运营商	自建纯租	将闲置光芯资源租赁给运营商使用
4	数据站	IT企业	多方联营	公司会同国网信产集团共同建设数据机房，对外提供租赁
5	光缆	运营商	代建代维	共享电力杆塔通道资源，运营商租赁通道并购置光缆，电力施工单位代为建设运维

以方舱机房从租代建模式为例：以租代建为针对划拨土地的使用限制，采用租赁方舱机房设备代替修建传统砖混式机房模式，实现运营商拎包入住。供电公司有大量划拨土地，但是按规定这部分土地不能进行临时土建建设和对外租赁。公司推出以租代建模式，一是落实鲁工信工联〔2020〕60号文件和山东省工业和信息化厅相关文件要求，将土地无偿共享给运营商使用，杜绝土地法律风险；二是不进行临时土建，而是安装可移动一体化方舱机房设备，规避土建审批流程，缩短施工工

期；三是由供电施工运维单位进行机房设备安装和电力引入，运营商负责机房内专业通信设备安装和整体维护，减少建设投入和时间成本。

一体化5G方舱式机房具有占地面积小、建设时间短、投资成本低、可重复利用等特点，现场施工和机房组装同步进行，极大节省了建设时间和成本；机房属于可移动设备，不属于房屋建设，无须土建审批手续，不涉及土地和房屋租赁合同；机房可以根据使用需求，随时吊装到异地使用，适合大规模推广应用；机房使用复合材料，设备布局合理，功能强大，但是建设成本较低。通过引入方舱机房建设模式，使单个机房建设成本降低30%以上，建设时间由3周缩短为4天，供电施工运维单位也具有设备租赁收入，实现了合作双赢模式。截至2021年年底，已建设完成6处，在建5处，该案例入选国家电网公司2021年商务拓展典型案例库。

以光芯自建纯租模式为例：自建纯租为针对电力设备安全风险高的特点，由思极公司会同具有施工资质的供电施工运维单位在涉电设备上建设、运维通信设备，运营商租赁使用。国网日照供电公司五莲于里站—洪凝站已有48芯ADSS（全介质自承式光缆）光缆，其中12芯主备用，36芯闲置，日照移动急需建设日照到五莲的备用光缆，用于五莲移动网络优化、业务备用。按照市场需求，公司将36千米ADSS光缆两芯闲置光芯租赁给移动使用，并在洪凝站—五莲移动的10千伏电杆上新建4千米ADSS光缆，移动公司每年只需支付16万元，就可以减少建设通信杆塔的土地征用、土地青苗赔偿、施工等几千万元投资，既实现了电力闲置光缆的复用，又减少了国家重复建设投资。

（四）拓展社会价值，提供"共享电工"服务

施工运维单位具有丰富的电力建设施工、运维抢修和安全管理经验，为发挥电力奉献社会的价值理念，公司充分利用电力工作特长，推出"共享电工"社会服务模式，一是提供"电管家"服务，建立电力故障专家诊断小组，帮助客户处理电力故障问题；二是共享电力检修、试验和发电设备，对外提供电力设备运维和保电服务；三是共享电力经验知识，将电力安装规范、作业指导书等工作规程对外提供下载借阅，会同应急管理局举办大客户用电知识培训班，开展电力运维和检修服务培

训,该项工作经验入选省公司典型工作经验。"共享电工"一经推出,多家企业迅速登门联系,同时使用"共享电工"服务110多人次。

(五)固化机制流程,推广资源共享经验

公司会同思极公司制定了机房、微波塔、光缆和杆塔开放的作业指导书和安全管理责任书,规定了运营合同流程。由供电公司提供资源产权资料和法律授权,思极公司负责资源运营的合同签署,明确了产权方、管理方、使用方三方安全责任和权利义务,减少了法律纠纷和风险,从而更好地促进了资源开放共享工作的良性开展。

本项目运营方式得到市场的极大认可,在本地区迅速得到推广,同时带动光芯租赁、光缆附挂等多项电力基础资源对社会开放。2021年,成功申报国网公司典型经验。

同时,本项目的实施,更好地带动推广供电设施"共享租赁"服务,让企业办电省钱省时,更省心。2021年,通过公司搭建的"共享型"租赁平台,公司与日照储备石油有限责任公司签订变压器租赁协议,让临时用电电力设备变"买"为"租",日照储备石油有限责任公司从申请到送电仅用时17天,实现了山东省供电设施租赁服务新突破,助力企业办电省钱、省时、省心。

四、项目成效

(一)社会效益

通过资源开放共享,对政府方面,突破了电力传统观念和行业壁垒,建立了多维一体的共享合作生态圈,探索了电力资源"共享超市"、5G方舱式一体化机房运营等各种新工作模式,形成了开放共享的良好社会氛围;对运营商方面,更方便地获取各种资源,节省了建设投资成本,加快了建设速度,减少了电力运营成本;对供电公司方面,在共享的5G设备上进行电力专网运营优化提升,提高了电力物联网设备的运行速度和可靠性,有力支撑了输电无人机巡线、智慧变电站建设、电厂虚拟专网通道建设等工作,提升了电力工作能力,实现了资源共享的"三赢"模式。

（二）经济效益

通过开展基础资源运营工作，将电力现有可运营资源进行盘点，将可利用资源开放共享。由市场根据需求选择，极大减少 5G 网络建设机房、杆塔、光缆等设备的重复投资，做到了土地资源的充分利用，盘活了现有资产，实现了国有资产的保值增值。截至 2022 年年初，共对外提供共享 5G 方舱机房 6 处、光芯 40 多千米、微波塔 16 座、电力杆塔光缆敷挂 6317 基 207.04 多千米，配合完成 5G 设备电力"转改直"和市电引入 208 处，提供共享电工 160 多人次，预计节约 5G 网络重复建设投资 8 千多万元，年减少电费支出 620 多万元，极大地降低了 5G 网络建设和运营成本。

（三）环境效益

通过对企业公用资源进行开放，在 6 处机房、16 处基站、40 多千米光缆、6317 基杆塔上安装了 5G 网络设备和光缆，实现了电力设施的有效复用。通过这种方式，政府无须再协调建设所需的土地和通道，运营商无须再建设新的机房、光缆和杆塔，极大减少了土地占用和设备重复建设，实现了 5G 网络建设的最优解。通过资源开放共享，预计可节约水泥 1.2 万吨、光缆 4 万多米、钢铁 0.7 万吨，相当于减少碳排放 2.7 万多吨，全年可分别减少氮氧化物、二氧化硫和可吸入颗粒物 PM_{10} 的排放量 0.25 万吨、0.11 万吨和 0.98 万吨，减排各类污染物近 3.5 万吨。

2 | 能源大数据平台　让潍坊能效治理更智慧

项目实施单位：国网潍坊供电公司

项目实施人员：杨　莉　张　强　王晓龙　张昊东　宿连超　田明国　郑宝龙　武　彩

一、项目概况

"30·60"双碳目标为国家生态文明建设按下加速键。潍坊市有31家重点排放单位被纳入全国首批碳排放权交易市场，能效治理需求迫切。传统能效服务方式存在生产指导性弱、监管精准性不足等问题，地方能效治理不精准、效率低问题一直得不到有效解决。

国网潍坊供电公司创新将社会责任理念根植能效服务管理，识别出395家重点高污染、高耗能企业，与潍坊市发展改革委、生态环境局、大数据局、高耗能企业、综合能源公司等多方沟通，与潍坊市政府共同建设能源大数据中心，打造高耗能企业监测平台，接入政府、行业、电力等数据信息，通过各类数据接入、交换和应用，支撑政府实时监测、企业精准降耗。充分挖掘与应用能源大数据综合价值创造能力，依托数据互联，优化用能诊断等11项智慧能效服务流程，探索出融合营销、生产、调控等多专业的能效治理新方式。

截至2021年年底，基于能源大数据平台，开展智慧能效服务项目28个，协助395家潍坊市高耗能企业开展用能监控，在产值增加的情况下，使其用电量同比下降15%，为2598户企业降低用电成本789万元，助力潍坊市产业结构进一步优化，能效治理效益显著。潍坊市环境空气质量同比改善15%，空气综合指数、PM$_{2.5}$、PM$_{10}$三项主要指标改善率均为山东省第一。

二、思路创新

（一）利益相关方管理，汇聚共建合力

深入认识到利益相关方对公司智慧能效服务的驱动作用，建立利益相关方识别的流程和工具，增进政府（包括生态环境局、大数据局等）、供电公司（包括综合能源企业）、高耗能企业等关键利益相关方的协调与合作，基于面向外部相关方的数据整合共享平台，发挥利益相关方的资源优势与增量价值创造潜力（见图4-3）。

政府部门
潍坊市发展改革委、环保局、大数据局
- 对接潍坊市关于节能降耗总体规划
- 制定并推动企业节能降耗政策
- 监测高能耗企业排放状况
- 掌握生产数据，具备大数据管理专业优势

供电公司
互联网部、营销部
综合能源公司
- 掌握电力供应全链条数据
- 掌握企业运行能效数据
- 为企业节能降耗提供定制化专业供电服务，帮助用户提升能效

高能耗企业
- 提供企业运行能效数据
- 降低整体能耗，提升能源效率
- 优化产业结构，助力地方环境质量改善

能源大数据平台

图4-3 利益相关方合作机制

（二）创新沟通方式，深化合作机制

充分认识沟通合作的必要性和重要性，创新改进沟通方式，转变以往供电公司与各方单向沟通的工作模式，将利益相关方沟通工具与方法融入智慧能效服务的各个环节，构建从项目前期到后期的全过程沟通渠道，让利益相关方感兴趣、易接受，在认知、信息上达成一致（见图4-4）。

责任融入　价值共创
国网山东省电力公司社会责任根植项目案例集

时间(When)	前期	中期	后期
对象(What)	·分析利益相关方诉求与资源 ·识别各方持有的数据资源 ·获得各利益相关方对能源大数据平台的理解与认同	·推动利益相关方接入数据资源 ·达成数据共享共识 ·动态跟进各方反馈	·获取利益相关方反馈与评价 ·提供能效诊断分析结论与建议
方法(How)	·现场调研诊断 ·汇报沟通	·能效服务信息一屏全览	·提供诊断分析与建议报告

图 4-4　利益相关方沟通机制

（三）综合价值创造，凝聚能效服务共识

通过引入综合价值创造理念，推动能效服务向关注能效治理、降本增效、地区产业结构优化等方面的综合价值创造转变，并以地方能效治理需求、产业结构优化等社会问题为切入点，就解决社会问题、实现绿色发展等方面，与各利益相关方通过广泛沟通达成共识，为各方数据优势与数据资源识别、接入与共享夯实基础（见图 4-5）。

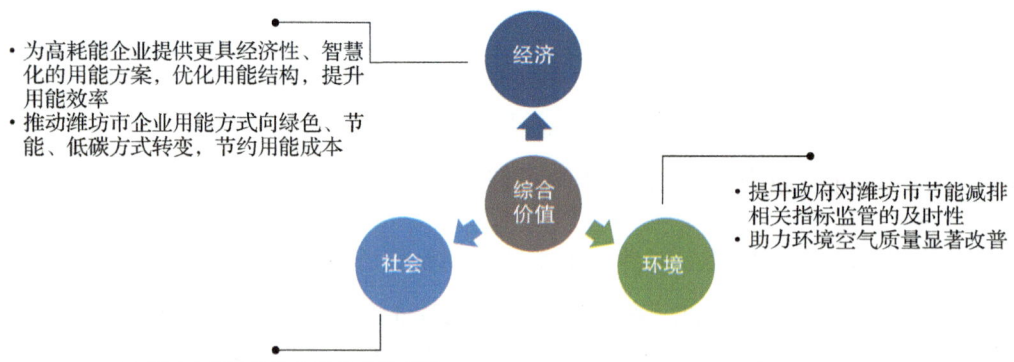

经济
·为高耗能企业提供更具经济性、智慧化的用能方案，优化用能结构，提升用能效率
·推动潍坊市企业用能方式向绿色、节能、低碳方式转变，节约用能成本

环境
·提升政府对潍坊市节能减排相关指标监管的及时性
·助力环境空气质量显著改善

社会
·为地区产业结构优化提供决策支持
·为市发展改革委、生态环境局等部门重点监控高污染、高能耗企业提供实时信息

图 4-5　能源大数据平台助力综合价值创造

三、实施举措

（一）分析高耗能企业用能现状及能效服务需求

根据《潍坊统计年鉴—2020》，潍坊市产值排名前两位的行业是石化工业、化工行业，均属于高耗能大型企业聚集的行业。国网潍坊供电公司基于传统能效服务信息，针对高耗能企业开展现场调研诊断，形成高耗能企业用能现状诊断报告。调研发现潍坊地区电力用户中，金属冶炼和压延加工类行业企业的用电量排序是最高的，其次分别是化工行业企业、石化企业、造纸企业、水泥制造企业和轮胎制造企业。因此，做好重点企业的能效提升工作是能效服务工作的重点，可以有效提升地区整体能效水平。

基于传统能效服务的客户信息，识别395家重点高污染、高耗能企业，通过走访、问卷等调研方式，了解企业节能降耗需求，明确企业具有降本增效、最大限度地平衡生产制造与能源消耗的迫切需求。

（二）开展利益相关方诉求与资源分析

识别能效服务管理中涉及的核心利益相关方，如潍坊市发展改革委、生态环境局、大数据局、高耗能企业、综合能源公司等，通过实地走访、问卷调查等方式，对其在协同开展能效服务管理工作或获得相关服务方面的核心诉求与资源优势进行调研分析，明确各方参与意愿与合作模式（见表4-3）。

表4-3 国网潍坊供电公司利益相关方诉求与资源分析

利益相关方	期望	资源优势	数据资源
发展改革委	高效能耗监控 降低整体能耗	具有公信力，便于政策制定与推动	环保政策 节能减排指标要求
生态环境局	高效能耗监控 降低整体能耗	具有环保监督职能	能耗监测指标
大数据局	掌握生产数据 通过大数据指导生产	具有大数据管理专业优势	产业发展数据

续表

利益相关方	期望	资源优势	数据资源
高耗能企业	高可靠供电 用能效率提升 降低用电成本 降低整体能耗	具有智慧用能服务需求	生产数据
供电公司	掌握综合能源运行情况 提供综合能源服务	整合综合能源服务资源	电力数据

（三）三方联动，建立能源大数据平台

按照"政府主导、电力主建、多方参与"工作主线，统筹规划、共建共享，政府、电力公司、企业三类主体协同构建能源大数据平台。主动对接潍坊市政府，促请市政府将能源大数据纳入地方大数据发展整体架构，以能源大数据中心为依托，建立多方参与及共享的能源大数据平台（见图4-6）。

政府部门	供电公司	高能耗企业
·将能源大数据纳入地方大数据发展整体架构 ·提供智慧用能服务政策引导	·实施能效公共服务的主体 ·落实能效服务业务实施方案	·利用能效诊断分析开展更高效的能效管理 ·协调推进减污降碳，转型绿色发展

图 4-6　智慧用能服务三方联动模式

接入政府数据。广泛协调接入潍坊市能源生产、传输、消费等各环节数据，通过集中分析处理利用，为高耗能企业用能状况的政策和监管指标提供数据支撑。

接入行业数据。全面收集市场用能信息、国家重大能源政策及节能产品信息发布重点，广泛收录用能行业政策标准，构建能源消费、能效对标等数据模型，为高耗能企业提供智慧能效诊断，帮助企业高效节能。

接入电力数据。依托山东省电力公司数据中台，接入各类营销系统、用电信息采集系统、线损系统、PMS（设备资产精益管理系统）、调度云等系统数据，通过数据中台加工处理后输出到能源大数据中心。供电公司作为实施能效公共服务的主体，发挥电网企业在能源领域的核心优势，按照"电力数据先行、逐步引入其他能源数据"原则，整合电力供应全链条数据，并逐步接入能源行业相关数据。

（四）多方合作，发挥能源数据平台应用价值

通过能源大数据平台，实现数据接入、交换和应用，发挥多方共享的综合价值。

一是实现能源数据动态监测，辅助政府精准决策。一方面，通过接入政府与行业数据，为高耗能企业匹配对应的能耗管理要求、服务策略与内容，让企业更直观、更全面地掌握政府对节能降耗的监管要求和规定。另一方面，通过接入电力数据，为政府提供高耗能用电监测、关停企业用电监测、"散乱污"企业治理、特殊重污染天气用电监测等，让能效治理清晰可视。

二是实现能源数据互联互通，辅助企业精准节能。基于营销、生产、客户等海量数据，外部政府数据，以及企业自身数据等能源大数据，结合企业用电类别、行业类别、用电量、潍坊经济特点等方面的基本信息，对企业用电信息、负荷特性、用电渠道、客户信用、企业规模等进行挖掘分析，提升能效服务精准性。同时，通过同一地区或同一行业不同企业间的能效数据对比，为高耗能企业能效提升提供个性化用能建议，让企业节能降耗更智慧。

三是实现能源数据广泛应用，匹配智慧用电与能效服务。基于能源大数据和企业自身用电特性，为高耗能企业匹配光伏发电等绿色能源新选择。与莒县城阳水泥有限公司等企业用户合作开展能效提升示范项目，安装能效监测设备，提供用能调度建议，为用户定制智慧能效服务。

以服务莒县城阳水泥有限公司为例，国网潍坊供电公司开展企业能效诊断，通过大数据平台对企业能源用能情况、能源消费结构、用能设备运行效率及实物能耗、节能量、节能技改项目等进行统计分析，从电机升级更换、系统节能改造等6个方面，提出用能优化建议。

（五）流程优化，打造智慧能效服务新模式

能效服务对外涉及政府、高耗能企业等多个利益相关方，对内涉及营销部、互联网部、发展部等多个专业部门。国网潍坊供电公司优化政府汇报与企业沟通流程，让智慧能效服务更精准、更便捷。为了更好地发挥能源大数据平台对能效服务的支撑作用，国网潍坊供电公司优化用能诊断等 11 项流程，在用能查勘和出具诊断报告的环节之间，借助能源大数据开展诊断分析，准确判断能效水平，并为客户提供定制化能效服务，探索出融合营销、生产、调控等多专业的智慧能效服务新方式，让能效服务更精准、高效、智慧。

四、项目成效

（一）推动高耗能企业用能方式向绿色低碳方式转变

通过推进智慧化用能方式，辅助政府精准决策，帮助企业精准节能，为企业提供更具经济性、智慧化的能效服务。2021 年，协助 395 家重点高污染、高耗能企业开展智慧能效服务，为 2598 户企业降低用电成本 789 万元，让高耗能企业生产更高效、更节能。以莒县城阳水泥有限公司为例，通过实施更智慧的能效服务管理，每台电机的节电率达 7%。

（二）有力服务潍坊市节能减排，促进环境质量显著改善

通过实施本项目，为潍坊市发展改革委、环保局等部门重点监控高污染、高耗能企业提供实时信息，提升潍坊市政府对节能减排相关指标监管的及时性。2021 年，助力潍坊市高耗能企业降低 15% 电量，减少标煤使用约 25 万吨，降低二氧化碳排放量 33 吨。同时，助力改善空气质量，推动企业用能方式向绿色、节能、低碳方式转变。截至 2021 年年底，潍坊市环境空气质量同比改善 15%，在全国 168 个重点城市中同比前进 23 个位次；空气优良天数 288 天，为历年最优水平，空气综合指数、$PM_{2.5}$、PM_{10} 三项主要指标改善率均为山东省第一。

（三）实现对公司能效服务管理的优化提升

能源大数据的分析和利用，不仅能为政府、客户、行业等提升能效治理效率，也能充分反映供电公司在运营管理方面的待提升点。国网潍坊供电公司基于对能源大数据应用的探索与总结，不断优化工作流程与制度，促进公司提质增效。截至 2021 年年底，公司优化能效诊断等工作流程 11 项，开展智慧能效服务项目 28 个，增加服务收入 1096 万元。

3 "365电管家"打造大棚智慧种植新模式

项目实施单位：国网寿光市供电公司

项目实施人员：刘 巡 王俊凯 张少军 张晓军 王光智 田秀军 郝 磊 耿宝春 刘 娜 周宇洋

一、项目概况

2022年，党的二十大报告指出，要全面推进乡村振兴，坚持农业农村优先发展，加快建设农业强国，巩固拓展脱贫攻坚成果。随着时代的发展和社会的进步，农业产业发展进入了新时期，寿光市第一产业GDP逐年攀升，2021年寿光市第一产业GDP达126.9亿元，过度依赖人力的传统农业发展模式已不适应当今寿光市庞大的农业产值。寿光市约有设施蔬菜60万亩（1亩≈666平方米）、大棚数量17万个，传统大棚种植模式存在人手不足、体力劳动强度大等突出问题，严重制约农业生产效率；与此同时，部分农户对大棚进行电气化改造，但设备管理较为粗放，用电安全难以保障。

国网寿光市供电公司积极服务大棚智慧化改造，但实际工作中面临农业生产效率低、用电安全隐患多等问题，剖析原因发现，大棚智慧化改造的众多设备尚未构成一个整体，亟待形成一个大棚智慧化改造典型解决方案。

国网寿光市供电公司将社会责任理念根植大棚智慧化改造，与利益相关方合作构建"365电管家"智慧能源服务平台，选取150个大棚作为试点，探索基于该平台形成的智慧大棚典型解决方案，让农业生产更安全、更智能。2022年，寿光市年农业用电量同比项目落地前增长14.6%；应用智能化设备每天节约劳动时间0.5

小时/亩，每年可省劳动力约 20 人·天/亩。

二、思路创新

（一）转变经营理念，凝聚合作共识

运用利益相关方识别与参与理念，由"内部视角"转变为"外部视角"。打破以往单纯依靠供电公司自身力量开展大棚智慧化改造的思维模式，从利益相关方视角重新审视大棚智慧化改造工作，广泛收集利益相关方意见，汇总各方诉求，发挥各方优势，凝聚合作共识。

（二）转变工作模式，构建合作机制

在现有大棚智慧化改造工作模式上，引入利益相关方管理，建立利益相关方识别的流程和工具，推动形成利益相关方参与机制。由公司单一推动转变为政府主导、各利益相关方支持，达到 1+1>2 的效果。

（三）优化资源配置，实现综合价值最大化

以实现综合价值最大化为根本目的，通过利益相关方合作与资源优势互补，将各利益相关方核心诉求与期望充分转化为提升大棚智慧化水平的共同目标，促进社会资源的优化配置，寻求实现利益相关方和社会整体价值的最大化。

三、实施举措

（一）开展利益相关方诉求与资源分析

识别大棚智慧化改造中涉及的核心利益相关方，主要包括政府（村委）、供电公司、技术企业、设备厂商、农业客户等。通过实地走访、会议交流等，调研分析各利益相关方在大棚智慧化改造中的主要诉求、优势及存在的问题（见表 4-4），明确各方参与意愿与合作模式，共同解决大棚智慧化改造难题。

表 4-4　国网寿光市供电公司利益相关方分析

利益相关方	诉求	资源与优势	存在的问题
政府（村委）	稳步推进实施乡村振兴 发挥好农业智慧化的经济环保综合效益	相关政策的研究制定方 具有强大的组织协调能力 区域行政管理权	缺乏成熟的推进模式 对企业运行数据掌握不充分
供电公司	避免资源浪费 提高电网安全承载能力	掌握农业企业用能相关数据 具有电力设备运维专业能力	农业企业实时数据不同步，运行情况难以掌握 数据采集端与农业设备间缺乏数据联系
技术企业	开展农业智慧化升级服务 扩大企业营收和品牌效益	掌握农业设施升级和运维技术	数据采集端与农业设备间缺乏数据联系
设备厂商	推广农业设备	农业设备生产技术优势	数据采集端与农业设备间缺乏数据联系
农业客户	获取稳定农业收益 提升农业生产效率	拥有或贴近农业设备设施	对政策理解程度较弱 能效管理能力不足

（二）政策引路，构建畅通合作机制

与潍坊市和寿光市成立两级政府专班，农业农村局和住房城乡建设局等 11 人进驻公司，全面参与项目规划、协调、实施、验收等各环节。通过政策引路，确保项目顺利开展。

（三）多方共享，拓展"365 电管家"平台功能

在国网山东省公司智慧能源服务平台的基础上，与技术企业联合开发"365 电管家"智慧能源服务平台，以及面向客户的"365 电管家"手机 App。

"365 电管家"平台通过广泛汇聚农业用能大数据，并与各类农业服务商和农业客户交互共享信息，精准分析采集数据，实现异常数据自动预警，指导用户科学种植。

依托"365 电管家"App，农业客户可随时查看数据、遥控设备，一键开展农

业生产。通过"八感""八控"精准生产模式，可有效降低劳动强度、避免水肥浪费、提升经济效益。

（四）试点应用，总结大棚智慧化改造典型模式

项目采用先行先试、逐步推广的方法，选取 150 个大棚作为试点，部署采集终端、智慧用能系统开发等工作。依托试点项目的引领示范，带动更大范围的农业客户参与大棚电气化改造。编制《设施蔬菜大棚电气化及智能化技术标准》《蔬菜大棚用电改造工程典型设计》等系列材料，规范蔬菜大棚智能化、电力改造、安全用电等改造方案，形成一套可复制的大棚智慧化改造标准。

（五）透明运行，持续优化拓展平台功能

项目坚持实用性思维方式，在"365 电管家"平台开辟问题反馈专栏，并定期回访软件使用客户，收集平台和 App 在应用过程中出现的问题和修改意见，持续不断优化平台功能。

四、项目成效

（一）大棚生产安全化、智能化水平显著提升

通过该平台实施大棚智慧化改造以来，通过精确数据指导农业生产，改变原有经验模式，减少种植难度；以电气化设备和智能化设备代替传统人工操作，节约农户劳动时间，每天节约劳动时间 0.5 小时/亩，每年可省劳动力约 20 人·天/亩，有效解决了农业设备不兼容、数据联系不清晰等问题，大棚生产安全化、智能化水平显著提升。

（二）农业生产能效管理水平显著增长

通过分析园区、大棚用能数据，优化节能种植模式，为电气设备选型提供依据。通过对水、化肥、农药等精准使用，可节约用水 40%、节约用肥 30%，每年可节水约 160 元/亩，节肥约 2100 元/亩。

（三）带动农业产业链上下游联动发展

通过大棚农业智慧化改造电网方案，形成了一套农业发展典型标准，规范农业生产电气化、智能化和安全用电等标准要求，进一步降低农业整体用能成本。农业客户通过"365电管家"App可对生产情况进行实时监测及电气化设备的实时操控，获取用能策略、农事咨询等服务，农业生产更省时、省力、省心。

（四）扩大公司品牌影响力

通过智慧用能改造，拉近与电力客户距离，扩大了服务影响力，进一步提升公司品牌价值。"365电管家"平台及App投入使用以来，荣获"山东省移动互联网及5G创新应用技能大赛"一等奖、被工业和信息化部评为全国智慧城市基础设施类十大典型解决方案。

4 | "e"路畅通 电力数据跨界共享引导产业可持续发展

项目实施单位： 国网枣庄供电公司

项目实施人员： 曹　凯　吕显斌　刘海波　邱丙霞　王冰洁　齐洁莹
马洪斌　杨　飞　郁　帅　连　政

一、项目概况

随着枣庄市多元产业发展，运行管理日益复杂，社会急需更高效、精准、智慧地掌握产业发展趋势。用电量作为经济发展的晴雨表和风向标，成为反映经济形势的重要指标，地方政府、大数据中心、税务局、重要客户和小微企业希望通过电力数据为他们提供决策分析依据和指导帮助。因此，国网枣庄供电公司积极探索利用电力数据掌握和赋能产业发展。在具体推进过程中，主要面临数据获取、应用难题，第一尽管电力数据获取容易，但是电力数据的使用涉及客户隐私，存在一定的合规风险；第二获取其他行业数据存在壁垒问题，仅靠供电公司一方难以解决；第三引导产业转型发展需要开发什么样的电力大数据产品、尝试什么样的应用场景，各方诉求不同，需要超前统筹布局。

为此，国网枣庄供电公司秉持生态思维、风险防范、透明管理等责任理念，主动与省工业和信息化厅、税务局、小微企业等利益相关方沟通合作，规范数据共享体系，保障数据安全。围绕电力数据深化应用，搭建电力经济指数、电力税收指数、电力小微指数等，构建直达用户的不同应用场景，助力政府精准监测，服务企业健康发展。截至2022年年底，基于电力大数据应用共为32家电力产业链上下游企业提供信用评价服务，向金融机构规范提供信用评价结果53次，推动为小微企业及"三农"主体精准放贷 11.82 亿元，有效提升企业自身价值和城市可持续发展能力。

二、思路创新

（一）强化多方合作，建立常态化沟通机制

积极主动对接省工信厅、税务局、大数据中心、小微企业、银行等利益相关方，创新交流方式，通过构建线上微信、会议沟通、线下调研、走访的协同机制，了解核心诉求并达成一致意见，切实做到工作及时沟通，确保信息互通有无，诉求清晰明了（见表 4-5）。

表 4-5　与利益相关方沟通结果

利益相关方	沟通方式	核心诉求	达成一致意见
省工业和信息化厅	现场座谈、线上会议、专人沟通	通过电力数据对小微企业当前发展情况、整体企业发展结构及企业未来发展趋势进行分析	• 通过结合电力数据与小微企业数据，构建电力增长指数、电力结构指数、电力趋势指数 • 按月度编写电力数据分析报告 • 通过可视化展示和数据分析构建大屏展示，动态实时展示企业发展
税务局	现场座谈、集中办公	在数据安全合规的前提下，探索电力数据与税务数据的融合共享应用	• 确保税务的税收数据、供电公司的电力数据在双方安全界限内，通过数据加密、脱敏等技术实现数据的共享 • 构建度电税收指数、税电指数 • 编制产业税电指数大数据分析报告，构建数据分析场景
大数据中心	座谈交流、实地调研、集中办公	结合枣庄市"工业强市、产业兴市"战略发展，以电力数据分析枣庄市"6+3"产业发展，为专班及政府精准施策提供数据支撑	• 搭建产业发展电力数据指标及评价模型 • 针对"6+3"产业工作专班工作需求，编制电力数据分析报告 • 针对政府产业监测需求，不定期开展数据分析及意见建议 • 构建"6+3"产业发展大屏展示可视化场景
小微企业	线上沟通	对企业的发展进行评价，并开展同地区、同行业产业发展的比较分析	• 分行业、分地区提供产业发展分析报告 • 针对企业发展，结合电力数据提供发展建议

续表

利益相关方	沟通方式	核心诉求	达成一致意见
银行	座谈交流、线上沟通	通过电力数据分析企业发展经营状况，对企业的信用进行评价分析	● 构建企业信用评价电力数据分析模型 ● 编制企业经营发展状况电力数据分析报告

（二）根植风险防范，加强社会责任风险管理

树立社会与环境风险意识，评估决策和活动可能对社会与环境造成的消极影响，包括造成消极影响的可能性和程度，形成社会与环境风险的科学预测，并针对可能发生的每一项社会与环境风险制定应对策略与举措。国网枣庄供电公司根植风险防范的责任理念，提前研判电力大数据应用可能涉及的社会与环境风险，主动建立科学规范的数据基础管理体系和安全规范的数据共享开放体系，从流程机制上保证企业用户的信息安全，防控项目的潜在风险。

（三）根植透明理念，让大数据在阳光下运行

透明运营就是企业在运营过程中对影响社会、经济和环境的决策和活动应当保持合理的透明度，以保证利益相关方的知情权和监督权。国网枣庄供电公司引入透明运营的责任理念，改变以往被动输出的半透明的工作方式，主动规划建立以电力大数据为核心的经济社会指标，如电力经济指数、电力税收指数等，主动向政府有关部门分享基于电力大数据的智慧决策工具，为透视枣庄市产业发展打通数据壁垒。

三、实施举措

（一）开展多元沟通，达成信息共建共享合作模式

国网枣庄供电公司积极发挥政府的统筹协调和企业业务支撑作用，联合政府职能部门、税收、电力、工信等相关单位，成立大数据分析调研小组，积极调研当前

企业发展形势，促进打通数据壁垒，实现跨区域、跨层级、跨系统、跨部门、跨业务数据联通。内部组建大数据柔性团队，组织相关人员开展数据融合共享、产品开发及应用推广等相关技术。

（二）搭建指标体系，生成城市产业发展透视表

国网枣庄供电公司在达成与税务局、大数据中心的数据安全共享，以及通过构建不同类型电力指数为政府、小微企业、银行等提供决策依据或发展建议等一致意见后，着手搭建指标体系。基于电力系统内部数据，以电力经济、电力税收、电力景气3个指数为基础，构建8种电力数据指标（见表4-6）。

表4-6 电力数据指标体系

指数名称	数据来源	电力数据指标	应用场景
电力经济指数	供电公司、大数据中心	产业活跃电力指数、电力区位商指数、企业发展电力指数	从电力经济指数监测地区特色产业发展
电力税收指数	供电公司、大数据中心、税务局	度电税收指数、税电指数	从电力税收指数看产业发展和地区产业结构
电力景气指数	供电公司、大数据中心	用电增长指数、用电结构指数、用电趋势指数	从电力景气指数监测小微企业运行状况

（三）共建应用场景，助力城市产业可持续发展

3个指数、8种电力数据指标构建后，国网枣庄供电公司主动回应省工信厅、税务局等政府部门、小微企业的期盼，聚焦用户体验，分别构建政策、资源直达企业的各类应用场景，实现对城市产业运行的精准分析。

典型案例1

从电力经济指数监测地区特色产业发展

为全面、客观反映我市"6+3"现代产业体系发展成效和趋势，枣庄市大数据中心与国网枣庄供电公司联合开展课题研究，通过设置产业活跃电力指数、电力

区位商指数、企业发展电力指数等指标，从电力角度对"6+3"现代产业体系推进成效进行量化评估。结果显示，全市"6+3"现代产业呈现集群化发展的良好开局态势。下一步，针对"6+3"现代产业发展落后地区、弱势产业和薄弱环节，建议依托电力大数据加强动态监测和实时调度，推进电力数据与其他经济数据的融合应用，助力塑造枣庄市产业发展新优势，实现"工业强市、产业兴市"的战略目标。

典型案例 2

从电力税收指数看产业发展和地区产业结构

2022年，受新冠疫情影响，枣庄市各产业发展受到不同程度的影响，为全面、客观反映企业发展经营情况，枣庄市大数据中心、枣庄市税务局、国网枣庄供电公司联合开展工作，成立税电指数大数据分析调研小组，重点开展税电指数分析，透视产业发展实际状况，发掘产业发展薄弱环节，针对性提出提升措施，促进产业高质量、协调发展。在此基础上编制《基于电力+税务数据的地区产业分析研究报告》，报告分析显示：2019—2021年，全市规模以上产业的用电量呈现较高增速。由于受疫情因素影响，税收数据在2020年有所下降，但是随着全市产业复工复产，在2021年税收数据增长趋势明显，与用电量保持吻合。

典型案例 3

从电力景气指数监测小微企业运行状况

以公司精准、有效反映小微企业生产经营情况为切入点，探索政企合作新模式。一是建立工信+电力柔性团队，科学界定小微企业范畴，基于企业级数据中台，筛选山东省小微企业约290万户，形成有效的分析对象。二是多方会商确定监测分析模板，从全省、各区市、各行业3个维度，常态监测小微企业用电增长、用电结构和用电趋势情况。三是按照政府主导、电力承建的原则，基于能源大数据中心，建设小微企业综合监测平台。编制《国网山东省电力大数据分析小微企业景气度》分析报告，2022年1—7月小微企业连续7个月处于扩张状态，小微企业用电量持续增长，企业用电结构趋于稳定，全省小微企业整体发展态势良好。

（四）强化数据安全，构建规范的数据共享体系

国网枣庄供电公司推进基于负面清单的数据共享工作流程和机制建立，按照"以共享为原则，不共享为例外"的要求，对负面清单以外的数据提供数据应用共享，对负面清单以内的数据按照相关流程审批后进行数据共享，编制《数据共享应用管理实施细则》。强化通过大讲堂、专业会、班会等多种形式，采用集中式学习和分散式学习，强化全员的数据安全、网络安全等合规管理意识。对照《运营监测分析业务合规自查指标》，从管理保障、数据应用开发及数据应用项目管理3大类13个方面对公司数据应用安全合规管理情况进行自查工作，梳理排查运营监测分析业务合规风险3类17项。

四、项目成效

（一）政企协同联动，实现电力数据共享

以电力数据、税务数据、经济数据的多源融合共享，助力政府宏观掌握企业、行业发展运行状况，以数据分析协助政府优化产业结构、扶助弱势产业、促进产业转型。

2022年6月以来，报送小微企业电力景气指数监测分析报告8期，依托分析报告，落地电力信用建设，协助金融机构丰富申贷主体信贷评估维度，推动为小微企业及"三农"主体精准放贷11.82亿元。不同产业2021年、2022年电力景气指数见图4-7。

（二）数据高效应用，获得外部高度认可

开发应用指数监测分析等一系列产品，相关成果先后入选枣庄市政府内参，入选枣庄市社科联数据应用研究名录，亮相2022年数字化转型大会。

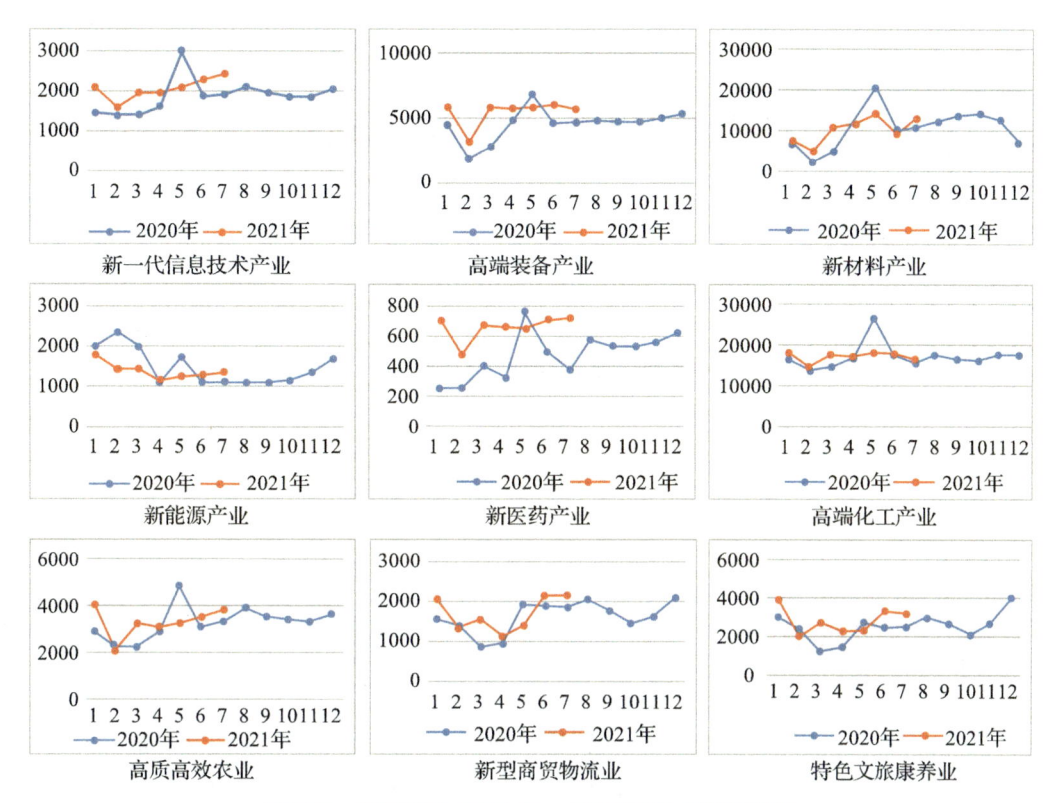

图 4-7 不同产业 2021 年、2022 年电力景气指数

（三）数据生态构建，促进责任落实到位

聚焦政府侧数字化转型需求，充分发挥能源大数据中心作用，以"电力+"大数据产品为主导，主动融入"数字枣庄"建设，为政府数字变革及数字经济发展提供电力智慧。

5 | "零碳合作社"培育乡村经济发展新业态

项目实施单位：国网巨野县供电公司

项目实施人员：曹 华 刘再飞 沈法庭 刘自军 任仰攀 罗 涛 陈 冲 任黎明 王欣珂 孔纯玉

一、项目概况

随着国家"双碳"、乡村振兴战略深入实施，农村地区光伏产业发展迅猛，但受限于技术、资金、规划等多方面因素，导致光伏产业与经济发展、日常生活、农业生产等结合不够紧密，普遍存在光伏资源浪费问题，未能发挥光伏产业最大效能，一定程度上制约了乡村经济可持续发展。

为发挥农村光伏资源最大价值，国网巨野县供电公司（以下简称巨野公司）对全县安装分布式、集中式光伏电站的 96 个村庄进行深入调研，系统分析光伏资源利用方面的问题；研究制定建设村域零碳体系工作举措，将巨野县南曹村作为试点村，在全国范围内率先开展"零碳合作社"特色实践，探索了一条乡村绿色低碳发展道路。

项目实施过程中，巨野公司坚持以问题为导向，引入社会责任管理理念，与南曹村村委会联合成立"零碳合作社"，签订村域电气化改造、光伏运维、光伏能源接入 3 个方面、24 项内容合作协议，共同推动政府、企业、村民等利益相关方参与项目实施。2022 年，南曹村村集体收入增加 28 万元，企业节约生产成本近 500 万元，为村民提供就业岗位近 700 个，累计减排二氧化碳 5.98 万吨，推动光伏电站成为乡村支柱产业，培育了乡村经济发展新业态，打造出可复制、可推广的乡村振兴样板。

二、思路创新

（一）解决诉求，推动利益相关方参与

通过成立"零碳合作社"机构，精准分析政府、供电公司、企业、村委会、村民等利益相关方诉求，搭建资源、信息共享的沟通交流平台，转变以往"一对多"的单向沟通和各自为营的工作模式，有效解决利益相关方诉求难协调、力量难凝聚问题，调动了利益相关方参与的积极性。

（二）明确分工，建立高效统一体系

围绕"零碳合作社"目标导向，系统分析合作事项的科学性、合理性，聚焦项目推动过程中各方职责不清、界限不明、角色混乱等困难问题，进一步细化明确利益相关方在资金投入、技术支撑、政策支持、统筹协调等方面的责任分工，避免出现因某个环节出错导致整体工作推进滞后情况，建立起思想高度一致、行动高效统一的良好工作体系。

（三）集约优势，构建互利共赢格局

根植社会资源整合理念，发挥各利益相关方优势，共同推动项目快速高效开展。政府具有统筹推动乡村绿色低碳发展的权威性和公信力，可以有效统筹各职能部门协作分工、资源互补，对乡村零碳体系建设具有主导作用。供电公司具有光伏并网技术、掌握电力供求信息、电网改造资金投入等优势，能够提供绿电替代解决方案。光伏发电企业可以提供充足的绿色电能支撑。生产企业电量消纳能力强，能够提供资金支持。村委会具有较强的组织力、号召力，能够解决项目推进中的民事难题。村民能够提供分布式光伏电站安装场地，可以就近消纳光伏电量。

基于走访调研结果和深入分析，国网巨野县供电公司形成明确的项目实施路径，见图4-8。

图 4-8 项目开展路径

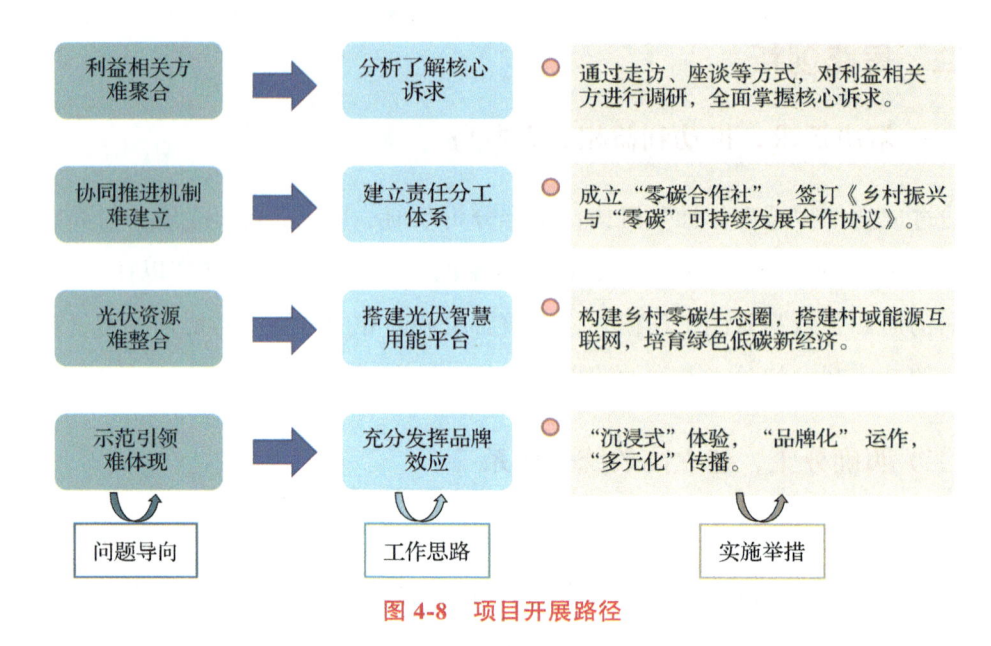

问题导向 → 工作思路 → 实施举措

- 利益相关方难聚合 → 分析了解核心诉求 → 通过走访、座谈等方式，对利益相关方进行调研，全面掌握核心诉求。
- 协同推进机制难建立 → 建立责任分工体系 → 成立"零碳合作社"，签订《乡村振兴与"零碳"可持续发展合作协议》。
- 光伏资源难整合 → 搭建光伏智慧用能平台 → 构建乡村零碳生态圈，搭建村域能源互联网，培育绿色低碳新经济。
- 示范引领难体现 → 充分发挥品牌效应 → "沉浸式"体验，"品牌化"运作，"多元化"传播。

三、实施举措

（一）深入调研，聚焦重点精准发力

巨野公司通过走访、座谈会、调查问卷、实地体验等多种方式，对政府、生产企业、发电企业、南曹村村委会、南曹村村民等利益相关方进行调研，了解诉求、合作意愿（见表 4-7），建立沟通交流渠道。截至 2022 年 12 月，巨野公司共开展现场调研 12 次，举办座谈会 9 次，走访 200 余人次。

表 4-7 利益相关方主要诉求分析

利益相关方	主要诉求	资源优势
政府	加快推进乡村振兴，推动能源升级转型，提升农村发展水平	具备政策推动、信息收集、资源整合等优势，能够发挥督导作用
供电公司	服务乡村振兴发展，塑造国网担当良好形象，营造良好的内外部发展环境	具有电气专业技术优势，能够提供并网、运维服务
企业（光伏发电、鸭苗孵化）	响应国家节能减排号召，探索绿色发展道路	具有资金投入优势，能够运营、接入智慧能源服务平台

续表

利益相关方	主要诉求	资源优势
村委会	• 增加村集体收入，促进村庄经济发展	• 具有较强的组织力、号召力
村民	• 增加收入来源，改善生活质量	• 能够实现光伏发电就地消纳，提供光伏电站安装场地

（二）多方合作，保障项目高效落地

巨野公司与南曹村村委会成立"零碳合作社"，签订《乡村振兴与"零碳"可持续发展合作协议》，构建了供电公司和村委会主导实施、政府部门统筹协调、企业和村民合作参与的工作模式。

政府：投入资金升级村庄路灯、充电站等基础设施，开通分布式光伏电站审批、占地等绿色通道。

供电公司：开展乡村电气化技术指导，改造光伏接入电网结构，搭建光伏能源接入平台。

光伏发电企业：开展光伏并网改造，接入光伏用能平台。

生产企业：优化用能结构，接入光伏电站用能平台。

村委会：动员村民开展厨房、民宿等全电化改造，提供光伏电站安装场地。

村民：提供分布式光伏电站安装场地，开展全电化改造。

（三）资源整合，打造乡村零碳经济

1. 构建乡村零碳生态圈

巨野公司申请专项资金145万元，完成村内20座分布式光伏电站建设、大棚终端安装及数据采集。政府、企业投资300余万元，对南曹村光伏企业、生产企业、居民小区等接入端口进行改造。600余户居民实现厨房、民宿等全电化，53户居民提供院落、屋顶等光伏安装场地。

2. 搭建村域能源互联网

巨野公司联合政府、村委会邀请专业团队分析整村电、水、热综合能源需求特

征，研发村域"源网荷储"协同自治和电网友好互动模型，实现屋顶光伏、路灯、供暖、生活用电等设施智慧管理，搭建了村域能源互联网。

3. 培育绿色低碳新经济

将光伏产业与孵化企业及牛蛙、鸭苗养殖基地等重点项目结合，培育乡村零碳经济。开辟光伏项目"绿色通道"，建设光伏充电桩、车棚等公共基础设施，确保全额消纳不舍一度电。

（四）示范引领，推动乡村振兴发展

1. "沉浸式"体验，推广项目成效

采用全景式、体验式、沉浸式、互动式等呈现模式，打造全电厨房、光伏路灯、光伏车棚等观摩点，邀请村民、企业等参观体验20余次，宣贯低碳、绿色经济发展理念，全力创造项目综合价值。

2. "品牌化"运作，打造亮丽名片

联合巨野县发展改革局、乡村振兴局等单位，开展乡村低碳发展等主题宣传活动12次，覆盖57个村庄、3000余人次。典型做法获山东省乡村振兴局高度认可，并推荐至国家乡村振兴局。

3. "多元化"传播，形成示范效应

策划开展"媒体看现场"、网络直播等特色宣传活动5次，先后在新华社、《大众日报》、菏泽电视台等主流媒体报道20余次。3篇电气化赋能乡村振兴典型案例入选省公司乡村振兴国网现场会宣传手册。

四、项目成效

（一）技术支撑，建成零碳能源体系

通过清洁能源接入、储能、多能互补等关键技术，实现新能源渗透率100%，达到乡村生活生产用能全绿色，年减排二氧化碳5.98万吨。试点"新能源＋煤改电"新模式，600余户村民取暖成本降低30%。结合省综合能源公司开展能源规划、运营、售后建设，实现光伏新能源就地消纳。

（二）责任驱动，实现多方共赢

政府层面，推动国家"双碳"、乡村振兴战略落地，每年减排二氧化碳 5.98 万吨，探索出乡村绿色低碳发展模式，利于乡村可持续发展。

供电公司层面，提高了终端光伏电能消纳能力，售电量稳步增加，塑造了央企担当良好形象。

光伏企业层面，保障了光伏电量全额上网，年收益 3500 余万元。

孵化、养殖企业层面，优化了产业用能结构，年节约用电成本 500 余万元。

村委会层面，村集体年增收入 28 万元，优化了村内基础设施。

村民层面，700 余人实现家门口就业，光伏额外增收收入 65 万元。

（三）零碳理念，促进乡村振兴

推动孵化企业替代升级 550 台高耗能孵化装备，鸭苗孵化率、用能质效得到双提升，为当地村民提供就业岗位 700 余个。20 座新建鸭棚上建设 1.4 兆瓦光伏电站，赋予种植、鸭养殖"源"和"荷"双重角色，每年增收近 70 万元，打破现有能源和农业行业壁垒，促进了农村经济发展。

（四）价值推广，赢得广泛赞誉

南曹村以"零碳合作社"为载体的典型经验，陆续在巨野县田桥镇泗兴屯村等 10 个村进行试点推广。实现乡村"碳中和"规划、运营、科普、体验的全生命周期管理，引导更多园区、企业、个人参与低碳。典型做法先后在新华社、《大众日报》等主流媒体报道 20 余次。

6 | 因"屋"施策 社会责任根植整县屋顶光伏开发科学落地

项目实施单位：国网临沂供电公司 国网沂水县供电公司

项目实施人员：盛振海 马进军 徐以宝 李静鹏 任晓霞 田磊 庞世超 田俊杰 李光杰

一、项目概况

沂水县太阳光能资源丰富，工业经济发展迅猛，电能消耗规模大，具有良好的光伏开发条件。2021年6月，沂水县被确定为山东省整县屋顶分布式光伏开发首批试点单位。然而，在屋顶光伏项目落地过程中，往往存在屋顶资源获取难、管理难的问题，易导致光伏分散、无序开发、供电台区重过载过电压等问题，给电网高质量服务光伏发展带来考验。

为实现整县分布式光伏快速有序推进，国网临沂供电公司促成出台山东省首个《分布式光伏建设规范（试行）》，整合社会资源，因"屋"施策：针对农村居民，采取"企业建设运营、群众租金受益"的户用集中开发，居民以租赁屋顶的方式获取收益；针对工商业客户，采取"降低用电成本、实现合作共赢"的工商业规模开发，通过合同能源管理方式，实现降本增效；针对公共场所，采取"发展光伏基金、助力乡村振兴"的公共场所公益开发，把屋顶光伏收益作为"乡村振兴基金"，推动乡村振兴（见图4-9）。截至2022年年底，沂水县分布式光伏发电并网7680户、32.59万千瓦，年发电量3.81亿千瓦时。通过户用光伏集中开发，群众2022年享受屋顶租赁总收益达130余万元。工商业光伏助力企业降本增效，仅2022年就节省用能成本840余万元。有效防范186个台区可能出现的反向重过载，避免

8000 户低压客户出现过电压问题，避免 65 个光伏台区出现高损问题，保障了电网安全稳定运行。

分布式光伏建设规范
1. 户用光伏集中开发模式
2. 工商业光伏规模开发模式
3. 公共场所光伏公益开发模式

图 4-9　分布式光伏建设规范

二、思路创新

（一）剖析主体诉求，找到问题根源

分布式光伏要实现整县规模化开发，关键是获取广阔的屋顶资源。屋顶资源所有者是光伏开发的关键主体。必须将政府、供电公司、开发企业的社会责任与屋顶资源所有者诉求做到最佳契合。依托供电服务优势，重点对屋顶资源所有者开展走访调研。通过调研，了解屋顶所有者用能需求和光伏开发意愿，厘清诉求，从而找到解决问题的突破点。

（二）创新开发模式，达成合作共识

公司会同政府主管部门、开发企业研判分析，突破部门利益、行业利益等约束因素，以保障屋顶资源所有者利益为前提，创新采取 3 种以满足屋顶资源所有者诉求为导向的差异化开发模式，消除对光伏开发安全性和后期维护的担忧，缩短开发企业投资回收周期，强化政府、供电公司、开发企业、群众等利益相关方的合作。

（三）整合多方资源，实现综合价值最优

引入综合价值创造最大化的社会责任理念，将经济、环境和社会效益放到同等地位综合考虑，整合各方资源优势，实现因地制宜稳步推进。针对居民客户，政府部门和供电公司联合出台《分布式光伏建设规范（试行）》，并进行政策、盈利模式

的宣传解释，引导居民采用"企业建设运营、群众租金受益"的集中开发。同时，供电公司指导开发企业进行光伏并网的规划设计、安全检修，并提供运行维护服务，消除群众对光伏安全性和后期维护的担忧，群众获得租赁收益，开发企业缩短投资回报周期；针对<u>工商业客户</u>，借助政府的组织协调和供电公司能效专业优势对企业进行用能分析，确定开发容量，确保光伏最大化消纳。根据用能分析，工商业用户与开发企业签订能源管理合同，双方就光伏开发模式、盈利分配达成共识，实现工商业降本增效、开发企业获取发电收益的双赢；对<u>农村闲置屋顶等公共场所</u>，充分利用其可开发资源和当地电网承载量进行合理开发，采用村集体＋公益企业＋开发企业合作进行公益开发，取得的收益用于乡村振兴建设，利于沂水县实施"双碳"目标，建设美丽乡村示范点。

三、实施举措

（一）现状分析，识别利益相关方及其诉求

对电网分布式光伏承载力进行研究，多维度确定可开放容量和优先开发区域。灵活采用线上线下沟通方式对利益相关方进行调研分析，厘清各方诉求、存在的问题（见表4-8）。

表 4-8　国网临沂供电公司利益相关方诉求分析

屋顶资源主体	特　点	存在的问题	诉求
乡村居民	广阔屋顶资源的所有者，知识层次参差不齐，对光伏开发认知有限	对光伏安全性、投资收益模式和后期维护存在疑虑和担心	获取更多光伏开发收益
工商业客户	能源消耗大，厂房屋顶开阔平整，有一定投资开发能力，对自身用能需求特点缺乏清晰专业的评估	对厂房屋顶接入光伏是否影响企业正常生产经营、开发模式选择、实际节约成本存在疑虑	降低生产成本，实现企业节能减排
村集体	拥有村委、卫生院、学校、闲置区域等可开发屋顶资源，适合分布式光伏集中开发，有较强的组织协调能力，是乡村振兴的实践者	大规模开发的资金来源及收益保障	光伏开发收益最大化，为乡村振兴工作开展提供助力

续表

屋顶资源主体	特点	存在的问题	诉求
政府部门	落实国家发展战略的主导者，具有强大的组织协调能力	存在信息不对称情况，缺乏可供借鉴的成熟管理模式，出现"有心无力"情况	推动整县光伏开发快速落地，助力经济发展用能绿色化
供电公司	通过升级改造电网、台区，拥有科技、人力、物力、协调优势，探索光伏运行新模式，助力整县光伏科学并网	分布式光伏大规模接入给电网安全运行带来挑战，引发了反向重过载、过电压和线损增加等电网问题	避免因分布式光伏规模化并网带来设备反送重过载及电能质量问题，确保电网安全经济运行
开发企业	有雄厚的开发资金，了解先进光伏产品情况、掌握光伏产品运维技术，具有规模化开发实力	由于光伏电站分散、地域广，不了解开发区域电网运行情况和用电负荷情况，易出现无序开发、低效并网情况	缩短整县光伏开发投资回收周期，以开发"规模化"实现效益"最佳化"

（二）因"屋"施策，创新三种开发模式

通过调研发现，项目落地存在屋顶资源主体开发意愿不高、筹资难等问题。对此，供电公司与开发企业协商，寻求投资收益与主体诉求间的平衡点。农村居民屋顶采光条件不一，单户开发投资回收周期长，企业开发意愿低，但采用集中开发，可使开发企业让利开发，保障居民收益。对厂房屋顶，若单纯利用其发电上网获取收益，不能降低用能成本，故采用合同能源管理模式，使屋顶发电优先满足生产用电。公共场所屋顶光伏需要进行公益、让利开发促进村集体增收，优选采用建立公益基金的开发模式。

（三）网格宣传，引导居民"企业建设运营、群众租金受益"集中开发落地

联合政府、开发企业、村党委等组建光伏"网格化"管理微信群，实时更新电价政策、居民光伏发电利好政策，形成人人支持、参与的良好氛围。定期公示台区可开放容量，提高接入信息透明度，引导规范、有序并网。经设计论证，选择采用"彩钢瓦 + 光伏"一体安装模式，在屋顶上先加装一层彩钢瓦屋面，之上铺设光伏

组件，有效解决房屋漏雨、渗雨等运行维护难题，为集中开发奠定基础。户均年屋顶租赁收益 2000 余元，形成了示范带动的良好局面。

（四）用能管理，推动工商业企业以"降低用电成本、实现合作共赢"模式规模落地

县发展改革局牵头召开"一企一策"用能分析会，供电公司为客户进行用能分析，制定用能清单。积极促成工商业客户与光伏开发企业签订能源合同（见图 4-10），企业选择"自发自用、余电上网"等开发模式。以沂水绿草地人造草坪有限公司为例，安装光伏 1032.54 千瓦，采用"自发自用、余电上网"接入厂区电力网络，实现就近就地消纳，年可节约用能成本 52.76 余万元。同时，多余的电能可以上网出售增加公司收益。

图 4-10 工商业规模开发的能源合同管理模式

（五）村企共筹，实现"发展光伏基金、助力乡村振兴"公共场所公益落地

采用村委 + 公益企业 + 开发企业合作开发模式，村委以公共建筑屋顶、闲置集体土地等入股，公益企业进行无偿捐助，开发企业让利参与开发，利用取得的光伏收益建立"乡村振兴基金"。结合村庄内公园、村委会、卫生室等可利用面积，打造

"光伏+"示范项目，提高土地利用率。以院东头镇桃棵子村为例，通过建设"光伏+红色旅游"示范项目，村集体年可增收约3万元，为乡村振兴提供极大助力。

四、项目成效

（一）推动全县低碳绿色发展

截至2022年年底，沂水县分布式光伏发电并网7680户、32.59万千瓦，年发电量3.81亿千瓦时，可节省标准煤约10.85万吨，减排二氧化碳28.52万吨。节能减排和环保效益明显，沂水县成为县域绿色低碳发展先行示范。

（二）保障电网安全稳定运行

在整县光伏科学规范开发、专业运维的模式下，公司有效防范186个台区可能出现的反向重过载，避免0.8万户低压客户出现过电压问题，避免65个光伏台区出现高损问题，保障了电网安全稳定运行。

（三）实现利益相关方共同发展

一是政府满意。整县光伏开发快速落地，拓宽了地方经济投资渠道，有效促进了经济增长，绿电指标大幅提升，提升社会效益。二是企业获益。工商业光伏助力企业降本增效，仅2022年，通过进行光伏开发，为企业节省用能成本840余万元。三是群众得益。通过进行户用光伏集中开发，群众享受屋顶租赁收益，2022年总收益达130余万元，成了群众增收的有效渠道。

（四）提升责任央企品牌形象

公司协调解决整县光伏开发过程中存在的困难和问题，获得了广泛好评。中电联调研时给予"走在了前列、做出了有益探索"的高度评价。新能源应对典型经验在2022年度联合国SDGs（联合国可持续发展目标）创新挑战大赛中获最高奖。科学推动光伏试点建设做法经《大众日报》等媒体进行报道，为企业发展塑造了良好的责任央企品牌形象。

7 | 多方共建低碳海洋牧场 社会责任根植清洁能源电气化改造

项目实施单位：国网威海供电公司

项目实施人员：王志忠 汤 耀 蔡海沧 刘乘麟 李 钢 勇 群
刘世鹏 孙 皓 燕 亮 林 健

一、项目概况

威海地区现有海洋牧场30余家，集海产品养殖、特色餐饮、民俗体验和休闲垂钓于一体，让五湖四海的游客体验耕海牧渔乐趣，成为越来越多的人寻山看海、沐浴海风的休闲之选。

然而当前海洋牧场中的海产品养殖企业经营粗放，养殖环境监测、用能统计依赖人工，低效率、高能耗大大加重了企业负担。因此，构建以电为中心的海洋产业零碳能源新模式，推动用能转型，实现清洁能源替代，刻不容缓。但通过对海洋牧场中37家企业走访调研，发现相关企业对电气化改造积极性不高，主要矛盾是企业改造意识和投资回报信心不足，缺少技术支持。

为此，国网威海供电公司基于多方共建基本思路，发挥央企优势，居中协调，探索打造低碳海洋牧场。与威海市委、市政府积极沟通，推动政府出台《关于全面推进乡村振兴加快农业农村现代化的实施意见》等优惠政策，与技术单位合作共建海洋牧场智慧能效管理平台，为企业改造提供技术支持，解决海洋牧场企业的后顾之忧。项目建成后，年减少二氧化碳排放282.9吨，固碳量达11.8万吨，助力政府实现减排目标，帮助海洋企业降低成本约1500万元，助力技术单位推广技术产品，形成可复制、可推广的低碳海洋牧场模式，打造"电力赋能·乡村振兴"新样板。

二、思路创新

（一）坚持共商共建，沟通明确各方核心诉求

国网威海供电公司将"需求沟通·数据共享"贯穿海洋牧场建设全过程，通过上门走访、座谈交流等形式，明确海洋牧场企业面临的主要症结是面对清洁能源替代的电气化改造缺乏理论支持、资金支持和技术支持。在明确这一主要症结后，国网威海供电公司积极协调各方，解决这一难点问题，并致力于达成多方参与的共赢局面。

（二）汇聚各方合力，打造"1+N"利益共同体

改变以往"单打独斗"的工作方式，国网威海供电公司通过引入利益相关方参与的理念，与政府、海洋牧场企业、技术支撑单位合作攻坚。发挥央企职能，依靠自身对地方经济发展需求，企业用能特点的掌握，以及在海洋牧场企业中的公信力，在推广电能替代服务过程中，由仅依靠自身力量向汇聚各方优势资源进行转变。带动"N"个利益相关方展开合作。充分调动海洋牧场企业清洁能源替代改造积极性，解决企业后顾之忧，通过自身技术优势，实现多方共赢。

（三）变被动为主动，建设智慧能源服务平台

国网威海供电公司整合各方优势资源，与技术支撑单位合作建设智慧能源服务平台，主动为海洋牧场企业安装智能传感器等设备，实现海洋牧场企业养殖环境监测、用电监测智能化，通过制订个性化用电方案等方式，大大提高企业管理效率，降低企业成本，提高收益。相较于以往被动改造的局面，大大降低供电运维成本，构建了能源生态圈及商业模式。

三、实施举措

（一）厘清核心诉求，连接优势资源

国网威海供电公司通过调研走访等方式，积极联系利益相关方，打造利益共同体。明确各方在海洋牧场建设过程中的核心诉求与预期效益（见表4-9）。

表 4-9　利益相关方诉求、优势分析

利益相关方	核心诉求	资源优势
地方政府	企业良性发展，助力地区发展 减少环节污染，实现节能减排	政策优势
供电公司	提升供电服务质效 彰显央企品牌形象	掌握用电数据 公信力
海洋牧场企业	提高管理效率，实现降本增效	资金优势
技术单位（南瑞集团）	推广品牌技术，扩大企业影响	技术优势、产品优势

（二）根据建设情况，进行现状诊断

通过走访调研发现，当前进行海洋牧场电气化改造存在意识、资金、技术 3 个方面堵点。养殖企业缺少政府部门相关政策精神指导，改造信心不足；海洋牧场内中小型养殖企业资金不足；养殖企业缺乏技术指导，难以进行规模化改造。

（三）推动出台优惠政策，解决改造意识缺乏难题

国网威海供电公司主动对接市发展改革委、农业农村局等相关政府部门，推动成立多部门联合的专项领导小组，强化政企协同。推动威海市市委、市政府印发《关于全面推进乡村振兴加快农业农村现代化的实施意见》等文件，积极向养殖企业宣贯政府关于"电力赋能·乡村振兴"的利好政策，降低改造推进难度。

（四）协调海洋牧场企业合资，解决资金难题

国网威海供电公司积极协调沟通，由海洋牧场中规模最大的寻山集团承担 60% 改造成本，其他企业共同承担 40% 改造成本。向南瑞集团购买改造所需设备，并由南瑞集团搭建智慧能效管理平台，同时提供后续维保的技术支持。该笔资金除去寻山集团旗下产业改造费用外，其余资金由各相关企业按照 10 年，年利率 6% 的形式还款。

（五）携手技术专业机构合作改造，解决技术难题

国网威海供电公司与南瑞集团合作，运用物联网技术架构，基于海洋牧场企业

能耗特点和生产需要开发海洋牧场智慧能效管理平台，借助智能传感器、空气源热泵等设备实现对养殖区的水质参数和变化趋势实时监测，既提高了产量，又降低了用工成本，降低了环境污染程度，助力美丽乡村建设。

（六）推进试点建设，形成示范效应

海洋牧场企业中，微藻养殖、鲍鱼养殖企业生产效益较好、能源消耗较大，产品对养殖环境有严格要求，且这两类养殖企业数量较多，分布集中，结合上述特点，国网威海供电公司重点选取微藻养殖、鲍鱼养殖企业进行试点改造。

（七）提炼工作成果，形成推广价值

国网威海供电公司积极建设低碳海洋牧场项目，形成威海市经验，总结提炼相关专利、论文成果9项。先后得到《国家电网报》、山东电视台等多方媒体关注报道。省级及以上高端媒体累计刊发海洋牧场系列报道73篇，用大流量的宣传提升"海洋牧场示范项目"的传播力、影响力。

四、项目成效

（一）建成低碳海洋牧场

国网威海供电公司引入利益相关方，坚持共商共建原则，居中协调解决意识、资金、技术等建设难点、堵点，努力构建以电为中心的海洋产业零碳能源新模式。项目建成后，年减少282.9吨二氧化碳排放量，固碳量达11.8万吨，助力地方实现双碳目标和企业良性发展，从根本上解决海洋牧场企业电气化改造的后顾之忧，提振投资信心，实现低碳海洋牧场建设目标。

（二）环境、经济效益双提升

结合已建成试点的经营情况进行预测，海洋牧场电气化智慧用能示范项目全部投运后，年固碳量达11.8万吨，年增加养殖收入317.7万元、旅游收入70万元，节省人工成本21万元，峰谷电差收入4.5万元。截至2022年年底，累计完成200

余户海产加工企业的电气化改造,助力企业降低生产成本约 1500 万元。

(三) 多方共赢彰显央企担当

改造后,政府可通过智慧能源服务平台获得用能数据,支撑决策制定;相关养殖企业实现持续性盈利;南瑞集团技术产品、品牌效应得到推广;已建成试点项目新增集中式电采暖面积 140 万平方米、电能替代用电负荷 30.65 万千瓦,年累计替代电量 9.53 亿千瓦时,依靠售电量的良性增长,国网威海供电公司实现增收。总体来看,国网威海供电公司居中协调,促进能源消费更加低碳,实现多方共赢,充分彰显大国央企的责任担当,赢得了各级领导与社会各界的充分肯定。

8 "电靓田野"工程 让"小农水"用之于民

项目实施单位： 国网巨野县供电公司

项目实施人员： 沈法庭 刘自军 罗 涛 张方建 张昌帅 胡成良

一、项目概况

（一）制约农业经济发展

巨野县地处鲁西南平原腹地，地质属黄河冲积平原，总耕地面积114.9万亩。2008年以来，为推动农业经济发展，巨野县水务局、农业农村局等部门联合建设小型农田水利工程（以下简称"小农水"），覆盖114个村庄，为农田灌溉提供了较大便利。"小农水"项目变压器数量258个、高低压线路长度190千米，工程建成后交付当地村委使用，由于缺乏运维费用、专业人员支持，长期处于"只用不修"状态，经常发生断线、变压器烧损、跌落开关烧坏等故障，多数设备无法正常使用，影响了村民灌溉用电，已经成为制约巨野县粮食生产和农业发展的重要因素。

（二）存在较大安全隐患

由于"小农水"项目建设主体与使用、管理主体不一致，造成了建管不一，建设与管理、使用脱节问题。"小农水"分支线路均为裸导线，且"T"接点未局部绝缘化，一旦有塑料布、树枝等杂物搭在线路上，极易引起线路故障跳闸，累计跳闸次数110余次，占全县电网跳闸总数的70%。部分配电箱锈蚀严重、无箱门、刀闸烧坏、漏电保护器烧坏，低压侧发生短路、接地故障时，无法快速隔离，易造成人身伤害，影响公用线路安全运行。部分配电箱跌落式熔断器拆除、损坏严重，若违章启用变压器极易造成弧光放电，有较大触电风险。"小农水"大部分使用 10 米水泥杆，线路档距大、弧垂大，对地安全距离严重不足，大型机械挂线、触电事件时有发生。

（三）资源浪费问题突出

由于各部门建设标准、建设重点不一样，分别按各自行业要求实施，缺乏工程建设整体监督管控，工程质量参差不齐，设备损坏后闲置至今，资金投入未能发挥效益。项目落地前未进行充分调研，灌溉设备闲置现象严重，线路、台架、管道等占用大量土地，不能实现高标准农田的综合治理。工程建设缺乏统一规划，尤其是供电公司机井通电工程与"小农水"相互交叉，造成重复投资和资源浪费。"小农水"管理运维欠缺，人为蓄意破坏、盗窃等现象突出，用电私拉乱接现象频发，造成国有资产流失。

二、思路创新

（一）立足利益相关方视野，探索"协作化"模式

为切实解决"小农水"建设过程和后期运维出现整体性及系统性不够、协同及联动性不足等问题，充分发挥利益相关方合力优势，探索实施更加有效的管理模式。

国网巨野县供电公司从利益相关方视野看待问题，开展深层次的调研，了解政府、村庄、群众、供电公司等利益相关方诉求（见表 4-10），找准内在联系，避免单兵作战，提高"小农水"管理运维水平。同时采取整合型合作模式，推动利益相关方共同参与，与利益相关方建立"优势互补、互利共赢、合作分工、可持续发展"的"协作化"模式，合力将"小农水"项目打造为群众受益的惠民工程。

表 4-10 利益相关方主要诉求

利益相关方	主要诉求
政府	最大化利用土地资源，实现资源优化配置
供电公司	提高供电可靠性，塑造国网担当良好形象，提高电力客户的满意度和获得感
农业农村局	促进农业经济发展

续表

利益相关方	主要诉求
水务局	发挥水利设施作用，充分利用水资源
村委会	增加村集体收入
村民	农田灌溉更加安全、便捷

（二）厘清责任边界，树立"一盘棋"思想

近年来，"小农水"设备长期处于无人管理状态，由此带来的安全隐患、线路跳闸、设备闲置等问题，不仅给政府、村委、群众带来极大困扰，也影响了供电公司的供电可靠性，建立综合治理的合作机制、搭建良好的信息交流沟通渠道十分必要。

国网巨野县供电公司坚持"1+1>2"的合作共赢理念，通过项目整体规划和利益相关方分析，收集各方利益诉求、利弊关系和资源优势，找准责任边界，在推进过程中相互沟通、相互配合，发挥各方资源优势、发动各方力量，创新实施"电靓田野"工程，形成政府主导、供电主推、多方协作的"小农水"综合治理体系，明确各利益相关方业务职责和工作分工（见图4-11），树立"一盘棋"思想。彻底解决农田灌溉、安全用电、资源浪费等问题，真正让"小农水"用之于民，为乡村振兴提供坚强电力支撑。

政府 督促、主导 → 供电公司：电网规划、质量验收
　　　　　　　　　农业农村局：农田规划、工程监管
　　　　　　　　　水务局：水利规划、工程建设
　　　　　　　　　村委会：积极配合、加强保护

图4-11 "电靓田野"工程分工

三、实施举措

（一）长效机制，统筹"全盘"管理

一是建立长效管控机制。 政府指导相关部门及镇区，筹集专项资金，选用有资

质的运维队伍，以乡镇为单位，凝聚利益相关方多方力量，统一进行运维管理，供电公司主动提供运维、抢修、指导等增值服务，实现"小农水"设施及时维护、安全可靠供电，最大限度消除上述隐患，提升群众获得感。

二是创新建设管理模式。积极围绕供电优质服务进行履责，加大供电公司、水务局、农业农村局等相关部门沟通，做好机井通电、农业综合开发、小型农田水利工程等项目建设规划，切实做到治理一片、成功一片，不搞半拉子治理工程，集中整合各部门资金，形成合力，为群众灌溉用电提供可靠电力支撑，高效服务乡村振兴。

（二）联合行动，消除"存量"问题

一是建立隐患消缺台账。国网巨野县供电公司促请政府召开"小农水"治理工作推进会，明确责任分工，制订整改方案，全面排查梳理"小农水"设备，列出问题整改清单及措施。同时，促请政府部门设立专项项目资金，委托有资质的单位，按照隐患台账逐一进行整改消除。

二是拆除废旧弃用设施。国网巨野县供电公司对"小农水"历史遗留问题，以政府为主导，供电公司联合相关部门进行全面排查整改，制订运维方案。对损坏、无维修价值的"小农水"变压器、电杆、表箱等进行拆除，为高标准农田建设腾出空间。对"小农水""机井通电"交叉重复设备进行移除，重新整合现有资源，投入未进行覆盖的村庄，提高资源利用率。对临时停运"小农水"变压器"T"接点暂时拆除，保证公用线路安全运行。

（三）过程管控，推进"增量"提质

一是强化工程过程管控。国网巨野县供电公司全面加强农田水利工程的设计监督与组织实施工作，对新建"小农水"项目，主动参与工程建设全过程管控，纳入职责管理范围，确保"小农水"用电安全可靠。按照公司业扩报装流程，确定供电方案。选择有资质的施工队伍，按照国家电力设施建设标准实施建设"小农水"。公司统一组织验收，严把质量验收关口，验收不合格的，一律不予送电，逐步形成一套可复制、可推广的"小农水"管理模式，助力农业经济发展。

二是引导群众共同参与。 通过电视、网络等多渠道媒体平台积极宣传《电力设施保护条例》，向群众表达小型农田水利工程的重要意义，根据"谁受益，谁负责"的原则进行管理运行，真正将责任落实到每一个用户身上，严禁任何单位和个人损坏"小农水"设施，提升广大用户电力设施保护意识。

四、项目成效

（一）解决"小农水"历史遗留问题

国网巨野县供电公司紧紧围绕"小农水"引发的灌溉用电、安全隐患、资源浪费等问题开展工作，通过联合县政府、水务局、农业农村局、村委会等各方力量打造利益相关方高度协同的履责体系，充分发挥政府主导作用，形成规划、建设、管理同步的协同机制，有效解决"小农水"历史遗留问题。

（二）提供乡村振兴可靠支撑

通过"电靓田野"工程的实施，巨野县供电可靠性显著提高，能够满足大棚等种植户多样化用水需求，农业生产用电更加便捷，节省大量人力物力。安全用电隐患得到有效解决，群众用电更放心，设施利用率有效提高，项目效益更加明显。土地资源、项目资金等得到有效利用，促进了高标准农田建设，提升了农业经济发展。政府乡村振兴战略落地更快、更好，供电公司供电更加稳定，群众收益得到有效保障。

（三）塑造供电公司责任形象

"小农水"一直是政府急需解决的"老大难"问题，严重制约了农业经济发展，也造成了土地、资金等资源的浪费。面对攻坚难题，国网巨野县供电公司积极承担项目规划、整改、管理等责任，项目投资更加精准，工程建设质量显著提高，设备运维更加规范，为群众农业生产提供了可靠电、便利电、放心电，节省了人力、物力、财力，高效服务乡村振兴，彰显了国家电网的责任担当，塑造了良好的社会责任品牌形象。

9 电力"双碳"指数服务政府企业社会民生

项目实施单位：山东鲁软数字科技有限公司

项目实施人员：于善海　王　震　金　叶　孙玉振　张天麒　吕　淼

一、项目概况

（一）积极响应国家能源发展战略的需求

2020年9月22日，国家主席习近平在第七十五届联合国大会一般性辩论上正式宣布：我国二氧化碳排放力争于2030年前达到峰值，努力争取2060年前实现碳中和。我国能源结构长期以煤为主，油气对外依存度高，是全球最大的碳排放国家，要想实现"双碳"目标，能源清洁低碳转型迫在眉睫。"四个革命、一个合作"能源安全新战略，为我国能源发展指明了方向，开辟了中国特色能源发展新道路。

（二）能源大数据中心发展的必然要求

为深入贯彻落实国网公司关于"一体四翼"发展指导意见精神，落实"碳达峰、碳中和"行动方案要求，以提升建设质量为基础，强化运营能力为保障，创新业务模式为手段，服务低碳经济为目标，加快推进能源数字监测平台建设运营，着力构建"双碳"服务能力，形成一批能源数字化技术与标准成果，因地制宜开展能源数字经济试点示范，推动公司能源大数据中心发展取得新突破。2021年3月1日，国网公司贯彻落实党中央决策部署，发布"碳达峰、碳中和"行动方案，提出为实现"碳达峰、碳中和"目标贡献国网智慧和力量，重点要求基于能源大数据中心打造能源数字经济平台。

(三）解决能源领域数字化改革的现实要求

我国电力行业的能源结构主要以碳基能源为主，电力行业二氧化碳排放量约占我国碳排放总量的 40%。2021 年山东省政府工作报告明确提出要降低碳排放强度，制定"碳达峰、碳中和"实施方案，要实现电力行业低碳的可持续发展战略目标，量化碳排放、碳减排，那么做好能源转型、结构转型、技术升级的监控分析就成为客观评价掌握实施成效的关键。但是目前尚无有效统一的模型和体系能够实现高效追踪，包括碳排放总量、强度和碳源结构的碳足迹，动态掌握新能源消纳量情况，为此，需要加快推进建设电力"双碳"指数综合分析平台建设，运用数字化技术支撑政府和企业的科学决策，推动全社会用能效率提升，服务全省能源领域数字化改革。

二、思路创新

（一）立足全局，助力实现"双碳"目标

本项目坚持新发展理念，融入新发展格局，充分发挥电力大数据优势，开展"电力'双碳'指数应用"研究，探寻电力数据、能源结构、碳排放和经济社会之间的内在规律、作用机理与趋势预测，开展碳排放指数、碳减排指数等主题研究，为社会各界建立"双碳"路径提供重要参考依据。

此外，本项目坚持顶层设计引领，注重全局协同，聚焦"双碳"目标，构建示范场景，打造"电力'双碳'指数应用"综合分析应用平台，以试点先行、逐步覆盖的路径，实现全省、全口径、多维度碳排放、碳减排在线监测、分析及全景展示，提升"能源+'双碳'"数据汇聚管理能力，加快构建碳排放量化分析技术能力、碳减排和"碳中和"评估分析能力及碳资产管理和碳市场支撑能力，服务山东"碳达峰、碳中和"目标实现（见图 4-12）。

（二）内外兼顾，满足各方利益诉求

本项目对外服务政府，全面、动态、系统掌握碳排放水平、行业及地区的分布，助力实现精准定策施策、高效监测与管理，服务高耗能企业量化分析用能行为

和碳排放行为，提供减排降碳策略，对外服务企业，实现企业能效诊断，优化企业能源消耗，降低能源消费。

对内服务山东省电力公司，促进"碳达峰、碳中和"战略目标落地；结合山东鲁软数字科技有限公司定位，借助大数据算法研究碳减排、碳排放等相关"双碳"指数，开发"'双碳'指数"产品，增加算法的研发能力，产品推广提高公司的经济效益，提高公司的知名度。

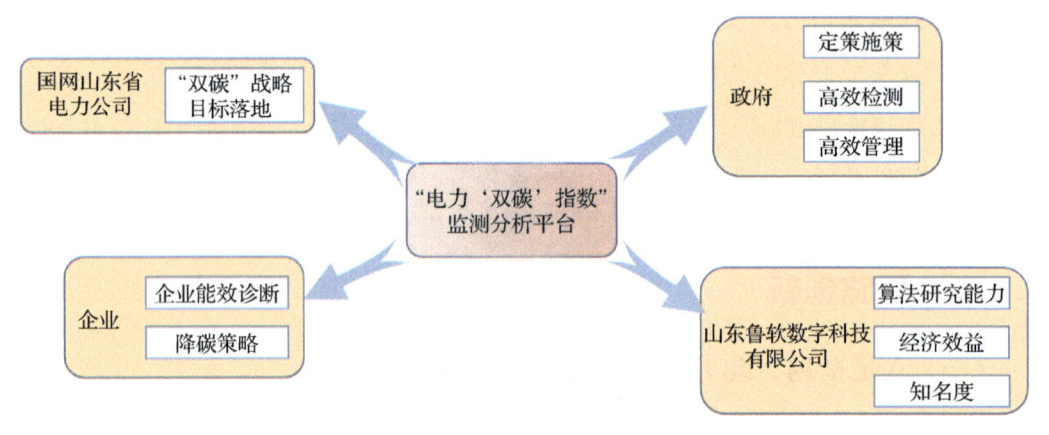

图 4-12 "电力'双碳'指数"监测分析平台功能定位

（三）创新驱动，打造"电力'双碳'指数"平台

基于以上背景，山东鲁软数字科技有限公司坚持创新驱动，以顶层设计为引领，注重全局协同，聚焦"双碳"目标，打造"电力'双碳'指数"综合分析应用平台，以试点先行、逐步覆盖的路径，实现全省、全口径、多维度碳排放、碳减排等指标监测，提升"能源+'双碳'"数据汇聚管理能力，加快构建碳排放量化指标分析技术能力、碳减排和碳排放指标评估分析能力及碳资产管理和碳市场支撑能力，加快服务山东"碳达峰、碳中和"目标实现。

三、实施举措

（一）构建模型，推动清洁化和电气化发展

"电力'双碳'指数"的主要措施为面向电力、热力、石化、工业、建筑、交

通等重点碳排放行业，构建碳排放大数据算法模型，以及发电站、工业园区、数据中心与5G基站等高耗能场景（见图4-13），通过计算转化为碳排放相关指标及监测数据，分析电能消耗及碳排放信息，从时间、区域、行业等不同维度，对区域碳排、电厂碳排、电力行业碳排、机组度电碳排、碳排放趋势进行统计分析。分析挖掘碳排放量与能源数据间的映射关系和各种条件下的变化因素，细化各类能源和电力碳排放因子，建立能源电力碳排放折算、趋势预测等算法模型，分析能源电力在碳排放链中的关键环节和占比。探索构建基于能源电力大数据的碳排放融合验证能力，助力政府高效开展碳排放核查。

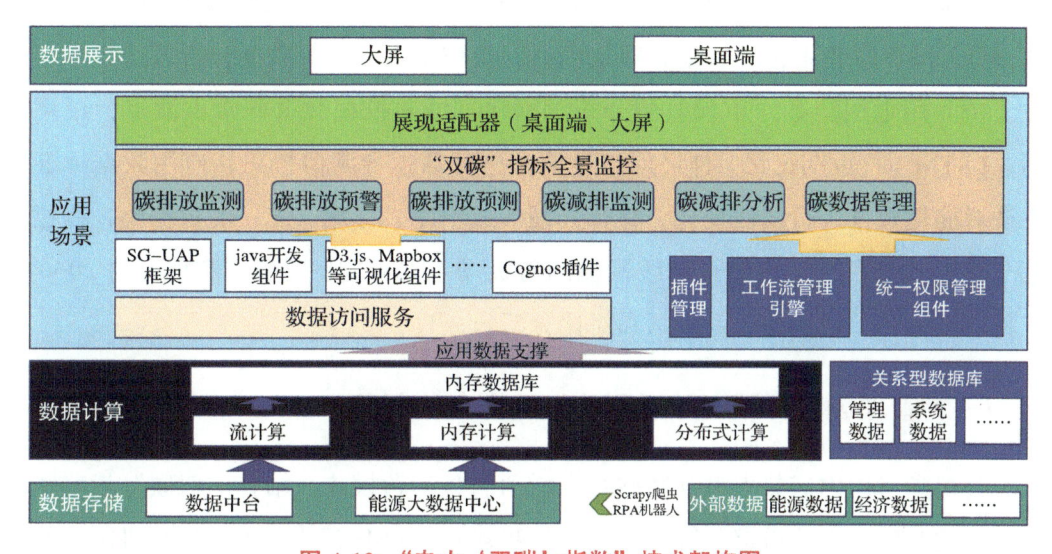

图4-13 "电力'双碳'指数"技术架构图

基于电、煤、油、气等能源生产消费和碳排放总量强度数据，建立重点区域、行业、企业碳减排潜力分析预测模型，支撑政企开展用能结构调整。构建节能减排数据监测评估模型，以电能替代电能消耗量为基础，结合电能替代基准期化石能源消耗情况，构建电能替代碳减排量分析模型，包括全省碳减排情况、全省电能替代情况和电网月调度清洁替代情况。实现对省、区域、行业碳减排情况进行量化分析，掌握电力系统对碳减排贡献，分析"碳达峰、碳中和"目标下的减排差距。构建新能源替代减排贡献分析模型，助力风、光、水等清洁能源优化配置；构建终端电能替代评估能力，量化分析以电代煤、以电代油和绿电消费水平，稳步推进能源消费侧清洁化和能源供给侧电气化发展。

（二）技术创新，深度挖掘数据价值

首先，本项目创新构建了省级多维一体的"'双碳'+能源"数据库，以公司数据中台海量电力生产消费数据为基础，利用爬虫技术，采集IEA（国际能源署）、统计局、碳交易所等网站能源消费、碳交易等数据，利用电力—政务数据专线，汇集接入煤、油、气、水、冷等多种能源数据，打通了能源数据壁垒，实现了能源异构数据的共享共用，促进激活能源数据价值。

其次，本项目创新构建了"30·60"双碳目标省级动态CNCGE（可计算的一般模型）模型，利用相关数据处理技术，以及箱型图分析等数据分析方法，开展行业、企业用电用能数据质量监测分析，横向、纵向挖掘数据异常离群点，运用回归、LSTM（长短期记忆）神经网络等算法进行数据异常值校正，应用数据标准化方法对能耗数据进行线性变化，整合处理形成干净、标准、统一的数据集，构建了基于远期战略目标量化修正基线预测的省级动态CNCGE模型，实现了对2060年三种"碳中和"情景的定量刻画和对比分析。

（三）管理创新，深度开展利益相关方合作服务

公司参考国内成熟大型互联网数据增值服务运营模式，结合"双碳"战略实施路径下的政府、企业需求及管理痛点，初步建立"3+4+5""双碳"运营机制。面向政府部门、高耗能企业、社会公众3类主要用户，提供碳排监测、碳效诊断、碳潜力评估、碳数据托管4类"双碳+"数据服务，打造可视化看板、分析报告、碳数据目录、碳应用接口、碳宣传画册5类数据产品，初步构建成具有可持续发展能力、服务创新能力、"双碳"支撑能力的"电力'双碳'指数"监测分析平台，持续为政府提供由宏观到微观的"双碳"分析成果，拉动企业开展深度的碳增值服务合作，为公众提供通俗易懂的节碳科普及小妙招，逐步催生政府聚焦引导、企业深度合作、公众广泛关注的可持续运营生态，让平台发展有政府政策保障、有企业合作资金保障、有公众关注热度保障。

服务政府：发挥电力数据资源在服务国家战略中的优势，跟踪最新国家政策，

实现多视角、多维度电力"双碳"大数据应用分析，服务国家重大战略场景建设。紧扣国家治理能力现代化的发展要求，充分发挥电力数据真实、准确、实时的特点，开展碳减排、碳排放指数研究，实现服务政府决策科学化、社会治理精准化、公共服务高效化。

服务企业：服务企业方面，采用"计时模式＋计量模式＋项目模式＋合作模式"混合运营模式，针对不同类型用能企业，提供差异化服务，实现"双碳"大数据服务盈利，支撑平台可持续运作。服务内容及模式方面，主要包括企业碳排异常监测、多能监测、能效分析诊断、能效诊断报告、碳数据资产托管等功能，为企业提供全面综合的企业能效水平评估报告，分析企业在所处行业的水平差距对比，提出能耗优化建议，辅助企业及时找准自身差距开展用能结构优化；为企业提供可视化在线能效监控预警服务，实时监测企业煤炭、燃油、天然气、电力等能源消耗情况，结合企业产值数据，实时监测并推送企业能耗异常预警，辅助企业及时做出能效整改。

服务社会民生："电力'双碳'指数"监测分析平台为社会公众提供节能用能建议和信息咨询服务，利用用户的用能客观数据，结合缴费、地理位置信息等多种要素，为商业机构提供商业咨询服务或报告。

（四）业务创新，实现多样化数据产品与服务模式

本项目通过"电力'双碳'指数"应用技术研究，以电力数据为核心，以碳减排、碳排放等业务价值为导向，整合内外部能源相关数据资源，对接各类数据需求，构建研发"电力'双碳'指数"体系，开展大数据算法、人工智能等新技术研究与应用，用新技术赋能数据产品的培育，为公司内外部客户提供微应用与微服务、App 应用、分析报告等多样化的数据产品与服务。

对内服务山东公司清洁能源并网消纳和新兴业务发展，助力提质增效。以"双碳"指数为载体，以数据中台为支撑，对接专业需求，开发碳排放、碳减排等各类数据产品，支撑公司发展战略有效落地。

对外服务政府科学决策、企业智慧能源运营，挖掘电力大数据价值，支撑融通发展。以"双碳"指数为载体，结合山东鲁软数字科技有限公司数据产品开发运营

实践，培育形成拥有自主知识产权的数据产品，形成统一品牌，以收费服务、合作方收入分成、用户收益分享等方式获得收益。

四、项目成效

（一）有力推动企业节能增效，实现经济效益

本项目有效促进企业能源消费从"降价"向"降量"转变，加强碳减排方法研究，深化应用数字创新技术，努力推动形成全社会能源生态共建、清洁低碳共享、减排成本共担的协同机制。同时，企业能效诊断用来优化企业的能源消耗，降低能源消费，提高企业绿色能源替代率，达到节能增效的目的。2021年山东省公司新能源发电量共计439.3亿千瓦时，相当于节约标煤175万吨，完成替代电量约145.7亿千瓦时，折算节约标煤580万吨，"电力'双碳'指数"平台致力成为政府服务企业好帮手，全社会减碳好助手，企业提效好能手。

（二）实时监测控制碳排放、碳减排，实现环境效益

本项目充分发挥碳排放、碳减排大数据应用示范引领作用，通过开展"电力'双碳'指数"应用技术研究，实现全省、全口径、多维度碳排放、碳减排、碳市场、碳交易智能在线监测、分析及全景展示，仅2021年山东省就减排二氧化碳1450万吨、二氧化硫130万吨、氮氧化物近60万吨、碳粉尘将近1190万吨，相当于种下了200万棵树。"电力'双碳'指数"监测分析平台进一步提升了碳排放、碳减排的监测分析能力，实现了"双碳"目标的可测量、可报告、可核查，精准掌握各地区能源利用结构、能源转型进度，准确识别地区碳排放先进点、落后点，科学指导政府部门加强高碳排企业管控，控制地区碳排放强度，合理降低碳排量，有效促进生态环境质量提升。

（三）为各利益相关方提供低碳转型数据支撑，实现社会效益

通过"电力'双碳'指数"应用技术研究，基于全省各机组电量、企业电量、新能源发电量中的零碳电力等信息，应用大数据计算方法，构建了碳排放、碳减

排等大数据应用模型，实现了对行业、企业、地区能源利用和碳排放情况的精准测算、及时监测、全面分析，提供科学、全面的"双碳"精准画像，为生态环境部门监管本辖区内的碳排放数据核查、碳配额分配、重点排放单位履约等工作提供保障支撑，为政府提供科学、精准的数据支撑，靶向引导经济产业结构低碳转型。

10 多方合力构筑电气化智慧"西洋参小镇"建设

项目实施单位：国网文登区供电公司

项目实施人员：王贻亮　王　晓　刘　胜　宋英红　于海成　李　涛　于　洋　姜贵耀　王杰秀　丛华斌

一、项目概况

文登区位于山东半岛东部，四季分明，气候温暖湿润。2017年至2021年文登区相继出台了多个"'一镇一品'全面推动文登区农业发展"的相关文件，因地制宜大力推动绿色经济发展，区内各类农作物种植等特色农业蓬勃发展。张家产镇西洋参种植面积达5.5万亩，年产鲜参7500吨、干参1800吨，占全国总产量近70%，为全国有名的"西洋参小镇"。近年来，种植户开始向精深加工方向发展，急需拓展西洋参产业种、运、洗、烘、制等全链条乡村电气化服务。威海市每年在张家产镇举办西洋参产业国际展会，年接待国内新农村发展产业项目参观团体约3.5万人次，开展乡村电气化提升工程具有良好的示范效应；辖区内风能、太阳能新能源发展迅速，现有大唐风力等多家新能源企业入驻，区内温泉遍布，适合建立能源来源多样、能源消费多样、能源转换多样的乡村能源互联网。

全速发展的西洋参产业可引领带动光伏、全电景区、全电民宿、绿色出行等其他产业乡村电气化示范项目建设。国网公司自2019年起全面实施乡村电气化提升工程，国网文登区供电公司紧紧围绕"农业生产""乡村产业""农村生活""乡村供电智慧服务"四大类别，联动利益相关方共同将"西洋参小镇"打造成"智慧能源+绿色能源"乡村电气化示范区，助力乡村振兴。

二、思路创新

国网文登区供电公司在与文登区区委、区政府以及张家产镇政府、农业部门、西洋参种植加工企业、各村村委、周边企业等利益相关方共同构筑电气化智慧"西洋参小镇"建设中，将社会责任理念、工具、方法等融入专业工作，因地制宜，精准施策，更快、更好地促进小镇绿色高质量发展。同时又促进公司管理提升，增强企业综合价值。

（一）有效衔接，推广"1+1+1+N"

在示范区建设过程中，国网文登区供电公司将深化电能替代、深化扶贫攻坚成果同助力乡村振兴有效衔接，坚持"1+1+1+N"，即"政府主导+供电公司推动+参企等示范+各项措施等施行"的原则，串点成线、连线成面，推动各利益相关方共同参与，制定"供电+能效服务"与"智慧农业建设"等"N"项措施，切实推动"供电服务"向"供电+能效服务"转变，提供个性化、定制化的定位、定向服务，多方合力开展"西洋参小镇"乡村电气化建设（见图4-14）。

图 4-14 "1+1+1+N"电气化推广新模式

（二）结对联创聚合力

突破隶属关系、行业领域、区域范围等约束因素，国网文登区供电公司将内部"党组织结对共建"经验充分发挥，延伸引入"西洋参小镇"智慧化建设中。通过党组织结对共建，协调策划具体合作项目，发挥各类组织机构的资源优势，推动电气化项目的实施落地，支持"西洋参小镇"及周边生态圈智慧化的发展建设，促进村民增收。

（三）示范引领促共赢

结合张家产镇"西洋参小镇"产业结构、能源消费特点，国网文登区供电公司通过与多个利益相关方访谈，各利益相关方表现出参与共同构筑电气化"智慧西洋参小镇"的强烈意愿，具备实现多方共赢的基础。以精准服务"西洋参小镇"龙头企业为示范引领，全面以推动智慧物联、网架坚强的智慧电网为支撑建设，精准打造西洋参产业全链条、绿色出行、天沐温泉景区、慈口观温泉民宿等利益相关方电气化应用为重点，优化"西洋参小镇"及周边生态圈中压配电网络结构，延伸电力线路到地头、园区，打造"百米接电圈"；促成政府将全电标准化种植、全电多元加工及电商平台销售纳入产业发展规划，建立政府主导、电网主动、多方参与的西洋参全电产业链推广机制。推动"西洋参小镇"成为各层级乡村电气化示范区，形成可复制、可推广的乡村电气化示范区模式，提升农业生产、乡村产业、农村生活电气化水平，助力农业更强、农村更美、农民更富。

三、实施举措

（一）打造精致电网，助推电气化项目高效推广

国网文登区供电公司建设农村电网"三级架构"体系，通过镇、社、村三级架构定位用电规划，做好电网设备的"线""台""户"建设。

1. 升级电网主干线基础建设

电气化推广，精致电网建设是基础，国网文登区供电公司组织运检部、营销部、张家产供电所、设计分公司等多个部门单位对"西洋参小镇"所在的张家产镇电网分布进行现场勘察。张家产镇现有一座35千伏变电站和5条10千伏线路，原线路设备老化，负载低，存在"卡脖子"环节，线路断路器和刀闸开关不能满足西洋参产业用电需求。针对走访企业和用户，掌握当前使用天然气和煤等化石能源企业和用户，对企业的用电设备和用电性质有了全面了解，掌握企业和用户使用清洁

能源电网建设方向，以及电能替代后的用电需求及特殊要求。通过访谈记录整理，国网文登区供电公司发现企业和用户使用清洁能源的主要表现在三个方面：一是企业对空气源热泵、光伏建设、"源网荷储"建筑尚不了解；二是企业对西洋参产品投入较大，周转和流动资金不能满足一次性投入电能替代项目的要求；三是电网基础设施建设有待于进一步提升。

为此，国网文登区供电公司根据张家产镇西洋参产业、全电景区、全电民宿和绿色出行等方面，投资 200 余万元进一步优化电网主干线建设。

2. 巩固台区低压支线建设

强化"精致台区"建设，提升百姓用能质量。随着乡村电气化的推广和"电代煤"采暖的实施，百姓用能需求和用能质量不断提升，国网文登区供电公司组织开展"精致台区"建设，对"西洋参小镇"的车卧岛、因寺桥、御临实业小区等 36 个台区实施 HPLC（高速电力线载波）模块全覆盖、更换老旧表箱、安装智能开关等一万多只。强化客户侧智能感知互动，提高智慧化管理水平。依托 HPLC 载波覆盖及能源控制器、模组化计量箱、智能量测开关、感知模块的深化应用，全面推进"精致台区"建设。实现数据高频采集、台区自动识别、相位拓扑识别、停电事件主动上报、台区分相停电分析、时钟精准管理、通信网络监测与优化、ID 统一标识管理等高级功能应用。

（二）结对联创聚合力，资源共享促共赢

1. 推行结对联创"1+1"

国网文登区供电公司主动与文登区区委、区政府沟通，积极落实乡村振兴供电责任。结合公司内部各党支部结对共建联创经验，进一步拓宽创建思路，由内转外，组织公司营销部党支部与"西洋参小镇"的龙头企业——道地参业有限公司（以下简称道地参业）党支部结对共建，并以此为示范引领，以"内外互补"联创模式，发挥行业优势，在产业、人才、组织、生态等方面，深度参与西洋参龙头企业道地参业、天沐温泉全电景区、全电民宿慈口观村乡村电气化建设。在与以上企业和村委党支部等利益相关方结对共建的基础上，持续拓展多个利益相关方加入结对共建平台中。

结对联创中设立党员责任区服务"责任田",依据参企用电特性,为其进行能效分析和资源优化配置。为企业争取灵活电价,搬迁厂区变压器,多联机空调系统接入"源网荷储"地调平台,助企业成本降低。组织党支部党员常态化进行"义诊"服务,指导维护线路、用电设备安全;在烘干季,成立专职党员应急服务队,对高低压线路进行提级管控,为利益相关方提供设备代维、共享电工等服务。

2. "一对一"精准实施"供电+能效"服务

国网文登区供电公司实施"1+1+1+N"电气化推广新模式,定期开展西洋参产业的用能能效分析、各类用电安全隐患排查、促成西洋参产业使用空气源热泵电烘干替代了原有的天然气烘干方式,能效提升明显。同时促成南瑞公司为电烘干安装了末端智能监控系统,为4间电烘房安装12个温湿度传感器、3只智能电表、2个能源控制器、1个无线继电器,由人工操作转为自动控温、控湿。依托省级智慧能源平台,实现厂区范围内集电气量、环境量数据等的采集、汇聚、边缘计算和设备智能控制,有效提升西洋参的烘干品质、降低了工作人员的劳动强度,烘干效率、合格率分别提升22%、16%。

3. 构建终端用能智慧化

全面推广西洋参种植地"光伏+电池+监测设备"小型"源网荷储"应用,全天候监测土壤温度、湿度、EC值(土壤电导率)及施肥记录等,数据实时上传至中国西洋参网,打造西洋参安全溯源体系,品质提升支撑单价提升15%。全面推广末端智能监控系统,实时监控电烘房温度、湿度等,并通过能源控制器上传至智慧能源服务平台,手机端同步电脑端数据。

4. 深化产业链条电气化

国网文登区供电公司依托西洋参龙头企业道地参业电气化示范引领,拓展西洋参"种"——电动除草机、松土机,"运"——电动叉车、推车、平板车,"洗"——电动筛子、除须机,"烘"——空气源热泵,"制"——电动切片机等全链条电气化应用,推动产业从高碳向低碳、从化石能源向清洁能源转化,提升产业现代化水平助力乡村经济高质量发展。

（三）示范引领，辐射周边产业低碳化

1. 光伏发电＋全电厨房，助力全电民宿电气化建设

国网文登区供电公司积极落实国家电网公司光伏帮扶政策，与利益相关方中的慈口观村村委签订帮扶协议，通过试点推广全村59户村民光伏板安装。光伏板的安装不仅让村民自家用电不用交钱，余电还能并入电网赚钱，为实施全电民居建设打下基础。为配合慈口观村进行民宿建设，供电公司综合考量民宿的特点，将传统的液化气灶改成电炒锅，按照慈口观村民宿特点专门设计打造一体式洗碗机、消毒机、一体式烤箱和整体橱柜。将智能电厨房实际应用到所有民宿客房，创建电厨房乡村体验试点，并逐步推广应用，使得舒适、智能、便捷的民宿成为当地吸引游客的一大亮点，也让更多村民意识到电能带来的便捷、安全，为在全村推广全电厨房营造氛围。

2. 光伏发电＋绿色出行，打造全电化景区电气化推广

2021年年初，国网文登区供电公司与张家产镇天沐温泉景区合作，在温泉产业全电化的基础上，加快建设全电景区。期间，公司不断探索商业合作模式，引入更多的利益相关方：三方出资，国网文登区供电公司（山东省综合能源服务有限公司、山东省电动汽车公司）负责绿色出行充电设施、分布式光伏发电相关设计、实施并提供综合能源和电动汽车充电服务，天沐温泉景区负责运营，三方受益。自驾新能源电动汽车来此度假的游客可以享受到充足的充电保障，分布式光伏发电项目也成为天沐温泉景区新增的利润点。绿色、安全、节能、惠民的出行方式，为乡村振兴不断注入新动能，助力"西洋参小镇"电气化推广应用。

3."源网荷储"集中管控，实现负荷资源规模化控制

国网文登区供电公司投入建设气象站、边缘运算终端、温度采集终端等20多台智能化设备，建成能级控制系统，实现道地参业办公大楼中央空调负荷录入"源网荷储"多元协同的智慧能源平台管控，西洋参产业园内用能得到进一步优化管控。通过调整电源、电网、负荷侧、储能的关系，瞬间响应电网需求，打造高灵活性的"精致电网"，促进区域清洁能源消纳，提升清洁能源利用效率，助力实现"碳达峰、碳中和"目标。

（四）转变角色，赋能乡村电气化自主运营

随着结对联创机制运转的逐步成熟，国网文登区供电公司的角色逐步由牵头方、组织者向支持方、参与者转变，帮助西洋参产业、天沐温泉景区和慈口观村村委提升自主运转管理能力，持续发挥联创机制为乡村发展创造更多公共利益的功能。例如，通过固化西洋参产业、全电民宿、全电景区电气化推广带来的经济效益，让企业和村委会从参与方、受益方，逐渐转变为主导方，激励"西洋参小镇"持续为乡村用能结构改革发力。

在2021年"中国·文登西洋参"文化节暨产销对接会上，通过在销售的产品上增加二维码，客户扫码可掌控西洋参从播种到成品的全过程追溯；慈口观村村委开发种植了蒲公英和艾草，在可靠供电基础上对蒲公英和艾草进行深度加工，制成蒲公英茶和艾绒。借助已经成熟的共治机制，以媒体和西洋参文化节作为宣传平台，引发社会广泛关注，前来洽谈西洋参产品的客户，也纷纷选购蒲公英茶和艾绒，进一步畅通了销售渠道，村民又有了一笔极为可观的收入。

四、项目成效

（一）"西洋参小镇"清洁用能大幅增加

在"西洋参小镇"智慧化建设中，国网文登区供电公司全力打造"西洋参小镇"乡村电气化用电新生态。道地参业示范引领带动周边安装空气源热泵电采暖120多台，年增加售电量300万千瓦时，节约标煤1200吨。慈口观村全村59户村民安装光伏板，按照每年每户发电6000千瓦时计算，年发电量在35.4万千瓦时以上，全村每年可节约612吨煤炭，共计减排二氧化碳4500吨、粉尘1248吨。乡村电气化推广应用中涉及的电力线路改造及企业用电增容等工程得到全力支持，从"西洋参小镇"15家企业和村民过去5年同期电费结算情况可以看出，张家产镇用电量不断提升。

西洋参产业电气化推广应用、光伏板的全面安装、全电民宿改造和全电景区建设，促使全电概念在"西洋参小镇"得到全面认可和普及，清洁用能正成为主流，

让"西洋参小镇"及周边生态圈少了煤烟的笼罩，空气也变得清新，助力"碳达峰、碳中和"目标实现。

（二）"西洋参小镇"经济、社会效益双丰收

经济效益：西洋参产业电能替代设备的普及和应用，保证效果的同时，系统智能化节能运行+电网调峰电价奖励双重节能举措，支部结对联创开展"供电+能效"服务，空调系统接入"源网荷储"地调平台，可为企业节约能源20%；打造西洋参安全溯源体系，品质提升支撑单价提升15%，年可增加收入260万元；道地参业电烘房电气化项目主要设备（扣除空气源电烘房770万元）及施工费用为30万元左右，通过项目改造每年可节省电费2.34万元，降低人力成本1.2万元。设备设计运行寿命周期15年，收益53.1万元，投入产出比为1∶9.1，收益明显。辐射引领的松山西洋参企业实施电气化改造后，电价由原来的0.67元/千瓦时，降低为0.33元/千瓦时，按照2020年用电量约57万千瓦时计算，仅执行煤改电惠民政策后年可节省电费支出近20万元。

社会效益："西洋参小镇"及周边生态圈电气化建设的推进，也让村民的生活品质和幸福感大幅提升。通过对慈口观村59户光伏发电户家庭一年的发电量、用电量跟踪统计，每户年均发电量为5869.8千瓦时，户均增加收益为2494.08元，扣除自身用电和取暖费用，户均基本无须再增加费用负担。此外，村民参与西洋参产业建设、蒲公英等作物种植和民宿及景区打工等都可以获得一部分收入。截至2021年12月，张家产镇"西洋参小镇"的西洋参种植面积5.5万亩（已扩展至烟威地区），种植业户11000多户，西洋参加工用工同比增加2800人，全电景区天沐温泉和慈口观村全电民宿为70多户村民解决了足不出户的上班问题。

威海市政府每年在"西洋参小镇"举办"中国·文登西洋参"文化节暨产销对接会，吸引了国内外众多厂商、医药代表和游客的到来。打造了以西洋参、温泉为"名片"的康养旅游路线，聚焦西洋参、温泉资源禀赋和产业基础，坚持从种植、交易、加工、研发、品牌、文化等环节全面发力，着力打造高端中医药、温泉旅游、康疗养生、休闲养老于一体的健康产业集群。"西洋参小镇"及周边生态圈电气化建设的推进，促进了文登区以打造全产业链为突破方向，加强各类要素整合扶

持力度，成功获批山东省乡村振兴齐鲁样板示范区创建单位；同时，"西洋参小镇"所处的张家产镇被评为国家级农业产业强镇，目前正在申报国家现代农业园。慈口观村入选山东省首批"山东省振兴乡村旅游优秀示范村"。

（三）"西洋参小镇"乡村电气化建设促多方共赢

综合最优，促多方共赢。在"西洋参小镇"乡村电气化建设中，国网文登区供电公司"全员参与、全过程覆盖、全方位融合"，充分做到了"管理规范化、服务常态化"，干部员工不断提升责任意识和履责能力，实现了需求与服务的高效对接。不仅带动了公司内部，而且推动了外部利益相关方深度融入，相互间加深了沟通、合作、共赢意识，变得更有创造力。

在这个过程中，国网文登区供电公司将经济、环境和社会效益目标放到同等地位综合考虑，不仅以供电公司自身为考量，还充分考虑到政府、"西洋参小镇"等外部利益相关方的期望和诉求，把创造经济、社会与环境综合价值最大化作为项目的实施目标，进而推动公司和"西洋参小镇"等外部利益相关方的可持续发展。

结对联创，示范引领。与西洋参产业、天沐温泉和慈口观村村民委员会等利益相关方结对联创，一定程度上带动镇村企业和村民及各类服务业运营商等外部利益相关方增收、创收。西洋参产业以道地参业为示范引领，年可增加收入 460 万元。

在服务"西洋参小镇"电气化建设中，国网文登区供电公司突破隶属关系、行业领域、区域范围等约束因素，将"支部结对联创""党建引领"作为乡村电气化推广应用的切入"点"，以公司彩虹共产党员服务队同各企业之间的友好互动连成"线"，以西洋参产业、全电民宿、全电景区等整体的乡村电气化推广为"面"，形成"多点成线、由线成面"的乡村电气化推广的新局面，推动空气源热泵替代原有的天然气化石能源、电烘房末端智能监控系统、光伏发电、电动工具、绿色出行等西洋参产业和周边全电气化应用推广工作，构筑乡村电气化"西洋参小镇"，示范引领文登区葛家镇以"黄金苹果"为主打产品的"文旅 IP 小镇"、界石镇以发展"樱桃经济"为主的"昆嵛山春分小镇"、高村镇以"沙柳西红柿"为代表的"莲花城田园综合体示范园"等多个镇域经济项目的电气化推广建设。一项项区域特色农业经济的发展鼓起农民的钱袋子，让文登区农民吃上了"绿色经济饭"。

（四）助力国家电网品牌形象更闪耀

国网文登区供电公司深入了解张家产镇"西洋参小镇"生态圈用电需求，构筑电气化智慧"西洋参小镇"，极大改善了乡村环境，"光伏发电"促进了利益相关方中的村民脱低增收，民宿电厨房、全电景区带来了智慧用电体验。在与张家产镇车卧岛村、因寺桥村等5个村委结对联创中，通过共享资源共同开展联合党课、安全用电宣讲、党务联建课题等活动，提升了村党支部的领导力和凝聚力，全面助力乡村振兴发展。这诸多举措切实让地方百姓在乡村电气化改革中收获了实惠，"诚信履责、可靠信赖"的"责任央企"形象深入人心。

国网文登区供电公司在"多方合力构筑电气化智慧'西洋参小镇'"社会责任根植项目中既实现了自身目标，也实现了从支农到"强农、惠农、富农"的转变，帮助各利益相关方在以新技术为支撑，大力发展终端型、体验型、循环型、智慧型新产业新业态，实施产业融合示范园工程中提供了高效精准的供电服务，在服务"绿水青山"发展绿色经济，以及乡村振兴中彰显了电网企业敢于担当的社会责任感。

人民网、学习强国平台、《国网报》、《中国电力报》、《大众日报》、省电力公司网站及微信平台等地方、省级、央级多媒体报道国网文登区供电公司服务"西洋参小镇"做法。国网文登区供电公司精准供电服务管理得到了文登区区委、区政府的大力肯定。在政府专题会议上倡导各基层服务组织以文登公司为标杆，心系"国之大者"，争做服务地方经济发展的"排头兵"和"领头雁"。国网文登区供电公司获得"全国电力行业客户满意服务单位""文登区干事创业好团队"等荣誉。